ESTRATEGIA

El Conocimiento Secreto de Alejandro Magno

Los principios enseñados al mayor estratega
de todos los tiempos que te guiarán
al verdadero éxito.

Manuel Bogado

BARKERBOOKS

BARKERBOOKS

ESTRATEGIA. EL CONOCIMIENTO SECRETO DE ALEJANDRO MAGNO

Derechos Reservados. © 2022, MANUEL BOGADO
Edición: BARKER BOOKS®
Diseño de Portada: SIWA - Strategy Oracle
Diseño de Interiores: Mariana Galindo | BARKER BOOKS®
Foto en Cubierta: Table des Grands Capitaines - Royal Collection Trust.
Imagen en Portadilla: La Musa Clío ©Archivo Fotográfico Museo Nacional del Prado

Primera edición. Publicado por BARKER BOOKS®

I.S.B.N. Paperback | 979-8-88691-665-2
I.S.B.N. Hardcover | 979-8-88691-666-9
I.S.B.N. eBook | 979-8-88691-664-5

**Derechos de Autor - Número de control Library
of Congress: 1-11824458611**

BARKER BOOKS® es una marca registrada propiedad
de Barker Publishing, LLC.

Barker Publishing, LLC
500 Broadway 218, Santa Monica, CA 90401
https://barkerbooks.com
publishing@barkerbooks.com

Para Alessandra

Índice

He escuchado que estás enseñando abiertamente aquello que nos has enseñado a nosotros esotéricamente. Deseo que sepas que no estoy de acuerdo pues ¿cómo podremos diferenciarnos de los demás en algún conocimiento si estos que hemos recibido de ti se hacen de ahora en adelante exotéricos, materia común de todos? Ciertamente yo preferiría destacarme en el conocimiento de lo excelente antes que por la grandeza de mis conquistas y poderes imperiales.

CARTA DE ALEJANDRO MAGNO A ARISTÓTELES (328 A. C.)

Prefacio

"Cuando el alumno está listo, el maestro llega", nos dice la idea zen, y se confirma con esta obra que tienes en tus manos. Nos acercamos rápidamente a la mitad del siglo XXI y el gran progreso tecnológico, materialista y consumista, que hemos cultivado y admirado durante tanto tiempo, ha dejado un permanente estado de insatisfacción y vacío. Una gran parte de la humanidad parece sentirse sin rumbo, sin saber a quién escuchar, ahogada en una avalancha de informaciones y bajo un condicionamiento consciente por parte del *marketing* profesional para convencer al individuo de que necesita siempre más. Una manera de pensar que lleva a las personas, en el mejor de los casos, a victorias pírricas, y en peor de los casos, a un sentimiento de fracaso existencial.

Esta obra te provee de la materia prima necesaria para una transformación personal. En sus páginas encontrarás un conocimiento extremamente relevante y atemporal que te guiará no solamente en los negocios, en la carrera, en los deportes o en la política, sino en todos los aspectos de la vida. Te ayudará a establecer la base más sólida para la toma de decisiones en todos los ámbitos, desde lo táctico y lo práctico hasta lo estratégico y trascendental. Porque la ciencia de la vida es la ciencia suprema y el arte de vivir, la mejor de las artes.

Este es un libro sobre Estrategia como ningún otro que haya llegado a tus manos. En él encontrarás el conocimiento específico que formó y guió al mayor estratega de todos los tiempos, conocimiento que fue considerado esotérico y por lo tanto conservado con gran celo por un grupo exclusivo de personas. Es sabido que Alejandro Magno fue un genio y muchos de sus conocimientos le fueron transmitidos por su profesor Aristóteles y por su padre Filipo II, pero había un conocimiento en el cual Alejandro se destacaba más que cualquier otro personaje en la historia. El conocimiento de *cómo pensar y cómo actuar* ante los desafíos, el conocimiento de Estrategia.

Este no es un libro motivacional o de promesas vacías de riqueza, poder o fama. Aquí no encontrarás fórmulas cuadradas y superficiales, definiciones adaptadas de Estrategia o esquemas puntuales sobre cómo armar un plan de negocios o hacer la guerra a un competidor. No, este es un libro profundo, realista, útil y determinante, respaldado por la historia y que llega en el momento adecuado para el siglo XXI.

En sus páginas encontrarás el camino de la Naturaleza, aunque no será uno marcado y mucho menos fijo y esquematizado. No será "este" o "aquel" camino, o una fórmula teórica y hueca, porque a final de cuentas cada quien debe elegir y recorrer su propio camino. No obstante, aquí obtendrás las herramientas conceptuales para encontrar el mejor sendero para ti y para tu equipo u organización. Uno que resistirá a todos los cambios porque es flexible y está respaldado por milenios de pruebas, por una multitud de testigos históricos y por la Naturaleza misma.

Este conocimiento viene con advertencias, como todo aquello que es poderoso y que concierne al ser humano, pues cuando ha sido utilizado por personas egocéntricas y llevado al extremo, este conocimiento ha llevado a muchos a la autodestrucción. Hombres grandes, poderosos y de gran ambición, pero también incontables individuos anónimos y relativamente desproveídos de grandes talentos, han logrado grandes victorias por medio a lo que verás en este libro, pero también muchos de ellos han quedado enamorados de su propio éxito y se han destruido a sí mismos, a sus países, a sus organizaciones, a sus equipos, empresas, iglesias y familias.

Por otro lado, si utilizas con prudencia, autoconocimiento y buena voluntad este conocimiento te llevará a conquistar innumerables victorias y te abrirá la posibilidad, de manera clara y transparente, de disfrutar de una vida equilibrada y de la verdadera prosperidad que llega por medio a la Sabiduría.

En estas páginas obtendrás una comprensión profunda de aquello que los griegos llamaban Estrategia y serás introducido al concepto de *Gran Estrategia,* a las *Cinco Sabidurías Estratégicas* y a la esencia misma de toda buena estrategia: el *Principio Estratégico Esencial.* En lo que se refiere al uso práctico de las herramientas conceptuales que aquí encontrarás, puedes estar seguro de que has encontrado un oasis de conocimiento atemporal en medio del desierto cambiante y voluble de modas, ideas efímeras y superficiales, promovidas por miles de gurús y *coaches.* El hecho que en este momento tengas en tus manos la posibilidad de acceder a un conocimiento auténticamente diferente y al mismo tiempo maduro y robusto como un viejo roble, probado y comprobado por milenios, es simplemente una rareza y una gran oportunidad.

El conocimiento contenido aquí es de vital importancia para el alcance de objetivos, para la resolución de problemas y la toma de decisiones de personas que tienen roles competitivos, como serían empresarios, ejecutivos, deportistas profesionales, directores técnicos, políticos, gerentes de proyectos… En otras palabras, personas que actúan en escenarios competitivos. Pero si bien lo que aprenderás aquí es de vital importancia para tu liderazgo y tu manera de competir, esta obra va más allá.

Este libro considera lo táctico e inmediato, pero también plantea el largo plazo y la vida de manera integral para llegar al verdadero éxito y a las victorias *sin tener que luchar*. Su relevancia práctica en todos los ámbitos excede y sobrepasa a los ambientes competitivos.

Mi intención al escribir fue penetrar profundamente el concepto de *Estrategia* y así proveerte de una fuente abundante y ordenada de descubrimientos. Que este libro sea un catalizador para un verdadero crecimiento. Si lo lees y lo estudias, la posibilidad de transformación será real. No te ofrezco simplemente otra versión del "Arte de la Guerra", aunque sí veremos a Sun Tzu en sus páginas, y tampoco encontrarás un camino similar a lo descaradamente maquiavélico y egocéntrico que surge de interpretaciones materialistas y bélicas de Estrategia, aunque en sus páginas también aprenderemos de los aciertos y errores de algunos Grandes Comandantes de la historia. No olvidemos que las interpretaciones amorales del Arte de la Estrategia, aquellas que no toman en cuenta el largo plazo y donde los fines justifican los medios, son superficiales y no consideran milenios de historia y experiencia humana. Las interpretaciones banales y puramente materialistas no llegan a comprender realmente lo dicho por el maestro chino: "Lo máximo de la Estrategia no es vencer en todas las batallas, sino vencer sin luchar".

Que obtengas más equilibrio, más paz y encuentres los principios que te servirán para cultivar y disfrutar de una mente racional que deja espacio para la intuición y para lo imponderable, ese es el propósito y la intención de compartirte este conocimiento antiguo y esotérico.

Esta no es una biografía de Alejandro Magno, sino un viaje por el tiempo en búsqueda de un conocimiento específico que él adquirió desde su adolescencia y con el cual, utilizándolo con maestría y genialidad, terminó conquistando el mundo. La presencia de Alejandro Magno, el más excelente de todos los estrategas de la historia, permea el arco narrativo, pero otros personajes modernos nos acompañarán durante este viaje: Steve Jobs, Michael Porter, Igor Ansoff, James Stockdale, Carl Gustav Jung, Isoroku Yamamoto, y también antiguos como Sun Tzu, Filipo II de Macedonia, Julio César, David y Goliat,

Marco Licinio Craso, Aníbal Barca y Fabio Máximo. Estoy seguro de que sus ejemplos te dotarán con un sólido conocimiento atemporal, transformador y ético que, cuando es puesto en práctica, se vuelve verdadera Sabiduría.

Este no es un libro de ficción y tampoco una novela histórica, por lo tanto no subestimes el poder de transformación que puede tener en ti el descubrir cuál era el conocimiento secreto de Alejandro Magno. Sus hazañas han inspirado a millones por milenios, pero su vida misma era su pensamiento puesto en acción y en este libro descubrirás exactamente eso: cuál era la estructura de pensamiento que guiaba al mayor estratega de todos los tiempos.

En una reciente entrevista, el conocido presentador de pódcast estadounidense Joe Rogan habló con el excampeón mundial de pesos completos y miembro del Salón de la fama del box Mike Tyson.

—Escuché que has estado metido en esto de estudiar a Alejandro Magno y cosas así… ¿Desde cuándo te ha interesado el tema?
—Desde los 15 años —respondió Tyson y pasó a explicar con voz pausada, entrecortada por lapsos de silencio y una respiración pesada, que cuando era apenas un adolescente en Brooklyn y la pobreza extrema lo había llevado a vivir en edificios abandonados, sin agua, calefacción, ni electricidad, y había abandonado la escuela pública a causa del *bullying* que sufría por su peso, su ceceo y su voz aguda, hizo un descubrimiento que le cambió primeramente la mentalidad y posteriormente el destino.

A los 13 años de edad Mike Tyson ya había sido arrestado treinta y ocho veces y nadie, ni él mismo, tenía esperanzas de que lograra algo positivo en la vida. Sin embargo, una vez cuando visitaba la casa de un primo escuchó a uno de los chicos mencionar a un tal Alejandro el Grande. Según este niño, Alejandro era un joven enorme y poderoso, que medía más de dos metros de altura y había conquistado el mundo a los 20 años. El adolescente Tyson concluyó que alguien que había vivido tres siglos antes de Cristo y medía más de dos metros de altura debería haber sido efectivamente un gigante.

Este personaje tan joven y tan poderoso llamó la atención del desahuciado Mike y su curiosidad lo llevó a investigar más sobre el supuesto gigante. Pero cuando descubrió que en realidad Alejandro se destacaba por ser relativamente más bajo que sus compañeros macedonios, conocidos por su altura, su perspectiva cambió. Lo miró de otra manera y quiso entonces comprender cómo pensaba, cuál era la mentalidad que lo había llevado a conquistar el mundo.

—Quise entender su mentalidad —respondió Tyson a Rogan—. Quise comprender *cómo pensaba* y cuando comprendí la mente de Alejandro percibí que también yo podría hacerme "grande", a pesar de venir de situaciones desfavorables, a pesar de ser despreciado hasta por los pobres, a pesar de ser desahuciado por la sociedad. Porque Alejandro no nació grande, ¡se hizo grande! — dijo Tyson explicando aquello que había cambiado su mentalidad a los 15 años.

Alejandro no era un "monstruo", físicamente hablando, pero era de gran valentía e inteligencia y a pesar de provenir de un reino periférico y subestimado, de un país de pastores y montañeses, de un reino despreciado por los griegos y subestimado por los bárbaros, logró superar todas las expectativas imaginables y conquistar todo el mundo conocido por ellos.

Inspirado en Alejandro para salir de su inercia y derrotismo, poco tiempo después Mike Tyson, apenas salido de la adolescencia, se consagraría como el boxeador más joven de la historia en conseguir un título mundial de los pesos pesados, con tan solo 20 años. Más tarde, en uno de sus grandes enfrentamientos estelares contra Lenox Lewis, cuando ya era campeón, desde el ring gritaba a su rival: "¡Yo soy Alejandro! Tú no eres Alejandro!"[1].

La historia de Mike Tyson contada a Joe Rogan refleja centenares de millares de otras que durante milenios y en diversas culturas, países y continentes han sido inspiradas por la increíble, compleja, humana y épica vida de Alejandro Magno. Por milenios este joven rey macedonio, descendiente de Aquiles por el lado materno y de Heracles por el paterno, ha sido considerado por subsecuentes reyes y emperadores, por generales y comandantes, políticos, reformadores, tiranos, líderes de todo tipo, historiadores y hasta por deportistas profesionales, como el más excelente estratega de la historia universal. Una fama tan antigua y tan establecida, reiterada por otros grandes como Julio César, Aníbal, Napoleón y tantos otros, que llevó a historiadores como el recordado profesor

---

[1] *Muchos años después, Tyson comentó que se consideraba un conquistador, pero únicamente porque había "conquistado sus demonios internos" que le habían causado problemas por largas décadas.*

Dr. Rufus Fears a declarar que "así como Mozart es para la Música y Einstein para la Física, así es Alejandro para la Estrategia".

Rogan continuó la entrevista y preguntó a Mike Tyson si ahora que estaba volviendo a boxear, a los casi 50 años, todavía estudiaba a sus rivales.

—Cuando eras un boxeador y estabas leyendo todas estas cosas sobre [Alejandro] y los conquistadores estabas alimentando tu mente y me consta que estudiabas mucho las peleas. Estudiabas a todos estos grandes campeones de la vieja escuela. ¿Estás haciéndolo nuevamente ahora que estás resurgiendo en el boxeo? ¿Todavía estudias las grandes peleas?

—No. Ya no lo hago más. Eso lo hice cuando era joven. Estudié todas las peleas, conozco la mentalidad de los guerreros, de los gladiadores, sé cómo piensan. Pero luego deseé pasar al siguiente nivel y me puse a estudiar cómo pensaban los generales… y de los generales deseé pasar al siguiente nivel, a cómo piensan los dioses…

El conocimiento que obtendrás en estas páginas puede cambiar tu destino. Es natural que esto ocurra si aplicas lo que descubrirás. Estoy convencido de que si este libro ha llegado a tus manos no es por accidente y no será en vano. No esperes más. No podemos seguir creyendo que hemos venido a este mundo a acumular riquezas y a abandonarnos a lo pasajero, a lo efímero y a lo mortal. Nos dijeron que el siglo xx era el más progresista que el mundo había conocido. Tal vez sea cierto, hemos evolucionado, pero lamentablemente el progreso avanzó hacia la autodestrucción porque continuamos pensando como guerreros mientras obtenemos la tecnología de los dioses.

Para evitar un futuro de guerras, delincuencia y fracasos, el individuo debe comenzar a planear su propio destino, a pensar no como los guerreros y ni siquiera únicamente como los generales, sino como los dioses. La manera más cercana a esto es la propia Naturaleza y la mejor fuente para obtener el conocimiento necesario para el siglo xxi son los escritos y la sabiduría que nos llegan desde la Antigüedad.

Este libro llega a ti luego de más de veinte años de investigación y tres años de escritura. Fueron tiempos de trabajo solitario, pero en el momento correcto, apenas finalizada la obra surgieron las personas que fueron puentes para que hoy la tengas en tus manos. Agradezco a Norma Miranda, exgerente de *marketing* de Editorial Planeta, que en la misma semana en que fue concluida la redacción contactó a casas editoriales que se interesaron en el manuscrito. Gracias también a mi editor en lengua española Valdemar Ramírez que con gran atención a los detalles leyó y releyó la obra, confirmó los datos históricos y permitió que el texto esté listo para ser publicado. Este libro está dedicado a mi esposa, Alessandra.

Todo conocimiento transformador que llega a la vida de uno tiene su momento perfecto y a menudo llega por caminos insospechados.

La intención más sincera y profunda para escribir este libro y revelarte uno de los conocimientos más antiguos y transformadores, siempre categorizado como "para pocos", es que obtengas los mejores instrumentos de navegación para tu camino personal. Estoy seguro que este libro puede cambiar tu manera de pensar y abrirte nuevos caminos que te guiarán hacia un noble propósito y además te dará las herramientas de *cómo pensar* en todas las tomas de decisiones que tengas por delante.

Si este libro logra tal objetivo, entonces más que un "objetivo logrado" pasaría a ser un legado. Ese sería un gran privilegio para mí.

Desde tiempos inmemoriales el conocimiento sobre Estrategia se ha transmitido únicamente de boca en boca y los motivos por los cuales no estaba escrito también los conocerás aquí.

Te invito a iniciar este viaje y a considerar estas dos frases ligadas al conocimiento que obtendrás:

"Puesto que hay un orden divino de aprendizaje superior al conocimiento terrenal y que, además, está a nuestro alcance, ahora es el momento más oportuno para restablecer esta tradición sagrada".

Manly P. Hall

"Las oportunidades se multiplican a medida que las tomas".

Sun Tzu

¡Buen viaje!

PRIMERA PARTE

1. La Mesa de los Grandes Comandantes de Napoleón

—Bueno, Bourrienne, ¡tú también serás inmortal!

Al escuchar a Napoleón prometerle sorpresivamente la inmortalidad mientras caminaban por los jardines del castillo de Malmaison, Louis Antoine Fauvelet de Bourrienne, su secretario privado y biógrafo, no entendió de qué hablaba el emperador francés y preguntó:

—¿Por qué, general?
—Pues, ¿no es usted mi secretario? —respondió el corso con una sonrisa apenas perceptible.

Era el año 1806, Napoleón Bonaparte ya había conquistado Europa, se había autocoronado Emperador de Francia y rey de Italia. Se encontraba asentado en el pináculo de su poder continental y no existía nadie que pudiera comparársele. Sus grandes victorias en los campos de batalla habían ampliado su poder y sus responsabilidades a tal punto que su ego lo llevó a identificarse con la misma Francia. Su soberbia se expandía a la par que las fronteras y la confianza en sí mismo había crecido tanto que ahora se sentía tentado a imaginar que su nombre sería recordado por milenios.

Pero Bourrienne, que no esperaba inmortalizar su nombre por ser secretario y biógrafo de Napoleón, preguntó al general si acaso recordaba el nombre del secretario de Alejandro Magno.

—Dígame el nombre del secretario de Alejandro —lo desafió Bourrienne.

Bonaparte no logró recordar el nombre de Eumenes de Cardia, se volvió y en un momento de hilaridad y dándole una palmada en el hombro, dijo:

—Nada mal, Bourrienne…[2]

Últimamente a Napoleón Bonaparte le gustaba compararse con Alejandro Magno, aunque su biógrafo insistiera en mantenerse entre los hombres

---

[2] *Louis Antoine Fauvelet de Bourrienne, Memorias de Napoleón Bonaparte. Capítulo VIII*

comunes que no esperan alcanzar la inmortalidad por actos propios y mucho menos por asociación.

La *gloire*, la gloria personal obtenida por medio del poder, era la pasión primaria y la obsesión de Napoleón. Su ambición personal había crecido sin límites y había llegado al punto de hacerlo creer que Europa ya no era suficiente para él. Poseído por un deseo ardiente de que su nombre perdurara por la eternidad y que sus obras fueran reconocidas y recordadas, soñó con conquistar Egipto. La excusa racional e ideal era cortar un corredor vital para Inglaterra, pero la verdadera razón por detrás de su ambición era la gloria de seguir los pasos de Alejandro Magno. Para todos los grandes comandantes de Europa toda verdadera gloria tiene inicio en el Oriente, conquistando Egipto, como lo hizo Alejandro. Si hubiera resultado victorioso en África, Napoleón no habría dudado en soñar con llegar aún más alto. Tal vez en ir hasta los confines de la India, alcanzar lo impensable, conquistar todo, como el joven macedonio a quien deseaba emular. En diversas oportunidades Napoleón había confesado que amaba el poder y que lo amaba con la misma devoción de un músico por su violín.

Fue durante esta etapa de gran exaltación egoica que el *condottiero* francés decidió marcar el esplendor de su imperio con la creación de extraordinarios objetos que inmortalizarían sus grandes victorias. En una ocasión pidió a su secretario privado que convocara a los mejores artesanos de Francia, pues deseaba encargar un trabajo. Sería el objeto más importante de su autoexaltación.

Con la intención de expresar su gloria y simbolizar su legado como genio en el Arte de la Estrategia, el emperador francés reunió y encomendó a los más renombrados artistas franceses de la época el diseño y la elaboración de una maravillosa mesa. Esta mesa sería uno de los más importantes objetos conmemorativos de sus logros y homenajearía a los más grandes estrategas de la historia. El magnífico mueble daría testimonio de su admiración por el selecto club al cual llamaba los Grandes Comandantes, y de quienes decía haber aprendido el antiguo Arte de la Estrategia, o "el Secreto", como él lo llamaba.

¿Quién, a no ser Napoleón Bonaparte, podría determinar quiénes formarían el exclusivo grupo de los más grandes comandantes de la historia, los cuales serían eternizados en su mesa? Únicamente alguien como él, alguien que conocía "el Secreto", podría identificar a los personajes históricos que merecían estar representados en su mesa. Los artesanos franceses anotaron la encomienda y recibieron la lista de los Grandes Comandantes del mismo Napoleón. Volvieron a sus talleres con la responsabilidad de producir una obra impactante. Necesitaron casi siete años para diseñar, proyectar, desarrollar nuevas técnicas necesarias y finalmente producir una pieza única y magnífica.

En 1812 los artesanos volvieron a París con una espectacular mesa circular de porcelana de Sèvres montada sobre fino bronce tallado. Había sido pintada por los más conocidos y talentosos artesanos de Francia que utilizaron una técnica extremamente difícil, delicada y vanguardista, no practicada en ningún otro *atelier* de la época, para lograr una imitación de ónix y obtener detalles con una precisión jamás alcanzada antes. La mesa fue entregada con un costo final de 29 025 francos. Tal como lo solicitó Napoleón, en ella estaban representados los más grandes comandantes de la historia, los más grandes *practitioners* del Arte de la Estrategia.

Eran trece comandantes en total. Doce estaban dispuestos alrededor de la mesa en camafeos circulares pintados sobre porcelana. El exclusivo club de los Grandes Comandantes estaba compuesto por siete cónsules romanos, cuatro *strategoi* griegos y dos comandantes "bárbaros". Los doce dispuestos alrededor de la mesa eran Julio César, Aníbal Barca, Pericles, Escipión el Africano, Cneo Pompeyo, Augusto, Septimio Severo, Constantino, Trajano, Mitrídates, Temístocles y Milcíades. Estos doce personajes rodeaban a un personaje principal representado de manera sobresaliente en el área central.

El comandante en el centro de la mesa circular estaba representado en un camafeo mayor y una diadema azul simbolizaba su poder y su realeza imperial. Estaba circundado por tres complejas y detalladas escenas de su vida y por los otros doce comandantes colocados a modo de discípulos de este gran maestro. El perfil del personaje central era sospechosamente similar al de un joven Napoleón.

Los artesanos, conscientes de que la mesa era una ofrenda de adoración al emperador francés, se dejaron llevar por la imaginación para dotar a este comandante central con un perfil napoleónico. Sin embargo, las escenas que lo rodeaban demostraban claramente que el personaje protagónico no era otro que Alejandro Magno.

Alejandro, el mayor estratega de la historia, era el único entre los Grandes Comandantes que permaneció invencible y que había conquistado el mundo e inaugurado una nueva era, cambiando así el destino de los pueblos del Occidente y del Oriente.

Napoleón no era el primero a considerar al joven macedonio como el más grande genio en Estrategia que haya vivido. Tampoco sería el último a caer bajo su hechizo, que había dominado a los grandes de todas las épocas. Entre los comandantes representados en la mesa varios habían sido contagiados por aquello que en historia se llama *imitatio Alexandri*, "imitación de Alejandro". Julio César, Escipión el Africano, Aníbal Barca, Pompeyo, Trajano, entre tantos otros, habían caído víctimas de este fenómeno; luego el mismo Napoleón y todavía casi dos siglos después Fidel Castro, que en admiración por el macedonio había elegido ser llamado *Alejandro* durante sus años de lucha.

Alejandro III de Macedonia había sido reconocido por incontables generaciones, durante más de veinte siglos, como el modelo supremo del arte de la Estrategia y el liderazgo. No porque haya sido un dios, como llegaron a creer sus ejércitos y varias generaciones posteriores, sino porque había inaugurado una nueva era en la historia del mundo partiendo de un reino montañoso, despreciado por los mismos griegos, con un pequeño ejército, apenas dejando la adolescencia y había conquistado el mundo conocido[3] contra todo tipo de pronóstico. En la mayor epopeya registrada en los anales de la historia humana había dejado atrás los abetos azules del monte Olimpo y el aire fresco de su tierra ancestral con el propósito de conquistar el mundo. Su valentía ante la muerte, su certeza sobre su destino, su libertad de espíritu, su rostro apolíneo, sus ojos de tigre de dos colores, uno claro y otro oscuro, su personalidad, sus gestas, su inteligencia, su heroísmo y su visión universal han sido motivos de fascinación para incontables naciones y culturas.

Entre los grandes hombres de la historia Alejandro se destacó por haber realizado toda su obra en un periodo muy corto de tiempo y por dar a los estudiosos el mejor ejemplo para argumentar que es la personalidad de ciertos individuos la principal fuerza que define el destino de la humanidad. Apenas con 25 años de edad había logrado derrocar al mayor imperio del mundo, imbatible durante doscientos años; se había hecho mil veces más rico que cualquier hombre hasta entonces, había sido proclamado faraón de Egipto, rey de Babilonia, rey de reyes de los persas, y tuvo en sus manos el destino y

---

[3] *El mundo conocido por los griegos incluía Europa, Norte de África, Asia, hasta la India. Alejandro conquistó todo el mundo conocido e imaginado por los griegos.*

la historia de grandes civilizaciones. Hasta los últimos años de su breve vida
había sido guiado por un gran entusiasmo que lo llevaba a enfrentar situaciones y desafíos considerados imposibles, con fe y con la absoluta certeza de
salir victorioso.

En realidad, la palabra *épica* siempre había quedado corta al momento en
que sus contemporáneos desearon calificar su vida, marcada por un cúmulo
de acciones heroicas y por una serie de magníficas conquistas. La vida de
Alejandro, el primer y único monarca universal, había rendido incluso antes
de su muerte un sinnúmero de epopeyas apiladas unas sobre las otras. Algunas
reales; otras, fruto de leyendas de pueblos y naciones, y luego de la imaginación de diferentes épocas. Pero el nombre de Alejandro había conservado una
fascinación viva durante más de dos mil años. Ningún otro conquistador en
la historia había logrado tanta admiración, respeto y en algunos casos total
adoración en las tierras conquistadas. En Egipto fue considerado un liberador
y un dios, en Irán, Arabia, Afganistán, Pakistán y en el mundo musulmán,
por más de un milenio se tejieron las aventuras de un romanceado y mítico
Alejandro transmutado bajo el nombre de Iskandar Dhul Qarnayn, el héroe
del Islam.[4] Los marajás de la India se inspiraron en él, los judíos lo recibieron
como un elegido de Jehová profetizado en el libro de Daniel, los persas llo-
raron su muerte, así como los griegos, los egipcios, los babilonios, los indios,
los nómadas del desierto y los pueblos de las montañas del Himalaya. Desde
China hasta Islandia, desde la India hasta Rusia, desde Europa hasta África,
desde la historia antigua hasta la contemporánea, Alejandro marcó a los pueblos y a las civilizaciones.

Los poetas de todas las épocas posteriores lo alabaron, lo idealizaron y
también lo vituperaron y lo criticaron. Los trovadores de la Edad Media le
cantaron, Shakespeare lo imaginó; los musulmanes lo adaptaron a su ideología;
los cristianos lo repudiaron, aunque cinco siglos después de su muerte todavía
su imagen circulaba como talismán en el cuello de hombres y mujeres cristianos de nacimiento; los paganos lo adoraron. Un papa eligió su nombre por
considerarlo el más admirable y adecuado para asumir el trono de San Pedro,

---

[4] *Conocido en el Corán como Dhul Qarnayn, para la tradición islámica Alejandro era un
griego musulmán. Las primeras fuentes árabes musulmanas sobre Dhul Qarnayn afirman
que este es Alejandro Magno y hasta el día de hoy muchos lo creen. Probablemente la asociación es nada más parte del folclor de los pueblos que desean asociarse con la figura del joven
e invencible macedonio.*

Miguel Ángel trazó la plaza del Capitolio de Roma con el diseño del escudo de Alejandro; y más recientemente, el general Norman Schwarzkopf y los estadounidenses lo nombraron como inspiración estratégica en las operaciones de la guerra del Golfo mientras que del otro lado del mundo, en Las Vegas, un joven boxeador de pesos pesados llamado Mike Tyson gritaba a su adversario: "¡Yo soy Alexander, no tú! ¡Yo soy Alexander!". En la década de 1990, en Londres y alrededor del mundo, la banda de rock británica Iron Maiden hacía oír sus decibeles bajo los *riffs* de las guitarras y la siguiente estrofa de su hit "Alexander the Great": "Alejandro Magno, su nombre infundió temor en los corazones de los hombres. Alejandro Magno se convirtió en un dios entre los mortales."[5]

Alejandro siempre fue un símbolo, un arquetipo, de la juventud y la gloria: Julio César, otro de los Grandes Comandantes presentes en la magnífica mesa elaborada por los artesanos franceses, una vez se encontró en la ciudad de Cádiz con una estatua del macedonio, y luego de contemplarla en silencio y pensar durante un rato irrumpió en sollozos debido a que Alejandro había muerto a la edad de treinta y dos años, siendo rey de tantos pueblos, y él mismo no había logrado todavía ningún éxito brillante. Pero no solo los emperadores y reyes de distintas épocas habían sido inspirados por este joven y genial estratega, tampoco los hombres comunes de ambos extremos de su imperio nunca lo habían olvidado. Hasta el día de hoy, en Asia jefes tribales afganos afirman que llevan su sangre y que sus caballos descienden de Bucéfalo; incluso, hasta hace pocas décadas iban a la guerra con la bandera roja que decían es el estandarte de Alejandro/Iskandar. En las islas del Egeo, los pescadores y sus esposas en noches de tormenta preguntan al mar: "¿Dónde está Alejandro?", y responden con fuerza: "¡Alejandro Magno vive y reina!", y con eso afirman calmar las tormentas. En Egipto su nombre y su imagen esculpida en las paredes de los templos de Lúxor y en el oasis de Siwa todavía recuerdan a los turistas y aventureros que un joven griego miles de años atrás fue coronado hijo de Amón y elegido de Osiris.

El joven rey macedonio había sido inspirado por héroes homéricos, por Heracles, por el *enfant terrible* Aquiles, por el deseo de transcender al Olimpo;

---

[5] *Alexander the Great, / His name struck fear into hearts of men. / Alexander the Great, / Became a God amongst mortal men." (Bruce Dickinson, Steve Harris - Iron Maiden, EMI Records).*

por su padre Filipo II, un rey tan poderoso "como no se había visto antes en Europa", y por su madre Olimpia, una mujer llena de misterios y oráculos, para completar gestas que luego dieron nacimiento a reinos, a faraones, a dinastías, a imperios y a leyendas. Su fama ha perdurado porque sus conquistas sobrepasaron la imaginación de los pueblos y porque los desafíos a los que se enfrentó no fueron menos que titánicos.

Para completar su genialidad y acrecentar el enigma, durante toda su vida el bello y excelente Alejandro (*kalos kai agathos*) había sido acompañado por una buena fortuna tan consistente que tanto amigos como enemigos se vieron obligados a considerar la posibilidad de que fuera verdaderamente un elegido de los dioses. Virgilio habría dicho que "la fortuna favorece a los osados"[6] y Plutarco dedicó un libro a hablar sobre "la fortuna o virtud de Alejandro"[7]. Sin embargo, como había dicho el historiador y papirólogo alemán Ulrich Wilcken[8], "el resultado permanente de su vida no fue el imperio que conquistó con sus duros combates, sino el desarrollo de la civilización griega hasta convertirse en una civilización mundial. De este modo, su influencia ha afectado a la historia de la humanidad hasta nuestros días".

No, no era Napoleón Bonaparte quien estaba en el centro de la Mesa de los Grandes Comandantes. El mayor de todos los estrategas de la historia no era otro que Alejandro Magno, el inaugurador de mundos nuevos, de nuevas eras y el promotor de saberes desconocidos.

El camafeo de Alejandro estaba pintado y firmado por el gran artesano Louis-Bertin Parant con fecha de 1812.

A pesar de su gran ego, o tal vez a causa de este, Napoleón no olvidaba que había sido su conocimiento de los principios del Arte de la Estrategia, este arte de los antiguos griegos y en el cual Alejandro era "el dios", el factor que había marcado la diferencia entre la victoriosa Francia y las naciones derrotadas.

El gran objeto conmemorativo de su gloria fue esta mesa. La Mesa de los Grandes Comandantes de la Antigüedad. Pero fue su ego, lleno de orgullo, cegado y sediento de más gloria, lo que lo llevó a desear ser un nuevo Alejandro, a sobreestimar sus medios y a perder de vista los mismos principios estratégicos que lo habían guiado a tantas victorias. Así, cegado por la ambición, llegó el

---

[6] *Virgilio, Eneida X, 282.*
[7] *Plutarco, Sobre la Fortuna o Virtud de Alejandro.*
[8] *Ulrich Wilcken, Alexandre le Grand.*

momento en que el emperador francés no supo ajustar sus objetivos, cometió graves errores de cálculo y terminó sus días exiliado en un pedazo de tierra en medio del océano y destituido de sus poderes.

Al término de las guerras napoleónicas la Mesa de los Grandes Comandantes terminó adornando una de las salas del palacio de Buckingham y fue uno de los regalos más preciados que el rey Luis XVIII de Francia ofreció al rey Jorge IV de Inglaterra. Fue entregada a los ingleses como prenda de agradecimiento por derrotar a Napoleón en Waterloo y restaurar la casa de Borbón al trono de Francia. El Rey Jorge IV la apreciaba tanto al punto que todos sus retratos oficiales fueron hechos al lado de la Mesa de los Grandes Comandantes.

Sin embargo, a pesar de haber caído víctima de su gran ego y luego de su derrota y decadencia, Napoleón nos dejó consejos, que veremos más adelante, sobre cómo obtener los principios fundamentales de la Estrategia, y la misma Mesa de los Grandes Comandantes nos indica dónde buscarlos. Esta mesa será para nosotros el inicio de un gran viaje que nos revelará, paso a paso, este conocimiento al cual Napoleón llamaba el Secreto de la Estrategia.

¿Podría este conocimiento ayudarte también a ti a triunfar en tus desafíos, a lograr tus metas y, a diferencia de Napoleón, abrirte los ojos para evitar ser víctima del ego y de tus propias victorias?

La respuesta es afirmativa y en este libro comprenderás qué es Estrategia y cómo se piensa estratégicamente.

Curiosamente, la Mesa de los Grandes Comandantes y la última de las Máximas de guerra de Napoleón apuntan a Alejandro como el camino para obtener el conocimiento de la Estrategia. El mismo Alejandro, que se toma el tiempo en medio a sus campañas en las montañas de la lejana Bactria-Sogdiana, actual Afganistán, para escribir una curiosa carta donde reclamaba a su profesor Aristóteles la apertura de un específico conocimiento esotérico:

He escuchado que estás enseñando abiertamente aquello que nos has enseñado a nosotros esotéricamente. Deseo que sepas que no estoy de acuerdo, pues ¿cómo podremos diferenciarnos de los demás en algún conocimiento si estos que hemos recibido de ti se hacen de ahora en adelante exotéricos, materia común de todos?

Si deseas ser una de las pocas personas que comprenden de manera clara y sencilla los fundamentos y principios inmemoriales del Arte de la Estrategia, y si te interesa descubrir el conocimiento esotérico que mencionaba Alejandro en su carta a Aristóteles, este libro es para ti. Descubrirás también cómo la obtención de este conocimiento puede cambiar tu manera de pensar, tu manera de actuar y consecuentemente, tu destino. Si esto buscas, te invito a iniciar el viaje. Un viaje por el tiempo, donde conocerás personajes históricos y visitarás diferentes geografías en búsqueda del conocimiento esotérico que el joven macedonio no deseaba revelar a nadie fuera de su entorno.

Acompáñame e iremos al Oriente de Sun Tzu y al Occidente de los reyes de Europa, al cruce de los Alpes con Aníbal Barca, a observar el pensamiento y acciones de los más valientes cónsules de Roma, a explorar paisajes y personajes antiguos y contemporáneos como Michael Porter, Igor Ansoff, Steve Jobs y otros, para descubrir qué es Estrategia y cómo se piensa estratégicamente.

A medida que avancemos descubriremos cómo extraer de la mente de Alejandro Magno y de los Grandes Comandantes estos principios eternos e infalibles que te serán prácticos y transformativos en todas las áreas de tu actuar. Que conozcas estos principios, y que posteriormente puedas aplicarlos en todos los ámbitos, tiene un valor incalculable. Estos serán para ti la diferencia entre ser victorioso o ser derrotado, entre la vida y la muerte; la diferencia entre la prosperidad y la pobreza, entre el éxito y el fracaso. Serán la diferencia entre una vida plena de satisfacción o una existencia plagada de frustraciones. Dependerá de ti comprenderlos y aplicarlos de manera correcta, con la intención correcta, porque "los libros tienen su destino" y si por fortuna este, portador del conocimiento que Alejandro Magno deseaba mantener en secreto, ha llegado a tus manos, creo firmemente que será de vital importancia para tu destino personal que lo estudies y conozcas a la perfección.[9]

Vamos a la búsqueda del Secreto de la Estrategia, de las *Cinco Sabidurías Estratégicas*, de la *Gran Estrategia* y del *Conocimiento Secreto de Alejandro Magno.*

---

[9] *Pro captu lectoris habent sua fata libelli. "Según la capacidad del lector, los libros tienen su destino".*

*Table des Grands Capitaines de l'Antiquité – 1806–1812,
Royal Collection Trust.*

2. Sun Tzu y la importancia de la Estrategia

Iniciamos nuestro viaje por el otro lado del mundo, por el Oriente. Durante más de medio milenio, desde el año 771 a. C. hasta 221 a. C., los pueblos autóctonos de los territorios que hoy en día conocemos con el nombre de China enfrentaron grandes y frecuentes conflictos. Estos cinco siglos se dividieron en dos periodos., el primero fue conocido como *de las Primaveras y otoños* y el segundo como *de los Reinos Combatientes*. Estos periodos se caracterizaron por continuas guerras territoriales hasta que se llegó a una consolidación.

Así como en prácticamente todo el mundo clásico occidental, los conflictos armados en el Lejano Oriente también solían definirse a favor del ejército con el mayor número de tropas. Si bien la valentía siempre había sido un factor importante, existía un punto donde el coraje y el deseo no eran suficientes para derrotar al enemigo. Por lo tanto, aquellos Estados que se encontraban en condiciones desfavorables en número de tropas tenían la urgente necesidad de aprender a pensar para evitar la desaparición.

Fue en este contexto de guerras, de constante inseguridad y brutal selección natural, que surgió un sabio consejero itinerante en China. Este consejero aseguraba ser capaz de enseñar un método por el cual se podría obtener la victoria prácticamente en cualquier situación. Su nombre era Sun Wu.

El conocimiento que Sun Wu ofrecía consistía en un método que permitía al alumno aprender a pensar, de tal manera que resultara victorioso. El método del maestro estaba basado en los principios atemporales que había observado en la Naturaleza[10] y afirmaba que si el comandante de los ejércitos (que en muchas ocasiones era el mismo rey) aprendiera su método y supiera aplicarlo, sería invencible en cualquier situación o escenario. Debido a que durante este periodo de la historia de China los diversos reinos vivían en permanente conflicto, este consejero itinerante pronto pasó a ser conocido y le atribuyeron el título de maestro (*tzu*, en idioma mandarín), llamándolo simplemente de Maestro Sun, Sun Tzu.

---

[10] *Estamos usando la palabra Naturaleza con mayúscula cuando nos referimos al conjunto de todo lo que existe y que está determinado y arminizado en sus propias leyes. En otras palabras, al principio activo que crea y organiza según un cierto orden todo lo existente.*

Sun Tzu registró su método en tablillas de madera. En estas escribió consejos generales y los presentó utilizando un lenguaje metafórico. Las tablillas fueron compartidas con algunos de los reyes y comandantes de su tiempo y posteriormente el conocimiento pasó a las siguientes generaciones bajo el nombre de El Método Militar del Maestro Sun, o en idioma mandarín *Sun Tzu Bing Fa.*[11] El conocimiento detrás del método del maestro Sun no es fácilmente comprensible y probablemente ni siquiera los reyes, que accedían a las tablillas, llegaban a la total comprensión de sus consejos sin tener presente al mismo Sun Tzu. Era bastante común en el mundo antiguo que lo escrito no tuviera intenciones didácticas, sino simplemente la de registrar el conocimiento de manera a que este no se perdiera y pocos "iniciados" lo comprendieran.

Hoy en día, el Método del maestro Sun, conocido en el occidente como el *Arte de la Guerra,* es un texto frecuentemente citado cuando se habla de Estrategia, pero su interpretación continúa relativamente oculta para aquellos que no conocen los principios que permiten descifrar el *Secreto de la Estrategia.*

En los próximos capítulos obtendrás estos principios, que son las llaves que te permitirán abrir y develar la esencia de toda y cualquier estrategia, así como hacían los Grandes Comandantes representados en la Mesa de Napoleón. Descubrirás el secreto que ni Sun Tzu, ni Napoleón, ni Alejandro revelaban a personas que no fueran parte de su círculo de gran confianza.

> *Todos ven las tácticas con las cuales gano,*
> *pero nadie ve la estrategia por detrás.*
>
> Sun Tzu

---

[11] *Algunos historiadores atribuyen el Método del maestro Sun a más de un autor. Ese tipo de debate histórico no es relevante para el objetivo de nuestro viaje, de este libro, que es descubrir qué es Estrategia y cómo se piensa estratégicamente.*

I. El rey Helü y Sun Tzu

La historia[12] cuenta que Sun Tzu terminó sus días sirviendo al rey Helü, una de las figuras históricas que vivieron durante el periodo de Primaveras y otoños. En el año 506 a. C. Helü era rey de Wu, un pequeño Estado al este del mucho más grande y poderoso reino de Chu. Uno de sus consejeros, Wu Zixu, recomendó al rey llamar a Sun Tzu para asegurar la victoria contra los poderosos ejércitos de Chu. Helü escuchó a Wu Zixu y convocó a Sun Tzu.

Desconocemos los diálogos entre Helü y el maestro Sun, pero sus conversaciones pueden ser inferidas tomando como base las tablillas del *Método militar del maestro Sun* que conocemos. Te invito a revisar una de las primeras advertencias que Sun Tzu consideró importante dejar en claras al rey. Este primer comentario de Sun Tzu es fundamental y debemos considerarlo con atención. Su advertencia nos debe servir de incentivo, como espuelas que apuran al caballo a la acción. Desde el inicio el maestro deja muy en clara la importancia vital de dedicar tiempo a estudiar aquello que llamaba el *Método* y los antiguos griegos llamaban Estrategia *(στρατηγία)*:

> El conocimiento del Método [*i.e.* Estrategia] es de vital importancia; es el camino hacia la victoria o la derrota, camino hacia la vida o la muerte: es forzoso manejarla bien. No reflexionar seriamente sobre todo lo que le concierne es dar prueba de una culpable indiferencia en lo que respecta a la conservación o pérdida de lo que nos es más querido; y eso no debe ocurrir entre nosotros.

Con esta advertencia tan clara y una situación geopolítica apremiante Helü decide utilizar el *Método militar del maestro Sun* y logra vencer por primera vez a sus enemigos más numerosos y poderosos. Luego de derrotar al reino de Chu el rey Helü retuvo a Sun Tzu como consejero y tuvo la oportunidad de dialogar varias veces con el Maestro.

En todo arte existe algo que el maestro conoce y el alumno no, y eso termina siendo aquello que marca la superioridad de uno sobre el otro. Es en lo más

---

[12] *El Zuo Zhuan, generalmente traducido como "La tradición de Zuo" o "El comentario de Zuo", es una antigua historia narrativa china que tradicionalmente se considera un comentario de la antigua crónica china Anales de Primavera y Otoño (Chunqiu 春秋). Consta de treinta capítulos que abarcan un periodo comprendido entre el 722 y el 468 a. C.*

profundo donde encontraremos la diferencia entre el alumno y el maestro; y es ahí donde también encontraremos "el secreto" de todo arte y toda ciencia.

Como cualquier persona inteligente e interesada en aprender algo, el rey Helü sabía que únicamente si lograra obtener el principio fundamental del arte, este secreto, la llave interpretativa que abre la compresión al Arte de la Estrategia, podría pasar de alumno a maestro y llegar a ser autónomo. Autónomo para pensar, decidir e implementar el Arte de la Estrategia.

Te invito a imaginar este siguiente escenario donde el rey Helü se encuentra con Sun Tzu una tarde cualquiera para dialogar acerca del Método en los jardines de su palacio. Con un objetivo más didáctico que histórico observemos este diálogo ficticio entre el rey Helü y el Maestro Sun basado en los consejos escritos en las tablillas.

II. En búsqueda de la esencia del Método

En el reino de Wu en esa época del año las frecuentes y copiosas lluvias se alternaban con días de sol y se sumaban a la temperatura para ofrecer a los súbditos de Helü la posibilidad de recolectar el arroz hasta dos veces al año. Esta generosidad de la Naturaleza, que no fallaba desde que se tenía memoria, producía alimento abundante además de espectaculares arcos de colores en el cielo. Todo esto despertaba la codicia en los poderosos reinos vecinos. A pesar de la belleza natural que lo rodeaba, el rey Helü no lograba disfrutar de sus posesiones materiales, pues en lugar de regocijarse con su gran producción se inquietaba con la posibilidad de perder las fértiles llanuras donde hoy sus siervos trabajaban en paz, desde el alba hasta la puesta del sol, vistiendo sombreros hechos con papel de arroz y conduciendo robustos y mansos búfalos de agua.

A esa hora de la mañana el cielo se abría luego de las lluvias tempraneras y los campos cubiertos de agua reflejaban el cielo azul y los diferentes tonos de verde de los cerros repletos de coníferas, enebros y tejos. La luz dorada de la mañana destacaba los intensos colores de los árboles del jardín del palacio que habían sido plantados muchos años antes por su abuelo y ofrecían sus melocotones, mandarinas y manzanos, y competían en belleza con los magníficos cerezos en flor.

El rey estaba inquieto a causa de los rumores de que sus vecinos volverían al final de la primavera. Aunque todavía conservaba a Sun Tzu como consejero el rey aún no lograba comprender la esencia del pensamiento del maestro. En parte porque este hablaba muy poco, y cuando lo hacía sus comentarios y consejos estaban repletos de metáforas. El rey empezaba a sospechar que el maestro en realidad no deseaba revelar su conocimiento y lo guardaba como un secreto.

—He estado meditando mucho, maestro Sun —dijo el rey, intentando parecer sereno y paciente, mientras articulaba cada palabra con cuidado y sin dejar de contemplar los campos—. Son tiempos de paz, pero no sé cuánto durarán. Por lo tanto, deseo aprovecharlos para estudiar y comprender de manera profunda sus enseñanzas. En varias ocasiones he venido aquí durante las mañanas, pero no para admirar el paisaje, sino para estudiar su método. Algunos días atrás, en medio a mis cavilaciones he caído en la cuenta, como por inspiración divina, de que su arte, su método, se asemeja al arte de los perfumes y de las flores —dijo el rey dándose vuelta para mirar a Sun Tzu, quien no había emitido palabra desde el día anterior. Después continúo—: Vea bien, maestro. Cuando en primavera las mujeres cosechan las flores del campo lo hacen con la intención de producir aceites y perfumes. Empiezan a trabajar luego que el cielo ha mojado la tierra y el sol ha surgido a media mañana entre las nubes para abrir las flores. Luego, durante todo el día y la tarde cosechan millones de pétalos para recogerlos en grandes bolsas cosidas que posteriormente son llevadas a la rueda de piedra para ser seleccionadas y estrujadas durante un largo proceso. Una vez que el trabajo ha finalizado y el proceso ha sido exitoso, entonces pocas y valiosísimas gotas de aquello que llamamos *la esencia absoluta* son extraídas de estas flores. Estas gotas, maestro, son la esencia de millones de pétalos y el producto de todas las flores cosechadas. Toda la potencia aromática de esas flores está concentrada y contenida en dicha esencia absoluta. Si las flores cosechadas son de un mismo y único tipo, digamos jazmines, entonces de la prensa surgirá la esencia absoluta del jazmín.

El rey Helü terminó su comentario y se quedó en silencio esperando alguna observación de su maestro, pero este serenamente continuaba callado y contemplando los campos, sin pronunciar palabra. Al ver que su maestro no emitía comentario, Helü continuó:

—He llegado a la conclusión de que así también debe ser con su Método, maestro. He caído en cuenta de que si pudiera conocer la esencia absoluta del Método, así como la gota del perfume que es extraída de las flores y concentra en sí misma todo el valor, también yo podría comprender todas nuestras conversaciones y todos sus consejos sin necesitar estar cavilando durante días para descifrar el significado de sus metáforas. Creo que conociendo la esencia absoluta podría llegar incluso a dominar el arte que está detrás del método —al terminar, el rey Helü se volvió, miró directamente a su maestro y finalizó—: Por lo tanto, maestro, he pensado mucho y tengo una pregunta que deseo que me responda sin guardar secretos y sin esconder su significado detrás de metáforas: ¿Cuál sería la esencia absoluta del Método?

Al formular esta pregunta, el rey Helü había comprendido que si conociera la esencia conocería el secreto que le permitiría ser finalmente independiente del maestro Sun y pensar por sí mismo.

—Mi señor, veo que ha estado dedicando tiempo al Método –respondió finalmente Sun Tzu saliendo de su estado contemplativo—. Debo confesar que no conozco en detalle la manera por la cual se extraen las esencias de las flores, pero su deducción es correcta —continuó el maestro—. Si alguien conociera la esencia absoluta de mi Método, entonces podría fácilmente descifrar el todo. No obstante, mi señor, no conozco el arte de las flores y de los perfumes. Diría, sin embargo, que la esencia del Método sería mejor representada por los colores que vemos en este campo. No hay más que cinco colores primarios: azul, amarillo, rojo, blanco y negro, pero combinándolos produciremos más matices de los que el hombre común puede imaginarse. Así también ocurre con el Método. En los cinco colores encontraríamos la esencia del Arte mi señor y es la razón de por qué puedo ayudarlo en cualquier escenario y en cualquier circunstancia.

—Deseo saber cuál es la esencia absoluta del Método, no los cinco colores, maestro. A no ser que esto sea un secreto que por motivos personales o de juramento, usted no desee revelar ni siquiera a su patrón y rey de Wu.

—Mi señor, con gusto lo revelaría, pero hasta hace no mucho era un maestro itinerante y no creo poseer las habilidades para explicar algo tan sutil a no ser de la manera que lo hago.

—Maestro Sun, recuerdo que usted me aconsejó fingir ser débil cuando soy fuerte y fingir ser fuerte cuando soy débil. ¿Acaso está poniendo en práctica sus propios consejos? —preguntó el rey Helü, percibiendo que el maestro Sun no estaba dispuesto a revelar la esencia absoluta que abriría las puertas al conocimiento completo del Método.

—Diré lo que sí sé, mi señor —respondió el maestro Sun, sin la más mínima muestra de alteración en su serenidad—. La esencia de mi Método se encuentra en comprender la razón de por qué el primer paso consiste en conocerse a sí mismo. "Si te conoces a ti mismo y conoces al otro no debes temer ni cien batallas. Pero si te conoces a ti mismo y no conoces al otro serás victorioso la mitad de las veces. Y si no te conoces a ti mismo y no conoces al otro, entonces ciertamente serás derrotado en todas las batallas". Una vez que su majestad haya descifrado por qué esto es así, entonces habrá descifrado también la esencia, o "el secreto", como lo ha querido llamar.

El rey Helü, frustrado una vez más con el lenguaje esotérico del maestro, comentó:

—Entonces debo continuar meditando sobre estos temas, pues hasta ahora no he logrado capturar la esencia absoluta del Método.

—Es un buen y noble ejercicio, mi señor —respondió Sun Tzu—. Entre todos los animales, únicamente el hombre es capaz de aprender a razonar. Ciertamente el rey de Wu no querrá ser privado del placer de expandir su conocimiento por medio del esfuerzo propio. Le aconsejo que recuerde aquello que hemos hablamos el otro día y observe cómo "las aguas de las montañas siempre buscan el terreno más bajo y fluyen por donde encuentran menos resistencia. Así, majestad, deben ser sus ejércitos. Deben buscar el camino de menor resistencia y evitar los caminos que presentan oposición". Tampoco olvide majestad que "cuando el vuelo del halcón rompe el cuerpo de su presa es a causa de su precisión y fuerza enfocada. Por eso a menudo he dicho que el general victorioso es aquel que sabe cuándo luchar y cuando no".

El rey Helü suspiró profundamente y pidió al maestro que se retirara.

En este diálogo observamos un lenguaje metafórico y esotérico utilizado por Sun Tzu en las tablillas y que nos podría parecer francamente obscuro y arcano. Sin embargo, como veremos más adelante, el lenguaje esotérico era una necesidad y una práctica común cuando los antiguos trataban con conocimientos considerados de gran importancia y que eran enseñados únicamente a algunos pocos elegidos o iniciados.

Si Helü no lograse obtener la esencia absoluta, el secreto, la llave interpretativa, entonces continuaría siendo uno de aquellos muchos que "ven las tácticas con las cuales se gana", pero no ven "la Estrategia que está por detrás".

A pesar del nexo directo que existe entre Sun Tzu, Alejandro Magno, los Grandes Comandantes y el mismo Napoleón con el mundo militar, es importante comprender que el *Secreto de la Estrategia*, el principio fundamental, la esencia absoluta, no nace del arte militar. Más bien el arte militar, así como fue practicado por los Grandes Comandantes, se apoya y se somete a este principio fundamental, a esta esencia absoluta, que pronto conocerás.

Cuando descubras la esencia absoluta, el principio fundamental del Arte de la Estrategia y comprendas los axiomas que naturalmente derivan del mismo, es muy posible que cambies tu manera de pensar con relación a tus metas profesionales y personales. Porque los principios que veremos no provienen de un ejercicio teórico o de una filosofía humana, sino directamente de la Naturaleza y fueron descubiertos y comprendidos por medio de la observación de la realidad. Como los principios tienen origen en la misma Naturaleza, de alguna manera ya están en nuestro interior y consecuentemente pueden ser traídos a la consciencia por medio a la lógica y la razón.

Así como afirmaba el filósofo y político inglés lord Francis Bacon (1620) "la Naturaleza para ser comandada primeramente necesita ser obedecida".[13] Esta verdad empírica está directamente ligada al Arte de la Estrategia y debe ser considerada en todo momento.

Lo observado por Bacon de que la "Naturaleza debe ser obedecida" no era algo nuevo en el siglo XVII. El filósofo Diógenes de Sinope (c. 412-323 a. C.) ya había advertido dos milenios antes que el ser humano debe estudiar la Naturaleza no tanto para explicar el mundo, sino para aprender la "manera de la Naturaleza" y que esta sea su guía en la toma de decisiones. El pensar correctamente implica necesariamente pensar según la Naturaleza y fueron los Grandes Comandantes de la antigüedad, identificados por Napoleón en su *Mesa*, aquellos que de manera más excelente, consistente y creativa supieron adaptarse a las leyes naturales, al sentido común y a la racionalidad en medio del caos.

Hoy necesitamos conocer este secreto, esta esencia absoluta que proviene de "la manera de la Naturaleza", para que seamos guiados en nuestras deci-

---

[13] *Francis Bacon, Novum Organum.*

siones y podamos alcanzar la meta de vivir una buena vida. La expansión del sentido común y de racionalidad que brotan como frutos de este conocimiento que obtendrás aquí te permitirán evitar errores muy comunes en la cultura de excesos y ambiciones desmedidas en la cual vivimos actualmente.

En las próximas páginas estudiaremos los fundamentos de Estrategia y puedes estar totalmente seguro de que comprendiendo cuál es el *Secreto de la Estrategia*, conociendo sus principios y aplicándolos, vivirás mejor, obtendrás mayor equilibrio, más armonía, mayor tranquilidad en todos tus emprendimientos, tendrás menos conflictos, causarás menos destrucción de valor y, por lo tanto, generarás mayor prosperidad para ti y para tu entorno.

> *Lo máximo de la Estrategia no es ganar todas las batallas.*
> *Lo máximo de la Estrategia es ganar sin luchar.*
>
> SUN TZU

Tal vez haya sido frustrante para el rey Helü, así como para muchos hoy en día, intentar aprender a pensar estratégicamente por medio a textos esotéricos. La interpretación correcta de los escritos de Sun Tzu no surge de manera inmediata y espontánea, debido a que los principios están detrás del exclusivo lenguaje de un maestro que enseñaba a señores de guerra en la antigua China, hace dos mil quinientos años, durante los periodos de las Primaveras y otoños y los Reinos Combatientes.

El "saber pensar" era tan importante y fundamental en aquel contexto que el Método del maestro Sun debería necesariamente estar encubierto. Pues ¿qué sentido tendría revelar a todos el secreto del Método y perder aquello que le permitía diferenciarse de los otros y afirmar que "todos ven las tácticas por las cuales gano, pero nadie ve la Estrategia por detrás."?

Resuena aquí el reclamo de Alejandro a su profesor Aristóteles: *"He escuchado que estás enseñando abiertamente aquello que nos has enseñado a nosotros esotérica- mente. Deseo que sepas que no estoy de acuerdo pues ¿cómo podremos diferenciarnos de los demás en algún conocimiento si estos que hemos recibido de ti se hacen de ahora en adelante exotéricos, materia común de todos?*

Desde la China de Sun Tzu hasta la Grecia de los grandes *strategoi*, el *Secreto de la Estrategia* no era compartido abiertamente. En otras palabras, siempre había sido un conocimiento reservado para un grupo selecto.

Consciente de la importancia vital de este conocimiento, continuemos esta exploración y descubramos el secreto que Sun Tzu no revelaba abiertamente ni siquiera a los reyes. Conoceremos también las *Cinco Sabidurías Estratégicas* y estas te servirán de guía para tener totalmente claro cómo pensar estratégicamente en cualquier contexto y situación. Exploraremos además el concepto de *Gran Estrategia* que te proveerá de la más sólida de las bases para pensar estratégicamente a largo plazo.

Sin demora vamos al siglo XX y continuemos la búsqueda del *Secreto de la Estrategia*, la esencia de millones de pétalos.

Libro chino de tablillas de bambú. Este ejemplar de "El Método" de Sun Tzu forma parte de una colección de la Universidad de California, en Riverside.

3. En búsqueda del Secreto de la Estrategia

"Nobody really knows what strategy is." [14]

The Economist

I. Igor Ansoff, Michael Porter y The Economist

Hace dos mil quinientos años Sun Tzu recordaba al rey Helü que el líder que no dedica tiempo a estudiar y entender Estrategia está pecando de negligente y arriesgando perder aquello que le es más querido. Sin embargo, hoy en día gran parte de los líderes que actúan en el ámbito político, empresarial y comunitario no tienen gran claridad sobre el significado y sobre los conceptos detrás de la palabra *estrategia*. Esta realidad, que podrás comprobar tú mismo una vez que conozcas los principios del arte, llevó a la reconocida revista británica *The Economist* a afirmar que *"Nadie realmente sabe qué es estrategia"*. Aunque debemos descontar la hipérbole en la afirmación de la publicación británica, esta desnuda a la mayoría de los políticos, ejecutivos, líderes comunitarios, directores y empresarios que dirigen el destino de nuestros países, de nuestras economías y del planeta como un todo. En el siglo xxi el Arte de la Estrategia continúa siendo categorizado como un conocimiento prácticamente esotérico.

Tal vez sea comprensible que quedemos sorprendidos al caer en la cuenta de que aquellos que están al frente de nuestras organizaciones no poseen una comprensión sobre cómo pensar estratégicamente. Esta sorpresa suele surgir de la inferencia de que una persona en posición de liderazgo necesariamente sabe qué hacer o por lo menos hacia dónde ir. Sin embargo, la realidad es otra y a menudo los líderes saben de Estrategia tanto como cualquier individuo común de la calle. En otras palabras, los líderes suelen tener un conocimiento apenas mediocre del arte que debería caracterizarlos.

Michael Porter, el renombrado profesor de la escuela de negocios de Harvard, afirma que son muy pocos aquellos individuos que comprenden cómo

---

[14] *"Nadie realmente sabe qué es estrategia"* The Economist.

pensar estratégicamente y que luego de décadas trabajando con centenares de empresas y miles de ejecutivos podría afirmar, con conocimiento de causa, que el pensamiento estratégico no suele surgir de manera espontánea.

Esta ignorancia lleva a las organizaciones y a los individuos al fracaso, a la perdida de oportunidades y, en peor de los casos, a la mismísima desaparición. Así como hubiera ocurrido al reino de Wu si Helü no hubiera contado con la sabiduría de Sun Tzu.

En búsqueda del Secreto de la Estrategia

Esta falta de claridad no debería sorprendernos, si consideramos que hasta bien entrada la segunda mitad del siglo xx la misma palabra *estrategia* era totalmente desconocida fuera del círculo militar. Este vocablo griego no trascendió los círculos militares sino hasta 1965, cuando un matemático y consultor militar ruso-americano llamado Igor Ansoff lo utilizó en el título de su libro *Estrategia de la Empresa*. Igor Ansoff pasó desde entonces a ser conocido como el *Padre de la Gestión Estratégica*.

La figura de Ansoff es clave para comprender cómo la palabra *estrategia* se expande y pasa a ser parte del vocabulario cotidiano, aunque su significado, fundamentos y principios permanecieron desconocidos.

Con una historia y un perfil profesional muy poco común, Ansoff se encontró en la década de 1960 en la posición ideal y en el sitio adecuado para extender el uso de la palabra *estrategia* más allá del contexto militar e introducirla al mundo corporativo.

Igor Ansoff nació en 1918 en Vladivostok. Su padre era un estadounidense-ruso y su madre originaria de Moscú. Apenas iniciada su adolescencia sus padres decidieron escapar de las consecuencias de la Revolución Rusa y de los Bolcheviques migrando a Estados Unidos. Luego de atravesar gran parte de Asia en el tren Transiberiano durante el crudo invierno, los Ansoff llegaron a Moscú y de ahí fueron a Leningrado. En la actual San Petersburgo abordaron un pequeño barco carguero que apenas podía acomodar doce personas y así cruzaron el Atlántico en un viaje que duró semanas.

La familia Ansoff llegó a Nueva York e Igor se dedicó a buscar apoyo para terminar sus estudios. Gracias a su talento en las matemáticas el joven Igor logró obtener una beca universitaria con la cual se graduó en ingeniería y posteriormente se doctoró en ciencias matemáticas.

Sin embargo, cuando Igor Ansoff, con apenas 21 años, podría haber pensado que su historia iba en camino de estabilizarse y que finalmente podría disfrutar de una vida sencilla enseñando matemáticas, física y buscarse una novia, estalló la Segunda Guerra Mundial. Las esperanzas de años tranquilos dedicados a las matemáticas se esfumaron cuando en diciembre de 1941 Japón atacó sorpresivamente la base naval estadounidense de Pearl Harbour y Estados Unidos, su nueva patria, fue forzado a entrar a una guerra en la cual no había deseado involucrase. Igor Ansoff se vio obligado a rever sus expectativas al tener que incorporase a la fuerza naval de su país, donde sirvió como *liasion* con la Armada de su madre patria Rusia, entonces bajo el *banner* de la Unión de Repúblicas Socialistas Soviéticas (URSS).

Cuando la guerra terminó y Estados Unidos se encontró en la posición de líder de los países del occidente y la Unión Soviética, anterior aliada de guerra, fue identificada por los diplomáticos americanos en Moscú[15] como siendo una nueva y terrible amenaza mundial, el ejército estadounidense se interesó en los conocimientos matemáticos de Igor Ansoff. Su talento matemático, su conocimiento de la cultura de la URSS y ahora su experiencia en el mundo militar, lo catapultaron a la posición de uno de los líderes intelectuales de la recientemente formada y semisecreta RAND Corporation.

RAND Corporation era un *thinktank*[16], una organización fundada con el objetivo de proveer ideas y promover el desarrollo de las fuerzas armadas de los Estados Unidos que apenas iniciaba la Guerra Fría contra la expatria de Ansoff. Ciertamente en las salas de reuniones y planeamiento de RAND la palabra *estrategia* no era desconocida y tampoco sus fundamentos y principios.

---

[15] *George F. Kennan fue el diplomático estadounidense que persuadió al gobierno de su país de que debería contener a la Unión Soviética, pues esta representaba un poder insaciable que tendría planes de conquistar el mundo con su ideología. En 1946 Kennan envió un extenso telegrama de cinco mil quinientas palabras desde Moscú al Secretario de Estado estadounidense afirmando que la Unión Soviética era insegura y que, después de mezclar su supuesta inseguridad con la ideología comunista y el "secretismo oriental y de conspiración", era también peligrosa. Para conocer más sobre el inicio de la Guerra Fría lee el "Largo Telegrama" de Kennan y el artículo titulado "Las fuentes de la conducta soviética" publicado posteriormente en 1947 en Foreign Affairs Magazine bajo el misterioso seudónimo "X" (el mismo George F. Kennan).*

[16] *Thinktank es una institución de expertos de naturaleza investigadora, cuya función es la reflexión intelectual sobre asuntos de política social, estrategia política, economía, militar, tecnología o cultura.*

En el año 1957, después de años liderando proyectos en la semisecreta RAND, Ansoff aceptó la propuesta de Lockheed Martin, otra organización ligada al mundo militar, para ocupar el cargo de Director de Planeamiento. La dirección de Planeamiento de Lockheed Martin era la oportunidad ideal para que un matemático con su mente ordenada y disciplinada pudiera aprovechar los muy específicos talentos y conocimientos que había cultivado. En su nuevo trabajo Ansoff tuvo la capacidad de aplicar su experiencia y liderar un gran cambio en la manera de planear y trabajar. Creó procesos más adecuados para facilitar la toma de decisiones al identificar escenarios que se repetían en el día a día de la organización.

Durante años Ansoff estudió estos escenarios por los cuales la corporación transitaba y los clasificó agrupando en un número determinado para luego estudiar y proponer alternativas y soluciones a cada uno de los escenarios padrones. En esencia Ansoff diseñó una metodología que permitía identificar el escenario rápidamente y proponer un curso de acción con mayor seguridad.

Todavía siendo relativamente joven, pero deseando terminar su carrera a los 45 años, Ansoff planeó su paso al mundo académico. Para entonces ya poseía una mezcla única de conocimientos de planeación, matemáticas y una gran experiencia tanto en el mundo militar como en los ambientes corporativos. En 1963 fue contactado por la Escuela de Administración Industrial de la Universidad de Carnegie Mellon para enseñar en sus nuevas materias de *management*. No pasó mucho tiempo y el exconsultor militar y exdirector de planeación se dio cuenta de que sería un paso lógico publicar un libro sobre su método. Este permitiría a los líderes corporativos y empresariales profesionalizar la planeación en sus empresas y además establecería su autoridad en el ámbito académico.

Así lo hizo y en 1965, al momento de elegir el título de su libro, Ansoff transportó fuera del contexto militar aquella palabra griega que probablemente había escuchado por primera vez durante la Segunda Guerra Mundial y posteriormente múltiples veces en la semisecreta RAND Corporation: *estrategia*. Ese año Igor Ansoff publicó el libro *Corporate Strategy* (*La Estrategia de la Empresa*) utilizando el vocablo griego para referirse a su método de planeación basado en escenarios corporativos.

El libro de Ansoff no tenía el propósito o la intención de explicar aquel conocimiento secreto y esotérico que Sun Tzu y los grandes estrategas griegos como Alejandro Magno guardaban celosamente. Su libro trataba específicamente sobre cómo interpretar diferentes escenarios corporativos y actuar en ellos. Así la palabra *estrategia* que hasta entonces era desconocida en el mundo corporativo (y obviamente desconocida para el público en general) había pasado a ser *de facto* una reducción para denominar el método de planeación propuesto por Igor Ansoff. Desde entonces es común encontrar personas que asumen que Estrategia es un sinónimo de *plan*.

Pero el *Secreto de la Estrategia* al cual se refería Napoleón, aquel por el cual Alejandro reclamaría a Aristóteles y que Sun Tzu escondía, no es un simple sinónimo de *plan* o planeación. De igual manera lo publicado en 1965 por Igor Ansoff tampoco era la "esencia de millones de pétalos" que daría a su poseedor la posibilidad de descubrir el secreto.

El libro *"La Estrategia de la Empresa"*, sin embargo, ayudaría a empresarios a obtener una matriz para pensar, organizar y tomar decisiones basadas en escenarios. Era un gran paso para el naciente mundo corporativo y la obra de Ansoff tuvo mucho éxito en un mercado ávido de profesionalizarse en medio de la competencia que crecía y negocios que se hacían más complejos. Gracias a Igor Ansoff las corporaciones ahora no necesitaban perder tanto tiempo reunidos, intentando pensar cuál sería el mejor camino, intentando ordenar información y percepciones que llevaban a más confusión o simplemente a la parálisis. Ahora el empresario tenía una matriz de "estrategia corporativa". Fue un paso significativo e incluso revolucionario para la época. Pero la matriz misma no es *Estrategia*. En todo caso *Estrategia* es aquello que encontraríamos detrás de la matriz, así como aquello que Sun Tzu afirmaba que nadie podía ver, "nadie logra ver la Estrategia por detrás".

La palabra estrategia fue extraída de su contexto original, reducida y simplificada para acomodarse a la definición del neologismo propuesto por Ansoff. Es así como durante el proceso de traslación de un mundo a otro, de un contexto a otro, este antiguo vocablo griego perdió su compleja multidimensionalidad y significado original. Estrategia pasó a ser algo unidimensional, algo que se puede representar con un gráfico o en una presentación.

Es probable que sin la pérdida de sus varias dimensiones el uso del vocablo *estrategia* no se hubiera ni siquiera expandido al vocabulario moderno, pues es más fácil utilizar una palabra que define un concepto unidimensional que adoptar una que representa un conocimiento multidimensional. Es menos conflictivo y alivia la consciencia de sus usuarios modernos pensar que si tenemos un plan ya tenemos Estrategia.

El antiquísimo concepto que se encuentra detrás de la palabra *estrategia*, y que se perdió en la historia desde la época Helenística, había sobrevivido en los laboratorios intelectuales de RAND Corporation, pero posteriormente fue reducida a un neologismo que conquistó con su ambigüedad las salas de reuniones corporativas. De ahí en más se la escuchó en boca de políticos, gerentes, deportistas, técnicos de futbol y cualquier persona que tenga un plan o se encuentre en una situación de competencia. Poco a poco la palabra *estrategia* fue agregada a nuestro vocabulario diario, pero ya destituida de sus dimensiones y de su poder pasó a ser casi vana.

En 1996, tres décadas después de la publicación del libro de Igor Ansoff, un profesor de la Escuela de Negocios de Harvard llamado Michael Porter escribió un artículo en la revista *Harvard Business Review* titulado "¿Qué es estrategia?"[17]. En su conocido artículo el profesor Porter definió qué es estrategia de negocios. La definición de Porter va más allá de escenarios y planes, agrega profundidad al concepto de estrategia de negocios y considera principios fundamentales del Arte de la Estrategia aunque no lo hace de manera explícita. Porter afirma que *estrategia de empresas* se trata de ser diferente, de ser único para un segmento del mercado y que para lograr la diferenciación es indispensable elegir qué no hacer. En otras palabras, no se puede ser todo para todos, pues Estrategia se trata de saber cómo y dónde enfocarse.

Hoy ya podemos acceder al conocimiento de qué es *estrategia de empresas* si leemos a Michael Porter, pero conocer y comprender al profesor de Harvard no nos permitirá ensanchar nuestro conocimiento de cómo pensar y aplicar Estrategia a cualquier otro contexto que no sea el de una empresa con fines de lucro. El mismo Michael Porter ha trabajado durante años para traducir sus conceptos de *estrategia de empresas* a organizaciones sin fines de lucro (*i. e.* ONG, fundaciones). Tal adaptación es necesaria, ya que su modelo de *estrategia de empresas* no es inmediatamente transferible a organizaciones sin fines de lucro y mucho menos a ámbitos tan diferentes como el deporte o la vida misma.

Como ya hemos dicho antes, no debería sorprendernos que treinta y cuatro años después del libro de Igor Ansoff y más de dos mil trescientos años después de Sun Tzu y de Alejandro Magno, la revista británica *The Economist* haya

---

[17] *"What is Strategy?" Harvard Business Review Nov-Dic. 1996.*

publicado su sarcástica pieza publicitaria global afirmando: "Nadie realmente sabe qué es estrategia".

A final de cuentas *estrategia* es una palabra antiquísima que encierra un concepto y principios observados por los antiguos griegos y no se reduce al arte de hacer negocios, construir marcas o posicionar empresas. Tampoco es el arte de ganar campeonatos deportivos o de tener buenas ideas y, estrictamente hablando, ni siquiera es el arte de la guerra. Aunque este último es el escenario donde más inmediatamente se nota la ausencia de *Estrategia* y donde se necesita indispensablemente obedecer los principios que rigen este antiguo conocimiento griego.

La guerra, los negocios, los deportes, la política y otros ámbitos de competencia son las situaciones *donde* se necesita Estrategia, pero en esos ámbitos no nos explicarán *qué es* Estrategia y *cómo* se piensa estratégicamente.

Para saber exactamente qué es Estrategia necesitamos primeramente ir al origen, necesitamos conocer sus fundamentos, sus principios y su esencia. Continuemos pues nuestro viaje yendo a la fuente original desde donde brota, de manera clara y sencilla, el significado literal de Estrategia y sus implicaciones.

La duda es el origen de la sabiduría.

René Descartes

4. El significado de Estrategia

I. Queronea y el strategos

Los heridos que yacían desparramados entre los casi tres mil muertos en el prado eran cada vez menos a medida que los minutos pasaban. Manchados con la sangre propia y ajena iban dejando sus cuerpos para caer en la indolora oscuridad del Hades. Cuando la tenue claridad del crepúsculo se extinguió para dar lugar a la luz blanca de la luna los gemidos ya no se escuchaban más. Una figura solitaria surgió en medio a la penumbra del campo de batalla. El fantasmagórico ambiente iluminado por la luna permitió distinguir a un hombre de estatura mediana, con barba y panoplia macedonia, que cojeando se acercó a los cuerpos. La cojera de este hombre no era de nacimiento, sino a causa de un guerrero bárbaro que años atrás había logrado herirlo con una lanza durante la batalla contra los Ilírios. La lámina de hierro había traspasado su muslo por completo y continuado su trayecto hasta alcanzar el corazón del caballo que montaba. El hombre había quedado cojo desde entonces. Si bien no era feo una de sus cavidades oculares estaba vacía y en lugar del ojo una gran cicatriz cruzaba su rostro transversalmente, desde el punto donde la frente se encuentra con la ceja y hasta el inicio del pómulo. En realidad había sido un hombre de buen parecer, pues de otra manera ya parecería un monstruo, pues ademas exhibía otras marcas visibles en los brazos, en el cuello y los hombros. Cicatrices de otras batallas que le daban una apariencia de ser más viejo que sus cuarenta y cuatro años de edad. El hombre tambaleaba no solo por la cojera sino también por el total agotamiento y otro poco por el vino. Pero al final del día ya había finalizado la inspección del resultado de su estrategia.

Los ayudantes de campo estaban separando y apilando los cadáveres según sus ciudades de origen para seguir con la cremación y la tradición griega. Al observar los cuerpos que estaban acumulados, algunos en filas y otros todavía en montículos, volvió a recordar una vez más que la ciudad de Atenas jamás volvería a ser la misma. Tampoco serían las mismas Tebas, ni Corinto y menos aún su Macedonia.

El hombre de barba y cicatrices se detuvo donde había estado el centro del combate en su ala izquierda. Se trepó sobre un grupo de hoplitas beocios apilados y que horas antes luchaban salvajemente contra su hijo. Su hijo, un adolescente que a pesar de los pronósticos de los griegos había logrado romper y destruir la formación de la hasta entonces invencible Banda Sagrada Tebana. La élite de las falanges beocias había dado una grandísima muestra de valentía y en todo momento mantuvieron la formación hombro a hombro, escudo con escudo, sin claudicar y sin lanzar sus escudos para huir. Lucharon hasta el último hombre.

Al lograr estabilizar su cuerpo sobre el montículo donde los muertos beocios habían sido apilados, el hombre de feroces cicatrices pidió a uno de sus soldados que le lanzase una bota de vino. Bebió profundamente desde el odre de cuero de cabra. Al terminar se secó los labios y la barba con la parte externa de la mano y una sonrisa de satisfacción y orgullo cruzó sus labios. En ese momento el mayor *strategos* que los griegos habían conocido no resistió a la tentación. En un instante dio riendas sueltas al poderoso impulso de su sangre, la misma que había llevado a su ancestro Heracles a la locura y al heroísmo, e inició una danza de guerra sobre los cuerpos que se apilaban y cubrían el campo de Queronea.

Al ver esta primitiva escena uno de sus compañeros de la caballería macedonia, que también inspeccionaba los muertos, se dirigió al rey como si este fuera apenas uno más de las falanges y lo regañó: - ¡Por Heracles, Felipo! Te pareces a un bárbaro, compórtate como el *strategos basileus* que eres!

El *strategos basileus* de Macedonia Felipo II se recompuso inmediatamente al caer en cuenta que se estaba comportando de manera primitiva. No deseaba que lo consideraran un bárbaro. Era un griego macedonio, descendiente de Heracles, campeón olímpico y del linaje de los reyes Argéadas. Entonces en lugar de danzar sobre los muertos Felipo ordenó erigir un león de piedra en homenaje a los trescientos héroes de la Banda Sagrada Tebana[18] que habían sido conducidos al Olimpo por su hijo Alejandro y su caballería macedonia.

Cuando Filipo II de Macedonia, padre de Alejandro Magno, venció a los griegos en la batalla de Queronea en el año 338 a. C. (unificando por primera y única vez a todos los helenos);[19] éste ostentaba el rol de *strategos basileus* de

---

[18] *Hasta el día de hoy el monumento conocido como "El león de Queronea" marca el lugar exacto donde el hijo de Felipo II de Macedonia, Alejandro, y la caballería compuesta por los nobles de Macedonia y por sus compañeros de la Escuela Real de Pajes habían derrotado a la coalición de ciudades griegas y destruido al más temible cuerpo de infantería pesada de toda Grecia.*

[19] *Con excepción de Esparta.*

Macedonia. El cargo al cual los griegos denominaban *strategos* estaba directamente ligado al concepto de Estrategia y por lo tanto necesitaremos primeramente considerar el significado de *strategos* para, posteriormente, llegar a la definición original de la palabra *estrategia*.

El ateniense Sócrates afirmaba que el definir correctamente los conceptos y palabras constituye el primer paso en el estudio y comprensión de cualquier arte. Esto es así debido a que una barrera lingüística podemos superarla con la ayuda de un traductor, pero si asignamos conceptos equivocados a las palabras entonces la barrera se hace mucho más grande y generamos confusión, aunque hablemos todos el mismo idioma.[20]

Te sugiero que por un momento dejemos de lado cualquier definición de *estrategia que* haya sido construida o adaptada a contextos específicos y puntuales. Aquello que nos llevará a descubrir el *Secreto de la Estrategia* no será la definición dada por un libro de negocios o por académicos que suelen hablar a un público segmentado y desde la óptica de su específico campo de *expertise*. En realidad, la única definición que necesitamos y que nos será útil para emprender la búsqueda de los fundamentos del Arte de la Estrategia es la utilizada por los antiguos griegos. Aquella que era conocida por Pericles, Temístocles, Filipo, Aristóteles, Alejandro, Aníbal Barca, Julio César y los otros Grandes Comandantes de la Antigüedad identificados por Napoleón. Definamos pues la palabra *estrategia* de manera sencilla y directa, así como nos llega del griego antiguo.

II. ¿Qué es Estrategia?
Stratos - strategos - strategia

La palabra *estrategia* hace alusión al *strategos*, una posición de poder en las *poleis*[21] de la Grecia arcaica y la clásica. La posición existía en todas las ciudades-Estado de Grecia, así como en los reinos de Esparta y Macedonia, donde era un cargo ocupado directamente por los reyes (*strategos basileus* o *strategos autokrator*). Los ciudadanos griegos de los siglos IV y V a. C. eran totalmente conscientes de que todos ellos dependían de la habilidad del *strategos*, de su capacidad mental.

---

[20] *En este sentido, la verdadera Torre de Babel no es aquella de la confusión de lenguas, sino aquella de la confusión de conceptos.*
[21] *Poleis plural de polis.*

Al pensamiento del *strategos* y a su manera de actuar en tiempos de guerra y en tiempos de paz los griegos llamaban Estrategia. Estrategia era el arte, la función y la capacidad del *strategos*. Sin embargo, así como en el caso del Método del maestro Sun en China, los fundamentos y principios del arte del *strategos* no eran revelados abiertamente en ninguna ciudad griega y pocos líderes llegaban a aprenderlos de manera sistemática. El saber cómo pensar y cómo actuar en el rol de *strategos* estaba categorizado como un conocimiento que debería ser transmitido únicamente de manera esotérica, literalmente. La palabra *esotérico* es recurrente y la analizaremos más adelante, ya que efectivamente eran poquísimos, tanto en China como en Grecia, aquellos que obtenían las llaves interpretativas que daban acceso a tal conocimiento.

La razón de por qué ese conocimiento se mantenía encubierto podemos inferirla de su significado literal. La palabra *estrategia* (στρατηγία) deriva inicialmente de la raíz *stratos* (στρατός) cuya traducción aproximada es "ejército". Debemos, sin embargo, considerar que el *stratos* no era un ejército compuesto por soldados profesionales sino por ciudadanos que se proveían de sus propios equipos de infantería y se capacitaban por voluntad y responsabilidad propia.[22] Estos hombres formaban el *stratos* y por ser parte de este eran los únicos que podrían ser ciudadanos de la polis. Ser ciudadano era ser parte del *stratos* y ser parte del *stratos* implicaba la ciudadanía.[23]

Los líderes de la ciudad elegían a uno de ellos (o a diez en el caso de Atenas) para liderar al *stratos* y a este le denominaban *strategos* (στρατηγός). Este era el cargo que ostentaban personajes históricos como Epaminondas, Pelópidas, Pericles, Temístocles , Milcíades, Filipo y Alejandro.

La estrategia era consecuencia directa de su sabiduría práctica y personal.[24] Por lo tanto, cuando el destino de todo el *stratos*, y consecuentemente de todos los habitantes de la polis estaba en juego; o cuando los ciudadanos luchaban a muerte formados en las falanges griegas en los campos de batalla, o cuando las negociaciones diplomáticas se llevaban a cabo y se necesitaba proyectar y anticipar el futuro, era el *strategos* aquel que debería saber pensar y actuar

---

[22] *La excepción, nuevamente, era Esparta, donde los ciudadanos eran fundamentalmente guerreros hoplitas.*
[23] *La democracia en Atenas se expandió a medida que se necesitaban más hoplitas para combatir en las falanges. De igual manera, cuando Atenas se enfocó en la marina la democracia se expandió aún más, pues se necesitaban más ciudadanos para remar en los trirremes.*
[24] *Strategos Sofía.*

correctamente. Los hombres vivirían o morirían, las mujeres serían libres o esclavizadas, los niños continuarían sus juegos infantiles en las calles o serían separados de sus familias y vendidos como mercancías, los ancianos vivirían o serían ejecutados, e incluso los animales y los campos tendrían sus destinos definidos, dependiendo de cómo pensara y actuara el *strategos*, o, en otras palabras, de su Estrategia.

Este rol determinante de *strategos* existió durante toda la época clásica y parte del periodo helenístico.[25] Posteriormente el título fue desapareciendo hasta que nadie más lo utilizó, aunque hasta el día de hoy pocas serían las personas que pondrían en duda el rol determinante que el líder ejerce en el destino de nuestras organizaciones y sociedades, aunque ahora bajo otros títulos (*i. e.* presidente, CEO, director, etcétera).

Estrategia es, en su definición más nuclear y sencilla, "aquello que piensa y hace el *strategos*, el líder". Si el significado original del concepto de Estrategia es "cómo piensa y cómo actúa el *strategos*", y si de tal capacidad dependía el destino de todos, entonces la pregunta más práctica y relevante que surge para nosotros que estamos buscando el *Secreto de la Estrategia* es: ¿Cómo debe pensar y actuar el *strategos*?

Para responder a esta pregunta fundamental nos encontramos ante un gran desafío ya que como dijimos el arte de la *strategía (στρατηγία)* no era enseñada de manera abierta en ninguna ciudad griega. Pero sabemos que existió una escuela de Estrategia en Grecia y que además fue la más consecuente escuela de Estrategia de la historia si la juzgamos por los logros obtenidos por sus alumnos. En esta escuela se enseñaba el Arte de la Estrategia a un grupo muy selecto de individuos y su reforma y expansión fue una de las grandes genialidades e iniciativas de aquel hombre de barba, cojo y tuerto que bailó sobre los cadáveres de los tebanos luego de la batalla de Queronea, en el año 338 a. C.

---

[25] *En el año 480 a. C. cuando Jerjes y sus miríadas del Imperio persa aqueménida vinieron a destruir Atenas los atenienses contaron con un gran strategos en la figura de Temístocles. Esto literalmente les significó no desaparecer de la historia. Más aún, Temístocles demostró ser capaz de ver en el largo plazo, prever, reposicionarse a tiempo, revertir la historia y elevar la autoestima de los ciudadanos atenienses por generaciones, al punto de culminar en la "Era Dorada de Atenas". Por otro lado, un mal strategos o uno corrupto como Alcibíades significaron rebrote de guerras, muertes, derrotas innecesarias, traiciones y el inicio del fin del Imperio ateniense. Situaciones similares encontraremos en los destinos de Esparta, Tebas, Corinto, Megara, Mileto, innumerables poleis alrededor del Mediterráneo y, por supuesto, también en el destino de Macedonia.*

Pero antes de conocer la Escuela Real de Pajes de Filipo II de Macedonia, una de las más determinantes escuelas esotéricas de la historia, necesitamos primeramente comprender el significado de la palabra *esotérico* y conocer la diferencia entre conocimiento común, conocimiento exotérico y conocimiento esotérico.

Busto, identificado como Filipo II de Macedonia.
Gliptoteca Ny Carlsberg, Copenhague.

5. Las tres maneras de transmitir el conocimiento

I. El Secreto de la Estrategia - Decodificando el conocimiento esotérico

"He escuchado que estás enseñando abiertamente aquello que nos has enseñado a nosotros de manera esotérica. Deseo que sepas que no estoy de acuerdo, pues ¿cómo podremos sobresalir en algún conocimiento si estos que hemos recibido de ti se hacen en adelante exotéricos, materia común de todos?"

Este es un fragmento de una carta de Alejandro Magno a Aristóteles donde le reclama la enseñanza abierta en el Liceo de Atenas de conocimientos que en Macedonia habían sido transmitidos de manera esotérica a él y a sus compañeros.

La transmisión esotérica del conocimiento era una práctica bastante común en el mundo antiguo. Entre los griegos, aquel conocimiento por el cual el individuo recibía los principios y fundamentos para saber cómo pensar durante tiempos de guerra y tiempos de paz, en otras palabras, el arte del *strategos*, estaba categorizado como un conocimiento de transmisión esotérica.

Esta palabra griega *esotérico* será recurrente en nuestra búsqueda del *Secreto de la Estrategia*, y por lo tanto es importante explicarla e interpretarla correctamente. En este capítulo veremos las tres maneras de transmitir conocimiento en la antigüedad y te compartiré un ejemplo para que además entendamos la razón de porqué existía esta categorización en la transmisión de conocimientos.

Empecemos por la palabra *esotérico*. Hoy en día algunas personas interpretan esta palabra como sinónimo de misticismo, superstición o de prácticas pseudoespirituales. Sin embargo, estas interpretaciones suelen surgir de nuestra ignorancia con relación al significado de dos palabras griegas opuestas: *exotérico* y *esotérico*. Las escuelas en todo el mundo heleno eran muchas y tenían la costumbre de dividir el conocimiento en tres niveles: el conocimiento común, el exotérico y el esotérico. Esta división identificaba el modo de transmisión, no el contenido.

Si nos imaginamos círculos concéntricos y siendo el *conocimiento común* el círculo más externo, el *conocimiento exotérico* el círculo del medio, entonces el *conocimiento esotérico* sería el círculo más interno, el tercer nivel, el conocimiento exclusivo por definición.

La manera *esotérica* de transmitir el conocimiento era aquella de comunicación exclusiva, limitada a un círculo cerrado de personas, disponible apenas para un grupo selecto. Por otro lado, la manera exotérica de transmitir el conocimiento era aquella por la cual el conocimiento estaba abierto y disponible para todos aquellos que desearan recibirlo. En Grecia, como posteriormente en Cartago y Roma, los principios y fundamentos de "cómo debe pensar el *strategos*" eran transmitidos de una generación a otra de manera limitada y exclusiva, o, en otras palabras, de manera esotérica. A veces la transmisión del conocimiento de Estrategia se daba por medio a la relación padre-hijo, como en el caso de Amílcar y Aníbal, Filipo y Alejandro, o como entre los miembros de la familia de los Escipiones. En otras ocasiones la transmisión del conocimiento de Estrategia se realizaba de *strategos* a *strategos*. Pero fuera por vía del parentesco o de la ciudadanía y la posición en una determinada polis, la transmisión del conocimiento de Estrategia siempre se realizó de manera exclusiva, de manera esotérica.[26]

Veamos un ejemplo para que quede clara la diferencia entre esotérico y exotérico, y además comprendamos por qué en ocasiones la transmisión esotérica, con todo su secretismo y sus limitaciones, era la única conveniente para algunas ciencias y artes.

La evolución del conocimiento de las ciencias médicas nos servirá como un ejemplo histórico para diferenciar los tres niveles del conocimiento identificados por los griegos. Viendo este ejemplo confío que nos será fácil posteriormente comprender, por analogía, por qué la Estrategia siempre fue un conocimiento identificado como esotérico entre los griegos y por qué se ha perdido con el tiempo.

---

[26] *El secretismo y la exclusividad que caracterizaba la transmisión esotérica explica por qué este conocimiento se ha perdido en el tiempo y a la vez nos da una mejor perspectiva para comprender por qué, hasta el día de hoy, "nadie realmente sabe qué es estrategia" como afirmaba la campaña de la revista The Economist. También explica los intentos de preservar el conocimiento esotérico por medio a abrirlo parcialmente y encubrirlo bajo analogías, símbolos o metáforas.*

II. Conocimientos común, exotérico y esotérico.
La medicina como ejemplo de conocimiento común, exotérico y esotérico

La mayor parte de las personas que habitan este planeta no somos médicos. Esta no es una afirmación polémica y yo mismo puedo afirmar no poseer ningún conocimiento de las ciencias médicas que me pudiera permitir dar una opinión, o hacer un diagnóstico, en el campo de la medicina. Sin embargo, a pesar de mi declarada ignorancia en las ciencias médicas, creo poseer un *conocimiento común* que, según mi propio juicio, me permite tomar decisiones básicas sobre medicina. Este *conocimiento común* de medicina me dirá que si tengo fiebre y fuertes dolores abdominales al lado derecho podría tratarse de un caso de apendicitis. Puede ser, pero puede no ser. El conocimiento común realmente no sabe mucho, pero cree saber algo y nos puede llevar a grandes equivocaciones.

El conocimiento común suele ser genérico y poco preciso, es mediocre por definición, aunque puede contener una dosis de verdad. En los peores escenarios el conocimiento común será utilizado como instrumento de manipulación por personas sin escrúpulos y mal intencionadas. Por ejemplo, es peligroso en democracias cuando los políticos se aprovechan de la imprecisión y gran dosis de prejuicios que caracterizan este conocimiento y así manipulan a los incautos e ignorantes. En muchas ocasiones el *conocimiento común* puede ser poco más que ignorancia y prejuicio.[27]

En ocasiones este tipo de conocimiento nos puede llevar a abandonar la lógica y a desechar el sentido común. Aquella persona que se maneja únicamente con el conocimiento común podrá llegar al punto de no diferenciar claramente entre la verdad y la mentira, entre el que sabe y el que no sabe. En una época en que no se cree en el "especialista" vemos que muchas decisiones están basadas en el conocimiento común. Cuando este prevalece y se impone en la sociedad es señal de que estamos viviendo en una era de ignorancia y confusión.

Como bien sabían los filósofos griegos la educación, en cualquier campo de conocimiento, se inicia más allá del *conocimiento común*.

---

[27] *Como el conocimiento común existe en todas las áreas es también importante notar su importancia para la vida diaria y las tareas sin importancia transcendental. Pero el conocimiento común en algunas situaciones pasa a ser inaceptable, particularmente en temas de estrategia y liderazgo.*

Por lo tanto, si deseara aprender las ciencias médicas y no arriesgar la vida de las personas con mi conocimiento común, debería primeramente estar dispuesto a abandonar mis ideas preconcebidas, ser humilde, estar abierto a ser instruido, esforzarme y adquirir el siguiente nivel de conocimiento más especializado. Este segundo nivel era aquel donde se ubicaban los conocimientos que los griegos llamaban exotéricos.

La palabra *exotérico* (εξωτερικός) se refería a aquellos conocimientos que eran enseñados abiertamente por los filósofos y/o profesores. Aristóteles fue uno de los primeros en utilizar esta división y categorizar sus libros en exotéricos y esotéricos. El conocimiento categorizado como exotérico era superior al conocimiento común y exigía esfuerzo y disciplina por parte del interesado para adquirirlo. Era un conocimiento especializado y enseñado abiertamente.[28] Esta era el segundo nivel del conocimiento.

Siguiendo nuestro ejemplo de las ciencias médicas observamos que si un individuo quisiera obtener conocimientos sólidos de medicina debería entonces abandonar los prejuicios del conocimiento común e ingresar a la Escuela de Medicina. Ahí dedicaría muchos años al estudio del conocimiento exotérico y luego un día lo invitarían a hacer el juramento Hipocrático. Ese día le acreditarían como conocedor de las ciencias médicas. Una vez obtenido el conocimiento exotérico el individuo ya ha hecho un gran progreso.

Pero si luego de dejar atrás los prejuicios del conocimiento común y educarse con los conocimientos exotéricos, el individuo aún encontraba adentro suyo la inclinación de continuar avanzando, entonces intentaría tener acceso a aquel conocimiento que los griegos categorizaban como esotérico.

El conocimiento categorizado como *esotérico* (εσωτερικός) trataba normalmente del aspecto más profundo y fundamental de una ciencia, arte o espiritualidad y que era enseñado únicamente a un grupo exclusivo de personas.

En el Siglo XXI podríamos asumir que el conocimiento de las ciencias médicas es completamente exotérico, abierto, disponible para aquellos que tengan el talento, el deseo, el tiempo y los medios para buscarlo. Es un conocimiento que ciertamente presenta ciertas barreras, pero está disponible. Sin embargo, en una época del pasado no tan remoto parte de los conocimientos médicos eran esotéricos, literalmente. La historia nos recuerda que la medicina también

---

[28] *El prefijo ex en la palabra griega exotérico indica que es "externo".*

ha sido enseñada de manera esotérica, así como ocurrió con otras ciencias y artes durante la historia humana.

En el caso de la medicina existía un motivo muy puntual de por qué parte del conocimiento médico era reservado, oculto e incluso considerado un "secreto" por algunos pueblos y culturas. Uno de los modos más eficaces para comprender las enfermedades y el funcionamiento del cuerpo humano había sido, desde siempre, la manipulación, observación e investigación de cadáveres. Sin embargo, en la cultura griega, así como en otras del mundo antiguo, los cadáveres eran sagrados y su manipulación, un tabú religioso. Consecuentemente, el uso de cadáveres para el estudio médico estaba prohibido y cualquier manipulación fuera de las normas y tradiciones era considerado un acto sacrílego que merecía ser castigado severamente.

Pero estas prohibiciones religiosas no impedían que aquellos individuos que deseaban saber más sobre el cuerpo humano se animaran a buscar la tercera y más interna camada o nivel de conocimiento. Estos estudiantes se atrevían a romper las leyes, adquirían cadáveres y los abrían para estudiar e iluminar sus conocimientos médicos.[29] Naturalmente, estas reuniones de estudio eran clandestinas y secretas.

Empujados por la curiosidad científica, pero muy conscientes de los riesgos que corrían, estos médicos formaban asociaciones secretas para compartir de manera exclusiva el conocimiento obtenido. En una época en que la violación de leyes religiosas podría llevar a castigos extremos como la muerte o el exilio, la fuente del conocimiento obviamente no era divulgada. Los individuos que eran admitidos a estas reuniones eran de gran confianza y elegidos con muchísimo cuidado, pues si uno de ellos traicionaba al grupo todos sufrirían las consecuencias.

El conocimiento obtenido de esta manera era categorizado como esotérico (uno que debería ser compartido y enseñado a pocos) y su transmisión se daba a menudo por medio de organizaciones secretas. Exotérico y esotérico son, por lo tanto, palabras con significados opuestos, siendo el primero el conocimiento abierto y el segundo aquel transmitido a pocas personas, de forma velada y oculta. Era este conocimiento, el esotérico, aquel al cual recurría el individuo

---

[29] *En la Antigüedad los egipcios eran considerados los mejores médicos y se cree que la razón era que con la práctica de la momificación adquirían conocimientos más precisos y profundos sobre anatomía, enfermedades y las curas necesarias.*

más curioso y más intrépido que estaba dispuesto a andar la milla extra para llegar a niveles más profundos de revelaciones.

Sin embargo, el problema con el conocimiento esotérico era que las posibilidades de perderse o desaparecer con el tiempo eran grandes. Para intentar preservar estos conocimientos secretos a lo largo del tiempo estas organizaciones pasaban a divulgarlos de manera parcial y velada. Aquello que era descubierto por un lado era al mismo tiempo encubierto por otro, utilizando símbolos, mitologías, analogías o lenguaje poético.[30] En otras palabras, las llaves interpretativas continuaban siendo exclusivamente para los miembros del grupo, para los llamados *iniciados*.

Con el pasar del tiempo las razones para mantener ocultos varios conocimientos fueron desapareciendo y finalmente muchos de ellos se divulgaron de manera exotérica, hasta que los categorizados como esotéricos ya fueron relativamente pocos.

Los conocimientos esotéricos podían ser variados en naturaleza pues, como vimos, la palabra es indicativa de su exclusividad y no de su esencia. Pero la identificación errónea de la palabra *esotérico* con lo místico, con supersticiones o con lo netamente espiritual, se debe a que en Grecia muchas de las escuelas esotéricas estaban dedicadas a explicar temas relacionados a la condición del alma humana, a la *psiqué* (ψυχή). Los griegos llamaban al conjunto de estas específicas enseñanzas esotéricas dedicadas a la *psiqué*, *misterios*, los *misterios griegos*. Los dos principales motivos por los cuales solemos asociar equivocadamente el vocablo *esotérico* con temas espirituales o místicos son la desproporcionada representación que tenían los misterios griegos[31] en las enseñanzas esotéricas de Grecia y el hecho de que actualmente muchos desconocen el origen de esta palabra.

III. Estrategia: un conocimiento originalmente esotérico

En el caso del Arte de la Estrategia la razón de por qué estaba catalogado como conocimiento esotérico no tenía que ver con lo religioso, sino con aspectos geopolíticos ligados directamente a la preservación de lo más preciados valores griegos, la libertad y la autonomía.

---

[30] *Manly P. Hall,*
[31] *Entre estos los misterios griegos, los eleusinos eran probablemente los más difundidos y conocidos en la Grecia clásica, llegando a tener gran influencia hasta los primeros siglos de la era cristiana.*

La gran estima en que tenían los griegos a la libertad estaba relacionada con el hecho de que la alternativa en caso de derrota era la total esclavitud. Desde Homero (*ca.* siglo viii a. C.) en adelante los griegos valoraron la libertad, conscientes de que sus enemigos, si pudieran, los esclavizarían y los pondrían en una condición de absoluta sujeción en la cual hombres, mujeres y niños serian vendidos y tratados como objetos.[32]

La preservación de la libertad individual era la prioridad. Era el mayor tesoro que podía poseer un ciudadano además de su salud física. La libertad era, sin embargo, un estado que dependía de los líderes (*strategoi*) y del conocimiento de Estrategia que estos podrían tener en los momento más difíciles y dramáticos, como había ocurrido en el 490 y el 480 a. C., durante las dos invasiones persas.

Las palabras de advertencia del maestro Sun al rey Helü sobre la importancia de estudiar y prestar atención a todo aquello relacionado con Estrategia resonaría en Atenas, en Roma, en Susa, en Babilonia, en la lejana Ecbatana y, prácticamente, en todo el mundo antiguo. Porque si en lugar de poseer el conocimiento de "cómo pensar" los líderes de las ciudades eran ignorantes, tarde o temprano la tan valorada libertad sería substituida por la esclavitud.[33] Asimismo, debemos recordar que estas comunidades griegas del pasado enfrentaban la posibilidad de por lo menos una o dos batallas en el transcurso de una generación.[34] En otras palabras, una o dos veces en su vida el griego promedio corría el riesgo de caer en la esclavitud o ser muerto en el campo de batalla.

Bajo esta dicotomía entre libertad y esclavitud, vida y muerte, es que debemos entender por qué el conocimiento de "cómo pensar" que poseía un *strategos* estaba categorizado como esotérico. Porque a final de cuentas esta era la capacidad de "saber pensar" para asegurar que los ciudadanos tendrían las mejores oportunidades de mantener su autonomía y su libertad personal (*autonomía* y *eleuteria*).

Así, el conocimiento de Estrategia constituía la ventaja más grande y fundamental que podría poseer una ciudad-Estado, y al mantenerlo encubierto

---

[32] *Los antiguos griegos y romanos también hicieron lo mismo con sus enemigos. El gran porcentaje de esclavos en Atenas, Esparta, Roma, y otras ciudades antiguas se debía a las conquistas históricas de estas ciudades.*

[33] *Esto continúa ocurriendo hoy en día, pero la diferencia está en que los modos de esclavitud son más variados que en la Antigüedad.*

[34] *The Classical World: An Epic History from Homer to Hadrian. Robin Lane Fox.*

y transmitirlo únicamente a unos pocos individuos selectos, los griegos mantenían una ventaja sobre otros pueblos. Por otro lado, si el conocimiento de Estrategia se enseñara abiertamente, cualquiera podría obtenerlo, fuera amigo o enemigo, griego o bárbaro.

Como había dicho el Maestro Sun la capacidad de pensar estratégicamente era aquello que marcaba la diferencia entre los victoriosos y los derrotados, entre los libres y los esclavos, entre los vivos y los muertos. Por esta razón la transmisión abierta e incluyente del conocimiento de Estrategia nunca había sido considerada una buena idea. Así, el *Secreto de la estrategia* era mantenido bajo llave y ni siquiera todos los *strategoi* lo conocían. Aquellos que sí lo conocían tenían motivos prácticos, lógicos y políticos para mantenerlo oculto, en otras palabras, para mantenerlo esotérico.

Siendo conscientes de estos tres niveles del conocimiento podemos ahora ir a la Escuela Real (y esotérica) de Pajes de Macedonia. En esta "escuela de estrategas" enseñaba el gran Aristóteles y fue aquí donde Alejandro Magno, el comandante representado en el camafeo central de la *Mesa* de Napoleón, había estudiado el Arte de la Estrategia y de cómo pensar según la Naturaleza, de acuerdo a la realidad, con lógica, inteligencia y sentido común. Y si bien es cierto que el graduado más conocido de esta escuela de estrategas, como la llamaba Aristóteles, pasó a la historia como el mayor de todos los tiempos, sería justo enfatizar que sus compañeros de clase fueron todos niños macedonios, hijos de los compañeros de Filipo II, que terminaron sus vidas como faraones, reyes, sátrapas, gobernadores y pretendientes a imperios.

Es en este contexto que debemos leer la reclamación que Alejandro hace a Aristóteles en la carta escrita durante su campaña en las lejanas montañas de Asia.

6. La Escuela de Estrategia

*Así como para la Música está Mozart
y para la Física está Einstein,
así para la Estrategia está Alejandro.*

PhD. RUFUS FEARS

Al darse cuenta de que la danza sobre los cuerpos de los caídos era parte de su lado más oscuro, aspecto que no deseaba que los griegos vieran y mucho menos juzgaran, el rey Filipo se recompuso rápidamente, dejó el vino y volvió a asumir su rol de *strategos basileus*. Trató a los muertos de la Banda Sagrada Tebana con respeto y siguió los ritos de la tradición griega. Incineró los cuerpos de los hoplitas en siete hileras y recogió sus cenizas para luego enterrarlas cerca del punto donde Alejandro y sus compañeros de caballería habían abrumado y eliminado a la élite de las poderosas y valientes falanges beocias. Hizo lo mismo con los atenienses, por respeto a la tradición. Luego de la ceremonia de cremación organizó la comitiva que acompañaría las cenizas de los atenienses hasta su ciudad natal. La comitiva fue liderada por Antípatro[35] y Filipo en un gesto muy elocuente envió a su hijo Alejandro, todavía un adolescente pero ya probado en batalla, para representarlo y entregar las cenizas a los líderes atenienses.

Sin embargo, esta decisión de Filipo todavía no era del conocimiento de los atenienses que estaban en gran pánico luego de escuchar a los primeros mensajeros que relataron cómo la alianza de ciudades griegas, convocada y liderada por Atenas e ideada por Demóstenes, había sufrido una gran derrota cerca de la pequeña ciudad de Queronea. La batalla había tenido como objetivo primario parar la expansión de Filipo II de Macedonia y restablecer el poder de Atenas y de sus aliadas Tebas y Corinto. Sin embargo, durante la batalla, en el flanco izquierdo Demóstenes había sido superado por el terror y había tirado su escudo para correr y salvar su vida. Minutos antes los atenienses que luchaban en la izquierda juntamente con Demóstenes habían sido sorprendidos

---

[35] *Antípatro de Macedonia (400 a. C -319 a. C.) fue un general y estadista macedonio bajo los reyes Filipo II de Macedonia y Alejandro Magno, y padre del futuro rey Casandro*

luego de creer estar venciendo. Muchos fueron muertos, otros habían sido capturados. En el centro las falanges de los corintios habían sido destruidas por las falanges macedónicas. Y en el flanco derecho, donde luchaban los poderosos, y hasta entonces invencibles tebanos, no había sobrevivido ni siquiera uno de los trescientos de la Banda Sagrada. Al momento de escuchar estas primeras noticias los atenienses sintieron el corazón desfallecer, pues en ese momento únicamente dos destinos parecían ser posibles: la esclavitud o la muerte por ejecución. No pocos creían que la misma ciudad desaparecería, aunque en el pasado se había salvado en dos ocasiones. Pero en este momento histórico, en agosto de 338 a. C. todos, hombres, mujeres, viejos, jóvenes, niños y bestias, todos, estaban en manos del *stratego* victorioso y este, por las antiguas leyes de guerra, podía hacer lo que quisiera con los vencidos.

Pero el rey Filipo II de Macedonia era, efectivamente, el mayor *stratego* que Grecia había visto hasta entonces. Si bien sus enemigos, en particular el ateniense Demóstenes, lo llamaban "bárbaro", ellos mismos lo consideraban el más inteligente y sagaz entre los líderes y estrategas que Grecia había conocido. Filipo aseguró a los derrotados, por medio a Antípatro, que los dejaría libres y no solicitaría rescate por los prisioneros. Apenas pedía que la ciudad de Atenas le concediera su amistad, pues Filipo declaraba tener gran admiración a la razón, a la heroica historia y a la belleza de Atenas. Esto sorprendió a todos y la angustia de los atenienses se disipó totalmente al momento en que Alejandro aseguró a la asamblea reunida en el Areópago que todos estarían bien, incluso Demóstenes y los enemigos personales de su padre Filipo.

Era un acto de clemencia sin paralelo en la historia.[36] Los atenienses se regocijaron, erigieron una estatua del rey Filipo en el Ágora y decidieron unirse a la Liga de Corinto bajo el comando del ahora *stratego autokrator* de toda Grecia,[37] Filipo II de Macedonia.

Las habilidades diplomáticas de Filipo eran tan o más importantes que su genialidad en el campo de batalla y los éxitos que tuvo este hombre cojo, de aspecto rudo y parcialmente ciego, efectivamente excedían a los de todos los líderes y estrategas griegos anteriores. Pero antes de obtener su fama entre

---

[36] *Es probable que Filipo hubiera visitado Atenas siendo adolescente, encubierto por el manto del anonimato. La renombrada clemencia por la cual posteriormente Alejandro sería reconocido habría sido el fruto de las enseñanzas que su padre le había dado sobre la importancia de la diplomacia y la amistad para conquistar.*
[37] *Con excepción de Esparta.*

los griegos Filipo tuvo que salvar a Macedonia. El rey Filipo tenía 22 años cuando tomó Macedonia, en el año 364 a. C., cuanto esta se hallaba al borde de la desaparición, derrotada por sus vecinos, debilitada y herida de muerte. La salvó y la reformó, conquistó a muchos por la amistad y a otros los venció con la aplicación del Arte de la Estrategia en la batalla. De una forma u otra, en tiempos de guerra y en tiempos de paz, Filipo sabía cómo pensar y actuar. Llevó a Macedonia a ser la cuna del futuro gran imperio helénico que marcó la historia de nuestra civilización y sobrepasó en poder a la Atenas de la Era Dorada de Pericles.

La inteligencia y las reformas de Filipo II fueron las bases para un imperio helénico, soñado por los filósofos, que llegaría a ser tan extenso y tan determinante para la historia humana que nadie, ni siquiera él mismo, se pudiera haber imaginado.

Filipo II unificó por primera vez desde la época homérica de Agamenón a las beligerantes ciudades griegas y todos, menos los espartanos, estaban ahora bajo su liderazgo. Aunque sus planes subsecuentes no se cumplieron, estableció las bases para que su hijo lo sucediera, liberara a las ciudades griegas en Asia Menor y se animara a creer que era posible conquistar el imperio persa y el mundo.

Pero todo esto no había sido la culminación de un plan improvisado, sino una idea madurada durante años, una reforma profunda y una visión llevada a cabo con paciencia y eficacia.

Entre todas las obras fundamentales que Filipo había ideado y llevado a cabo, y que posteriormente sirvieron a su hijo para opacarlo, las más recordadas por los historiadores suelen ser las reformas militares. La profesionalización de las falanges macedonias y la unificación de la caballería para que ejecutaran en coordinación la táctica de "yunque y martillo" es conocida por todos los historiadores. Sin embargo, fue otra reforma, una que no suele ser citada a menudo y que no está ligada a las armas sino a la mente, aquella que determinó el destino de Macedonia después de su muerte.[38]

Esta reforma de la cual pocos hablan, pero que fue absolutamente fundamental para la historia de Alejandro Magno y consecuentemente para la historia de nuestra civilización, fue ejecutada por Filipo ocho años antes de

---

[38] *El rey Filipo fue asesinado por un guardaespaldas dos años después de la batalla de Queronea, durante el casamiento de su hija Cleopatra.*

su muerte. La reforma transformó la *Escuela Real de Pajes*, *"alma mater"* de Alejandro y sus compañeros reales, en una escuela de Estrategia. Escuela de Estrategia reformada y liderada por la mente griega más potente y rica de la historia, Aristóteles.

Es aquí, en la *Escuela Real de Pajes de Macedonia*, donde nos encontramos muy cerca del punto de vista cronológico y geográfico de aquello que Napoleón Bonaparte llamaba el *Secreto de la Estrategia*. Sabemos que aquel representando en el centro de la Mesa de los Grandes Comandantes había estudiado en la Escuela Real de Pajes y recibido ahí de parte de Aristóteles, y de parte de su padre Filipo, los principios y fundamentos sobre "cómo pensar" y cómo ser un gran *strategos*.

I. La Escuela Real de Pajes de Macedonia - La Escuela de Estrategia

La Escuela Real de Pajes[39] fue probablemente una de las reformas intelectuales más importantes que llevó a cabo Filipo antes de ser asesinado y dejar el trono a Alejandro (355 a. C.). Si bien la escuela había existido quizás desde el siglo V a. C., cuando en Atenas Pericles ya había implementado plenamente la gran revolución del pensamiento crítico y racional, recién en el siglo III a. C. la Escuela Real pasa a ser el centro educativo que finalmente formó a futuros emperadores, faraones, generales, gobernadores y conquistadores.

En los primeros tiempos, bajo el rey Arquelao de Macedonia (413 a 399 a. C.) la Escuela Real había sido el centro de educación de los príncipes y bajo Filipo todavía sirvió a este propósito. No obstante, Filipo amplió la admisión a la Escuela para convertirla en un centro de formación de Estrategia para los príncipes y para los hijos de los nobles de Macedonia. De esta manera todos los "compañeros reales" de Filipo, y otros amigos importantes, además de nobles aliados extranjeros, tuvieron la posibilidad de dar la mejor educación a sus herederos.[40] La institución pasó entonces a llamarse Escuela Real de Pajes y tenía su sede en la capital Pella y un lugar de retiro en la pequeña y montañosa Mieza.

---

[39] *Se denominaba paje a todo joven que estaba al servicio del rey. El nombre deriva de una contracción de la palabra griega* παῖς *(pais = niño).*

[40] *"Existía una tradición, que se remontaba a los tiempos de Filipo por la cual los hijos de los macedonios ricos e influyentes, al llegar a la adolescencia, eran seleccionados para pasar al servicio del Rey" (Flavio Arriano, Anábasis de Alejandro, IV, 13, 1).*

La escuela era lo que actualmente sería la Academia West Point para los Estados Unidos o la Academia Militar de Generales para Rusia. El historiador militar y profesor de la Academia Militar Real de Canadá, Richard A. Gabriel, explica que la escuela funcionaba según el régimen de internados y requería completar un duro y exigente plan de estudios que duraba cuatro años. Los cadetes ingresaban normalmente a la edad de 14 años; se movían a través de un plan de estudios anual, al igual que en las escuelas militares modernas; y finalmente se graduaban a los 18 años. Cada clase estaba compuesta por alrededor de cincuenta estudiantes, por lo que se encontraban inscritos aproximadamente doscientos jóvenes al mismo tiempo. El currículum estaba compuesto por un plan de estudios griego habitual y a esto se agregaba conocimientos específicos en los cuales se ponía cierto énfasis.[41] Esto incluía la lectura de los numerosos tratados de historia militar griega que habían aparecido desde el final de las guerras del Peloponeso, como el que había escrito Eneas el Táctico, el Arcadio (360 a. C.) y ciertamente los relatos de Jenofonte y la *Expedición de los diez mil*, un brillante texto de liderazgo y logística aplicada, además de los textos de Heródoto, Tucídides y otros.

Cuando Alejandro alcanzó la edad de 12 o 13 años Filipo supo que su hijo había llegado al momento en que necesitaba educación especializada. Si algún día ocuparía el trono de Macedonia y el título de *strategos basileus*, necesitaría un tipo de formación dada a muy pocos en la Escuela Real de Pajes. Para potenciar aún más el currículum y con la convicción que no desperdiciaría ni tiempo ni recursos al convocar la mente más poderosa de la época para guiar e iluminar a su hijo prodigio, Filipo contrató a Aristóteles. Si bien era un exiliado sin renombre en aquel tiempo, era conocido por Filipo desde la adolescencia. Aristóteles había vivido en Pella cuando niño, pues su padre había sido el médico del rey Amintas IV, padre de Filipo.

Aristóteles era original de la cercana ciudad de Estagira, en la península Calcídica y tenía apenas uno o dos años menos que Filipo, por lo que habían crecido juntos en Pella.

A los 17 años el futuro filósofo había dejado Macedonia para ir a Atenas, donde pasaría veinte años estudiando. Luego se graduaría de la Academia de Platón y siendo el más destacado de los alumnos y poseedor de la más amplia y racional de las mentes griegas, luego de la muerte de su maestro el joven

---

[41] *Philip II of Macedonia: Greater Than Alexander, 2010 por Richard A. Gabriel.*

Aristóteles esperaba asumir la dirección de la escuela. Pero debido a sus conexiones con la corte de Macedonia fue expulsado de Atenas por Demóstenes y el partido antimacedonio.

Tres años después, cuando Filipo lo invitó a volver a Pella como tutor de Alejandro, Aristóteles aceptó la oferta con la esperanza de encontrar al idealizado rey-filósofo que Sócrates y Platón habían descrito en su más conocido diálogo. Así como Sócrates había enseñado a Platón y este, a su vez, había instruido a Aristóteles, ahora el filósofo de piernas flacas, ojos pequeños como los de un zorro, vestimentas llamativas y mente práctica entregaría a Alejandro lo mejor de la educación griega. El acuerdo con Filipo se completó con la promesa de parte de este de reconstruir la ciudad natal del filósofo, Estagira, que había sido destruida recientemente.

La relación con Aristóteles fue fundamental para la formación de Alejandro y ciertamente fue un maestro inspirado que prácticamente había sido el inventor de la lógica y el primer gran científico experimental. Sus conocimientos eran amplios e incluían la física, la astronomía, la biología, la embriología, la meteorología, la medicina[42] y muchos otros, tanto exotéricos como esotéricos. Había sido el pionero en el estudio de la ética e inculcó en Alejandro la idea de que las mayores virtudes provienen de la moderación.

Todos los príncipes reales, incluido Alejandro, asistieron a la Escuela Real de Pajes, así como los hijos de los nobles y compañeros cercanos de Filipo.

Gran parte de la educación de Alejandro como futuro *strategos basileus* tuvo que ver con aprender todas las artes enseñadas por Aristóteles y a asociarse con los hijos de estos *compañeros del rey* (*hetairoi*) que, llegado el momento, serían sus propios compañeros y generales. Más tarde, varios de sus compañeros de la Escuela Real terminaron siendo gobernadores, sátrapas, emperadores y faraones; siendo uno de los más notable Ptolomeo.[43]

---

[42] *Aristóteles había adquirido el conocimiento del arte de la medicina de su propio padre Nicómaco y le transmitió estos conocimientos a Alejandro. Posteriormente como strategos en el campo de batalla, Alejandro trataba personalmente las heridas y recetaba medicinas a sus hombres.*

[43] *Ptolomeo I Sóter el Salvador (en griego: Πτολεμαῖος Σωτήρ; 367 a. C.–283 a. C.) fue uno de los generales al servicio de Alejandro Magno y excompañero en la Escuela Real de Pajes. Después de la muerte de Alejandro Ptolomeo fue uno de los tres diádocos que se disputaron el control de su extenso imperio. Ptolomeo se convirtió en gobernante de Egipto en el 323 a. C.1 y allí inició la Dinastía ptolemaica que controló el país del Nilo en los siguientes tres siglos. Ptolomeo también puso las bases para la futura Biblioteca de Alejandría y Egipto*

Además de la educación formal griega liberal, los estudiantes eran sometidos a un riguroso entrenamiento militar. A todos los cadetes, incluidos los príncipes reales, les era exigida una vida dura que incluía el ayuno, el entrenamiento de resistencia, la caza de animales salvajes con lanzas, la equitación y otras experiencias fundamentales para el entrenamiento militar macedonio. Los cadetes mayores servían como guardias del rey cuando él dormía. También se les permitía sentarse a su mesa y tenían la responsabilidad de cuidar de sus caballos. La disciplina en la Escuela Real de Pajes era muy estricta, de estilo "espartano" por llamarla de alguna manera, y las infracciones se castigaban con azotes, que el propio rey solía administrar. Era sabido que Filipo una vez mató a golpes a un estudiante por no cumplir una orden militar. Siguiendo la educación heroica que recibían, los cadetes mayores, aquellos que estaban por graduarse, acompañaban al rey en campaña y a menudo morían protegiéndolo. Según el historiador Justino muchos de estos jóvenes, algunos hijos de Filipo, murieron en batalla como guardaespaldas de su rey.

Esta fue la reforma educativa hecha por Filipo y que es clave en nuestra búsqueda del *Secreto de la Estrategia* porque sabemos que aquí se enseñaba aquello que buscamos. El profesor de historia en la Escuela Militar Real de Canadá, Richard A. Gabriel, afirma que "Aristóteles tenía razón cuando la llamó *una escuela para estrategas*".

II. El reclamo de Alejandro a Aristóteles

Ya encontramos el centro educativo donde se enseñaba el conocimiento esotérico de Estrategia y donde había estudiado nada menos que el mayor estratega de la historia. Pero necesitamos ahora acceso al contenido que era enseñado a Alejandro y a sus compañeros reales.

En el primer capítulo leímos un trecho de una carta escrita por Alejandro a su profesor Aristóteles donde reclamaba el hecho de que el filósofo estaba enseñando abiertamente , en el Liceo de Atenas, un conocimiento que él y sus compañeros habían adquirido en la Escuela Real de Pajes de Macedonia de manera esotérica. Esta es una de las correspondencias más curiosas entre

---

se convirtió así en un reino helenístico y la ciudad de Alejandría en una de las más importantes del mundo antiguo. Se coronó como faraón en 305 a. C., aunque este título tan solo lo usaba ante los ciudadanos egipcios, mientras que para los extranjeros se presentaba como basileus o strategos basileus, tal y como se puede comprobar en las monedas que se acuñaron bajo su mandato.

estas dos figuras históricas. Ahora, ya conociendo lo visto en los capítulos anteriores, lee nuevamente el reclamo de Alejandro:

> He escuchado que estás enseñando abiertamente aquello que nos has enseñado a nosotros esotéricamente. Deseo que sepas que no estoy de acuerdo, pues ¿cómo podremos diferenciarnos de los demás en algún conocimiento si estos que hemos recibido de ti se hacen de ahora en adelante exotéricos, materia común de todos? Ciertamente yo [Alejandro] preferiría destacarme en el conocimiento de lo excelente antes que en la grandeza de mis conquistas y mis poderes.

Es un reclamo doblemente curioso porque Alejandro, además de haber sido el más destacado discípulo de Aristóteles y haber demostrado un gran interés por las ciencias naturales, medicina, botánica, retórica, filosofía, geología y otros conocimientos adquiridos durante sus años en la Escuela Real de Pajes y posteriormente durante toda su vida, era también un hombre ávido de compartir y difundir estos conocimientos. Al momento de escribir la carta a Aristóteles se supone Alejandro cruzaba las montañas de Asia central buscando a Darío III y ya se había establecido históricamente como el más grande y consecuente promotor del intercambio de conocimientos entre los pueblos de Europa, del Mediterráneo y de Asia. Para entonces el joven rey macedonio ya había soñado con la gran Biblioteca en Alejandría donde todos los pueblos compartirían sus ciencias, sabiduría, conocimientos y opiniones estableciendo las bases comunes para formar un reino universal.[44] En este reino universal y bajo su dominio, todos, contrariamente a lo enseñado por Aristóteles, serían considerados iguales. En otras palabras, Alejandro no era un hombre que deseaba perpetuar el esoterismo del conocimiento y no era un personaje mezquino cuando se trataba de compartir el saber.

No obstante, sería inocente de nuestra parte pensar que Alejandro, en medio de la peligrosa y exhaustiva persecución a Darío III por los confines de Bactria-Sogdiana, prácticamente el fin del mundo desde el punto de vista griego, se tomaría el tiempo para reclamar a Aristóteles el hecho de estar enseñando abiertamente conocimientos esotéricos de botánica, biológica, de

---

[44] *La biblioteca sería fundada en el siglo III por Ptolomeo Sóter, heredero autoproclamado de Alejandro en Egipto y fundador de la dinastía Ptolemaica de faraones. Ptolomeo fue otro destacado alumno de la Escuela Real de Pajes de Macedonia.*

retórica o incluso de filosofía. Sería lógico admitir que Alejandro tampoco se referiría, en su carta, a los conocimientos que él mismo promovía a lo largo de las tierras conquistadas y los cuales tuvieron, posteriormente, su centro de investigación en la Biblioteca de Alejandría. Desde el punto de vista lógico e histórico tendría más sentido inferir que Alejandro cuestionaba a Aristóteles la decisión de enseñar abiertamente una disciplina en la cual ellos, Alejandro y sus compañeros, sobresalían entre los demás. El reclamo de Alejandro es sobre un conocimiento específico, práctico y de consecuencias tangibles e inmediatas, desde su punto de vista de *strategos*. Se trataba de algo que habían aprendido esotéricamente en la Escuela Real de Pajes y que, según había escuchado, ahora estaba disponible en el Liceo de Atenas.

Entonces, ¿a qué tipo de conocimiento esotérico adquirido durante sus años en la Escuela Real de Pajes, se podría estar refiriendo Alejandro? No podemos saber con certeza histórica, pero sabemos que, entre toda la amplia y vasta gama de intereses y conocimientos atribuidos a Alejandro y a sus compañeros, ninguno era más obvio que su interés y genialidad en *Estrategia*. Sabemos también que la Escuela Real de Pajes era literalmente, en las palabras del propio Aristóteles, una "escuela de Estrategia". Coincidentemente era Estrategia aquel conocimiento que desde siempre había sido guardado y considerado esotérico entre los líderes griegos y del cual Filipo II había sido el mayor exponente hasta la llegada de Alejandro.

¿Sería posible entonces que Alejandro reclamaba a Aristóteles el hecho de enseñar abiertamente los principios de Estrategia que anteriormente habían sido compartidos apenas de manera esotérica?

La respuesta de Aristóteles a Alejandro fue en parte confirmando la apertura del conocimiento, pero por otro lado asegurando que, de alguna manera, este conocimiento continuaría oculto y velado:

> Has de saber que los conocimientos esotéricos, esos cuya publicación lamentas porque a partir de ahora no van a permanecer escondidos como secretos, ni están publicados ni dejan de estarlo, ya que serán comprensibles únicamente para aquellos que nos han prestado atención.

La respuesta aristotélica fue muy similar a la que esperaríamos del maestro chino Sun Tzu. Sun Tzu que también había recurrido a la apertura parcial del conocimiento de Estrategia por medio a registrar en tablillas, pero manteniendo el velo del lenguaje metafórico. La respuesta de Aristóteles es también coherente con la tendencia, observada particularmente durante el periodo helénico, de abrir parcialmente conocimientos esotéricos para intentar evitar que estos se perdieran en el tiempo.

¿Podría Aristóteles entonces haber conceptualizado y escrito el conocimiento de Estrategia que Filipo II había adquirido de Epaminondas y luego heredado a Alejandro y extendido a toda una generación de jóvenes? ¿Podría haber llegado primeramente de manera esotérica a macedonios por medio a la Escuela Real de Pajes y posteriormente, de manera exotérica, a los alumnos del Liceo en Atenas? Ciertamente sería natural que el más ecléctico y práctico de los filósofos griegos demostrara interés por la más vital de las ciencias-artes de los líderes griegos.[45] Lo que sabemos es que Aristóteles escribió cerca de doscientos tratados sobre una enorme variedad de temas, entre ellos lógica, metafísica, filosofía de la ciencia, ética, filosofía política, estética, retórica, física, astronomía y biología, y por lo tanto es probable que también sobre Estrategia. Sin embargo, la mayoría de estos tratados se han perdido en el tiempo y hoy conocemos apenas poco más de treinta escritos aristotélicos.

Aunque Aristóteles haya registrado, publicado y luego enseñado exotéricamente el hasta entonces esotérico Arte de la Estrategia, como parece reclamar Alejandro, no podríamos acceder a estos escritos que, en todo caso, se han perdido en el tiempo. Así como también se ha perdido el conocimiento esotérico específico al cual se refería Alejandro en su reclamo, y que evidentemente era guardado con mayor celo por el *strategos autokrator* y *hegemón* de la Liga de Corinto que por el eclético Aristóteles.

Lo que sí sabemos con certeza es que la Escuela Real de Pajes, *alma mater* de Alejandro, Ptolomeo,[46] Antígono, Seleuco, Pérdicas, Lisímaco, futuros

---

[45] *Debemos recordar que los antiguos griegos utilizaban la palabra arte como genérico de las actividades especializadas. No había diferencia entre los conceptos de ciencia y arte, ni entre artista y artesano.*

[46] *Plutarco, en su biografía de Demetrio I "El asediador de ciudades", nos cuenta como este enfrentó a Ptolomeo, exalumno de la Escuela Real de Pajes, en Siria. Plutarco afirma que no se podría esperar otra cosa a no ser una derrota de Demetrio, ya que este era joven y tenía en Ptolomeo un strategos adversario que había estudiado "en la misma escuela de Alejandro". La superioridad en Estrategia del exalumno de la Escuela Real de Pajes se confirmó con el hecho que Demetrio fue totalmente derrotado cerca de la ciudad de Gaza y ocho mil de sus hombres fueron hechos prisioneros y otros cinco mil murieron a manos de los ejércitos de Ptolomeo. Véase Plutarco, "Demetrio I", Capítulo V, II.*

reyes, sátrapas, faraones y pretendientes a imperios, era un centro de formación para estrategas. También sabemos que el conocimiento sobre Estrategia que poseía Alejandro era excepcional, legendario y deseado por los más grandes comandantes y estrategas desde hace dos milenios. Sabemos también que Filipo lo había instruido en el arte del *strategos* con el ejemplo personal y con vastos recursos. De igual manera sabemos que el conocimiento de cómo practicar este arte era mantenido bajo el velo de lo esotérico, pues era la garantía, o por lo menos la esperanza, de preservar la libertad y la autonomía de los griegos y macedonios.

Pero, aunque la gran mayoría de los escritos de Aristóteles se hayan perdido, tú no pierdas las esperanzas de encontrar el *Secreto de la Estrategia* y comprender cómo se piensa estratégicamente. Existe otra manera de encontrar los fundamentos y principios de Estrategia que había recibido Alejandro en la Escuela Real de Pajes.

El primer paso está en comprender que el *Secreto de la Estrategia* al cual se refería Napoleón Bonaparte no es una fórmula mágica ni una receta instantánea, sino unos principios. Estos principios de Estrategia pueden ser deducidos por medio a la observación y fueron descubiertos a finales del siglo xviii por Napoleón y por un joven oficial suizo llamado Antoine-Henri Jomini. Este joven oficial estaba bajo las órdenes del Mariscal Michel Ney, el principal general de Napoleón Bonaparte, y llamó la atención del emperador francés porque había descubierto estos fundamentos esotéricos de la Estrategia.

En el próximo capítulo veremos dónde Napoleón y Jomini habían encontrado los principios de Estrategia que guiaban a Alejandro y a los Grandes Comandantes de la historia. Veremos dónde podremos también nosotros encontrar el conocimiento esotérico que se enseñaba en la Escuela Real de Pajes de Macedonia.

Aristóteles, diseño de Ambroise Tardieu.

7. Jomini y el descubrimiento de los principios del arte del strategos

He luchado en sesenta batallas y no he aprendido nada que no supiera anteriormente. Mira a César, ha luchado la primera así como la última.

Napoleón Bonaparte

Hemos definido Estrategia en su sentido original como siendo "aquello que piensa y hace el *strategos*". Esto nos lleva naturalmente a preguntarnos: ¿cómo debería pensar un *strategos*? O mejor, ¿cómo pensaban aquellos *strategoi* que conocían el *Secreto de la Estrategia*?

Estrategia (στρατηγία) era el conocimiento, la sabiduría y el autodominio que poseía el líder para saber cómo pensar y cómo actuar en tiempos de guerra y en tiempos de paz. De esta definición literal surgen al menos dos implicaciones. La primera es que Estrategia y liderazgo no pueden desasociarse debido a que el *strategos* es, efectiva y literalmente, el líder del *stratos*. La segunda es que la capacidad para pensar y actuar se desarrollan gracias a un conocimiento multidimensional, así como multidimensionales son la vida misma y el pensamiento humano.

I. Multidimensionalidad de la Estrategia

Uno de los motivos de por qué "nadie realmente sabe qué es *Estrategia*[47] es que la multidimensionalidad del concepto de Estrategia ha desaparecido en medio de múltiples fórmulas, matrices, simplificaciones, cajas y compartimentalizaciones académicas que intentan encasillar Estrategia en estas mismas fórmulas y esquemas. Sin embargo, la multidimensionalidad y el aspecto holístico del Arte de la Estrategia están explícitamente reconocidos por los grandes estrategas de la historia. Sun Tzu dividía su Método en cinco dimensiones. Así también lo hacía Carl von Clausewitz. Otros académicos modernos llegaron a esquematizar hasta diez y siete dimensiones de Estrategia.[48]

---

[47] *Afirmación hiperbólica de The Economist.*
[48] *Como sería el ejemplo de Colin S. Gray (Diciembre 29, 1943-febrero 27, 2020), un escritor británico-estadounidense sobre geopolítica y profesor de Relaciones Internacionales y*

En Atenas, en Esparta, en Macedonia o en la antigua China, el concepto original de Estrategia consideraba varias dimensiones del ser y del conocimiento. Estas dimensiones o aspectos del arte podían tener nombres diferentes, pero el pensamiento y las acciones del *strategos* siempre deberían estar apoyadas en los principios del Arte de la Estrategia.

Con el objetivo de ordenar el pensamiento sinteticemos el Arte de la *Estrategia* en cinco dimensiones: *Propósito, Liderazgo, Innovación, Sistema Estratégico* y *Principios Estratégicos.*[49]

El comprender que Estrategia es un arte multidimensional es importante, pero más importante aún es conocer los principios, pues son el conocimiento fundamental que te permitirá pensar de la manera del *strategos*. Por lo tanto, aunque seamos conscientes de esta multidimensionalidad inherente al Arte de la Estrategia, sepamos también que lo práctico no está en identificar la cantidad específica de dimensiones en Estrategia. Lo más importante es comprender que todo aquello que concierne al arte del *strategos* debe estar fundamentado en específicos principios intocables que surgen de las leyes naturales, de la lógica y del sentido común.

Luego de haber identificado las dimensiones de Estrategia es importante esforzarse para poseer cierto grado de habilidad en cada una de ellas, pero desde el punto de vista intelectual y mental todo el proceso tiene inicio con el conocimiento de los *Principios Estratégicos*. Estos principios establecen los fundamentos del arte del *strategos*.

Cómo pensar y cómo actuar era "el secreto"
Específicamente en la dimensión de los *Principios Estratégicos* encontraremos "el secreto" mencionado por Napoleón, la esencia del perfume de todos los pétalos que solicitaba Helü, aquello que Aristóteles podría enseñar a Alejandro en la Escuela Real de Pajes sin necesitar ser un hombre de guerra y sin hablar de maniobras militares.

Conociendo los *Principios Estratégicos* conocerás la esencia de todo. Son los *Principios Estratégicos* aquellos que debes recordar, considerar, meditar en ellos y utilizarlos para tomar decisiones y definir el curso de acción. Son los

---

Estudios Estratégicos en la Universidad de Reading.
[49] *Siempre recordando que las esquematizaciones son limitadas y el strategos debe comprender de manera completa y profunda los Principios Estratégicos para no caer víctima de sus propias esquematizaciones.*

Principios Estratégicos aquellos que guiaron la mente y las acciones de Alejandro y de los Grandes Comandantes en el corto, el mediano y el largo plazo. Estos *Principios Estratégicos* están presentes en la estructura de pensamiento de los estrategas que Napoleón homenajeó en su mesa y que nos advertía, por medio a sus máximas, que cuando conozcamos bien los *Principios de Estrategia* y los aprendamos, entonces seremos capaces de rechazar toda idea, toda acción y toda decisión que lleven por un camino opuesto a estos principios. Únicamente así, según Napoleón, llegaremos a pensar como pensaban Alejandro, Julio César y Aníbal.

Aunque en la dimensión de los *Principios Estratégicos* encontramos la esencia del Arte de la Estrategia, no podemos omitir las otras cuatro dimensiones que el individuo necesitará para poner en práctica los *Principios Estratégicos*.

Creo importante y adecuado enfatizar el *Propósito* en Estrategia, pues en dicha dimensión se define el destino. Porque el individuo podría conocer los *Principios Estratégicos* y así pensar y concebir estrategias específicas sólidas desde el punto de vista "técnico", pero si durante el proceso de seguir y aplicar estos *Principios Estratégicos* se olvida u omite el objetivo a largo plazo (el propósito), entonces las posibilidades de fracaso serán grandes.

El *Propósito* es tan importante que lo consideraremos en todo momento y lo incluiremos entre los *Principios Estratégicos* por medio al concepto de *Gran Estrategia*. El Concepto de *Gran Estrategia* nos ayudará a recordar de manera más clara que las dimensiones de *Propósito* y *Principios Estratégicos* son parte de un todo. En efecto, las cinco dimensiones —*Propósito, Liderazgo, Innovación, Sistema Estratégico* y *Principios Estratégicos*— forman una unidad.[50]

Esta unidad de dimensiones en Estrategia es fundamental, pero en este libro descubriremos la dimensión de los *Principios Estratégicos,* pues es aquí donde se encuentra el secreto de "cómo pensar" y así podremos responder a la pregunta "cómo debe pensar el *strategos*?".

Cuando sepamos responder a esta interrogante habremos obtenido "la esencia" del Arte de la Estrategia que deseaba poseer el rey Helü.

---

[50] *Así como el número 5 no representa simplemente la suma de cinco unos separados, sino una unidad de cinco partes, así también consideramos las Cinco Dimensiones de Estrategia un sistema de cinco partes que forman una unidad.*

II. El rescate de los Principios de Estrategia (más allá del vocablo)

Como ya vimos, el vocablo *estrategia* no había sido utilizado fuera del ambiente militar hasta que Igor Ansoff lo transportó desde el contexto militar hasta el mundo corporativo en el año 1965. En el proceso de esta importación la palabra se desligó de su concepto original (y multidimensional) y terminó reducida a poco más que un sinónimo de *plan*.

Sin embargo, en el contexto militar la palabra *estrategia* tampoco había sido utilizada hasta que fue rescatada de la antigua Grecia por los generales de Napoleón a finales del Siglo xviii.[51] Los franceses rescataron la palabra[52,] pero más importante aún, también rescataron los principios.

Entre los oficiales de Napoleón Bonaparte, uno en especial se destacó por afirmar haber descubierto los principios del Arte de la Estrategia. Este oficial era un joven suizo estudiante de historia militar y miembro del *staff* del mariscal Ney, el segundo al mando. Se llamaba Antoine-Henri Jomini y tenía apenas 27 años cuando su conocimiento enciclopédico sobre historia militar y su capacidad de análisis llamaron la atención del mariscal Ney y posteriormente del mismo Napoleón.

Según contaba el mismo Jomini fue al inicio de la campaña de Viena cuando Napoleón lo llamó para felicitarlo por el trabajo de análisis militar que había hecho. Aunque el trabajo técnico estaba muy bien ejecutado y de por sí ya merecería los elogios del comandante, fue otro aspecto del trabajo lo que había sorprendido a Napoleón. Jomini afirmaba haber condensando el Arte de la Estrategia en pocos *principios*. Estos mismos fueron reconocidos por Napoleón, ya que él también los había descubierto por medio a sus estudios de las campañas de los grandes comandantes del pasado. Porque conocía los *principios* Napoleón afirmaba que hasta entonces ya había luchado en sesenta batallas y todavía no había aprendido nada que no supiera anteriormente. Esta afirmación aparentemente arrogante de Napoleón era una aceptación de los *principios* fundamentales del Arte de la Estrategia y la confirmación, basado

---

[51] *Napoleón tenía un nexo marcado con el mundo antiguo que se consolidó cuando, por medio de su campaña en Egipto, fue descubierta la Piedra Rosetta y posteriormente los savants franceses descifraron la escritura geroglífica y la historia del antiguo Egipto fue revelada luego de miles de años.*

[52] *El primero a utilizar el vocablo griego estrategia entre los generales de Napoleon fue probablemente Jacques-Antoine-Hippolyte, Comte de Guibert.*

en su vasta experiencia en el campo de batalla, que una vez que una persona los conoce, no tendrá la necesidad de modificarlos.[53]

En toda su carrera, desde caporal a emperador, Napoleón confirmaba no haberse visto en la necesidad de cambiar, enmendar o corregir los principios que guían el Arte de la Estrategia. A esto se refería cuando apuntaba a Julio César para demostrar que no estaba solo en esta compresión: "Mira a César,[54] ha luchado en la primera así como en la última".[55]

Napoleón se sorprendió cuando escuchó al joven Jomini afirmar que a la edad de 18 años él había descubierto los principios que guían al Arte de la Estrategia gracias a la observación y el estudio de los pensamientos y acciones de específicos comandantes de la Antigüedad. Antoine-Henri Jomini afirmaba haber encontrado estos principios y que desde entonces él tampoco, nunca, se había visto en la necesidad de modificar, agregar o corregir.[56] Este conocimiento en común los atrajo y el oficial suizo cuenta que Napoleón aprovechó aquella ocasión al inicio de la campaña de Viena para solicitarle preparar un análisis sobre las fuerzas de Prusia, a las cuales estaban por enfrentar.

Jomini solicitó el plazo de cuatro días para preparar el análisis y permiso para presentarlo cuando Napoleón estuviera en la ciudad de Bamberg, Bavaria. Al escuchar esto Napoleón quedó sorprendido pues hasta entonces no había compartido con nadie sus planes de ir a Bamberg. Efectivamente había decidido proseguir la campaña de Viena dislocándose a la ciudad bávara y preguntó a Jomini cómo él se había enterado que estarían yendo a Bamberg. El joven respondió que según los *Principios* de *Estrategia* ir a Bamberg sería lo

---

[53] *Pues son principios y axiomas.*

[54] *César había aprendido recién en la edad adulta teniendo a Alejandro, Aníbal y a Escipión el Africano como modelos a los cuales estudiar y emular. Debido a este aprendizaje tardío, Julio César manifestaba cierta frustración al, supuestamente, preguntar a sus amigos: "¿No tengo motivos para llorar cuando considero que Alejandro, a mi edad, había conquistado tantas naciones y no he hecho nada memorable en todo este tiempo?".*

[55] *Porque todos los grandes estrategas pensaban igual, porque todos seguían los mismos principios. Estos principios son inmutables y, como decía Sun Tzu, aquellos que los conozcan serán victoriosos y aquellos que los desconozcan serán derrotados.*

[56] *Estos principios eran tan sólidos que Jomini afirmaba nunca haberse visto en la necesidad de modificarlos o adaptarlos, eran infalibles una y otra vez; nunca deberían ser subestimados u omitidos. Cuando Napoleón fue derrotado Jomini explicó las victorias y las derrotas del emperador francés como consecuencias de seguir u omitir estos principios. En el momento en que Napoleón dejó de seguir los principios que lo habían llevado a las victorias fue derrotado.*

más racional. Napoleón lo felicitó una vez más y desde entonces lo mantuvo a su lado.

Si bien el primero entre los generales de Napoleón a efectivamente utilizar la palabra *Estrategia* parece haber sido Comte de Gibert, fue este joven barón suizo llamado Antoine-Henri Jomini aquel que había logrado comprender el *Secreto de la Estrategia*, el arte del *strategos*. Napoleón y el Barón de Jomini creían en la racionalidad y en el hecho de que existía una forma correcta de hacer las cosas para asegurar las mayores probabilidades de victoria en el campo de batalla. Esta forma de "hacer las cosas" consistía en seguir estos principios que estaban respaldados por la razón y que se imponen una y otra vez en la historia de los individuos y de las naciones. Son los mismos principios que se observan en la Naturaleza y que gobiernan todo.

Años después en su libro Máximas de Guerra el emperador francés nos reveló cómo y dónde nosotros podemos encontrar aquello que él y Jomini habían encontrado.

Estudia una y otra vez las campañas de Alejandro, Aníbal, César... Modélate en ellos. Es la única manera de transformarse en un gran estratega y adquirir el secreto del Arte de la Estrategia. Tu propio genio se alumbrará y mejorará por medio a este estudio, y aprenderás a rechazar todos los pensamientos extraños a los principios que guiaban a estos grandes comandantes.[57]

III. Tres maneras de obtener conocimiento: la experiencia, la observación y la tradición

Así como los griegos dividían el tipo de conocimiento en tres (común, exotérico y esotérico), el filósofo y político inglés Francis Bacon dividía las fuentes de conocimiento también en tres: la *experiencia* la *observación* y la *tradición*.

Esta división nos será útil para comprender que si deseamos pensar y actuar de manera inteligente debemos saber equilibrar estas tres fuentes de conocimiento según sea el caso.

Podríamos imitar a aquellos que intentan comprender cómo funcionan las cosas por medio de la experiencia directa. Si la experiencia directa fuera nuestra única fuente de conocimiento nos tomaría años de introspección y

---

[57] *Napoleón Bonaparte, Máxima LXXVIII.*

observación de nuestras propias experiencias, de fracasos y errores. Si decidiéramos recurrir solamente a esta fuente de conocimiento llegaríamos al final de nuestras vidas comprendiendo y aceptando los principios de Estrategia que conoceremos en este libro. Sin embargo, dicho camino nos cobraría un precio muy alto y ciertamente nos equivocaríamos más de lo necesario en el proceso.

El camino de la *experiencia* directa, que en ocasiones decidimos seguir simplemente por necios, es también inherentemente demasiado limitado para formar una base adecuada para el desarrollo de la teoría o para la aplicación de Estrategia. Como dice el estratega británico Basil Liddell Hart, la *experiencia* directa produce, en el mejor de los casos, un contexto valioso para solidificar la comprensión de los principios y reforzar la estructura del pensamiento.

La otra manera de adquirir conocimiento seria hacer aquello que nos aconseja el sentido común. En lugar de depender de nuestra limitada experiencia personal decidimos agregar una fuente más: la observación de las experiencias de los otros. Observamos y estudiamos las acciones de personajes presentes e históricos. Por ejemplo, observamos la manera de pensar y actuar de aquellos que creemos poseían el *Secreto de la Estrategia* y también nos tomamos el tiempo para observar los resultados que obtuvieron. Este camino es ciertamente más rápido, menos costoso y menos traumático. La fuente de conocimiento que surge de la observación de la experiencia indirecta nos permite mayor variedad y extensión porque la historia "es experiencia universal, la experiencia no de otro, sino de muchos otros en múltiples condiciones".[58]

> *Los tontos dicen aprender de sus experiencias;*
> *yo prefiero aprender de ellos.*
>
> Otto von Bismarck

A la tercera fuente de conocimiento lord Francis Bacon la llamó *la tradición*. La tradición es el cúmulo de observaciones a lo largo de milenios de la experiencia humana. Luego de miles de años de historia es importante que no despreciemos la *tradición*, implementemos la *observación* y seamos sabios al seleccionar las *experiencias directas*.

En particular en el Arte de la Estrategia es fundamental utilizar la fuente de la *tradición*, pues al hacerlo estaremos siguiendo la advertencia de Sun Tzu de

---

[58] *Basil Liddell Hart, Great Captains Unveiled.*

dedicar tiempo a pensar en todo aquello que concierne a Estrategia. También estaremos siguiendo el consejo de Napoleón de observar el pensamiento y las acciones de los Grandes Comandantes que hoy en día forman el cúmulo de conocimiento identificado como *tradición*.

Lo más importante para nosotros es que, a diferencia de Sun Tzu, Napoleón nos dejó indicaciones de cómo obtener y dónde buscar el *Secreto de la Estrategia*. Si realmente deseas encontrar los principios del arte del *strategos* que se enseñaban en la Escuela Real de Pajes de Macedonia, este conocimiento estará a tu alcance en la segunda parte de este libro.

Toma en cuenta que el tener acceso a los principios y fundamentos de *Estrategia* no significa que obtendrás poderes sobrehumanos o que conquistarás el mundo como Alejandro, las Galias como César o Italia como Aníbal; pero obtener el conocimiento que poseían estos grandes comandantes, seguir los principios y pensar utilizando las mismas bases lógicas, te dará un poder diferente al que posees ahora. El comprender y seguir estos principios te asegurará contar con las mejores probabilidades de tener éxito en la vida. En la vida, porque Estrategia se aplica a todos los ámbitos, al trabajo, al emprendimiento, al deporte, a los estudios, desde lo más sencillo del cotidiano hasta las grandes decisiones transcendentales.

En el próximo capítulo conoceremos al hombre que nos ayudará a extraer de las mentes de los Grandes Comandantes estos principios eternos e infalibles. Principios que con certeza formaban parte de las enseñanzas en la Escuela Real de Pajes de Filipo II y que Alejandro los siguió y los ejecutó de la manera más excelente y completa en toda la historia.

Existe un pequeño número de principios fundamentales de Estrategia que si los desconsideras estarás en gran peligro y por otro lado si los aplicas estos han comprobado ser el camino al éxito en casi todas las ocasiones.

Las aplicaciones prácticas que derivan de estos principios también son pocas en número y, si bien se modifican a veces debido a las circunstancias, deben ser la guía para el estratega en su labor.

Anthoine-Henri Jomini, Théories de la Guerre.

Anthoine-Henri Jomini

8. Basil Liddell Hart - Las mentes de los grandes estrategas

Odio la guerra como únicamente un soldado que la vivió podría hacerlo,
como uno que ha visto su brutalidad, su inutilidad y su estupidez.

Dwight D. Eisenhower

Lo supremo del Arte de la Estrategia no es ganar todas las batallas.
Lo supremo es ganar sin luchar.

Sun Tzu

I. El trauma de la Batalla del Somme

Era el 20 julio de 1916 y habían pasado veinte días desde el inicio de la batalla del Somme al norte de Francia, una de las más sangrientas de la historia humana. El capitán británico Basil Liddell Hart yacía en una cama de hospital de campaña sufriendo terriblemente a causa de un serio envenenamiento causado por los ataques químicos lanzados por los alemanes sobre las trincheras inglesas cerca del rio Somme. Era la primera vez en la historia que el ser humano utilizaba químicos industrializados para destruir o incapacitar al enemigo. El cuerpo del capitán se convulsionaba entre vómitos, su corazón estaba a punto de colapsar, el pulso se disparaba, la piel estaba quemada, el hígado descompuesto, los riñones fallaban, el dolor era intenso y no daba tregua.

Sin embargo, se podría decir que el capitán Liddell Hart había tenido suerte, pues fue uno de los pocos de su batallón que sobrevivieron la operación franco-británica en el Frente Occidental. La Batalla del Somme se inició a las 7:30 a. m. del 1 de Julio de 1916 y se extendió hasta el 18 de noviembre del mismo año. En el catastrófico primer día un total de 57 470 jóvenes británicos habían sido muertos o heridos. La matanza fue tan grande que ese primer día de la batalla del Somme es reconocido como el más trágico de la historia militar británica.

Un *ataque frontal* había sido ordenado por el general Rowling luego de una campaña de bombardeos a las trincheras alemanas que había durado más de una semana. Posterior al prolongado bombardeo fueron dadas órdenes para que las tropas británicas dejaran sus trincheras, avanzaran sobre la "tierra de nadie" y atacaran de frente las trincheras alemanas. Las líneas alemanas teóricamente deberían estar más que diezmadas luego del intenso y largo bombardeo. El general Rowling y los oficiales británicos estimaban sufrir 6 000 bajas durante la ejecución del plan.

Pero estos ataques frontales del fatídico 1 de Julio de 1916 representan el hecho de que a pesar de miles de años de experiencia y de los ejemplos de los grandes estrategas de la historia, los generales británicos no sabían "cómo pensar estratégicamente". Independientemente de todos los motivos y justificaciones políticas o a los preconceptos e ignorancia que podrían existir, el destino del *stratos,* de toda una generación de jóvenes, estaba en manos del general Rowling. La realidad superó por mucho las bajas estimadas. Los errores estratégicos de los ingleses fueron tan graves que los hombres muertos en el infame primer día podrían ser considerados relativamente afortunados, pues habían fallecido en pocas horas y no tuvieron que soportar meses de agonía en las trincheras, como sucedió a más de un millón de jóvenes ingleses, franceses y alemanes que terminaron muriendo de cualquier manera durante la larga batalla del Somme. Los menos afortunados entregarían sus vidas después de haber sufrido horrores y miserias indescriptibles para nosotros.

La batalla del Somme fue la primer gran batalla de una guerra que terminó cobrando las vidas de diez y nueve millones de personas en el continente europeo y que se extendió mucho más de lo previsto. Los ingleses fallaron estratégicamente antes, durante y después.

Nunca he visto nación que se beneficie del conflicto prolongado.

SUN TZU

Estrategia no se trata de atacar de frente y el conocimiento se vuelve de vital importancia para evitar catástrofes. Filipo II, antes que transmitir a Alejandro un conocimiento teórico, demostró su arte con el ejemplo personal. Utilizando la inteligencia, la palabra, la buena voluntad, la valentía, la sagacidad, la diplomacia (sin olvidar el *realpolitik*) logró conquistar a amigos y enemigos.

Alejandro hizo lo mismo y gracias a que comprendió cómo pensar conquistó el mundo; Aníbal y su padre Amilcar emularon a Alejandro y consiguieron aliados en España e Italia. Publio Cornelio Escipión, uno de los más grandes estrategas romanos, también emuló directamente la diplomacia de Alejandro para reconquistar Hispania. "El general vencedor es aquel que sabe cuándo luchar y cuándo no luchar" afirmaba el Maestro Sun[59].

Los errores estratégicos en la batalla del Somme dejaron marcas imborrables en el cuerpo, en la mente y en el espíritu del capitán Basil Liddell Hart, así como en toda una generación de ingleses, franceses y alemanes. Cuando el capitán Liddell Hart volvió a Inglaterra se abocó a continuar sus estudios de historia militar, a escribir y a criticar a los líderes militares británicos. A partir de 1925 Liddell Hart trabajó como corresponsal militar del *Daily Telegraph* por diez años y posteriormente para *The Times* hasta 1939. En sus escritos Liddell Hart solía atacar al *establishment* militar afirmando que habían ignorado los *principios* que regían desde tiempo inmemorables al Arte de la Estrategia y que fue esta ignorancia la causa de muerte de millones de jóvenes en las trincheras de la Primera Guerra Mundial.

II. Las mentes de los Grandes Comandantes y estrategas de la historia

Si bien las críticas de Basil Liddell Hart encontraron gran resistencia de parte de los militares ingleses, la carnicería había dejado a todos horrorizados y pocos se atrevían a negar la necesidad de entender cómo el ser humano había llegado a tal grado de destrucción. El capitán Liddell Hart se pasó el resto de su vida investigando y escribiendo sobre Estrategia. A lo largo de estos años se embarcó en el enorme trabajo de analizar de manera metódica y académica, exactamente así como recomendaba Napoleón en su máxima número 78.[60]

---

[59] *El intrépido e inteligente T.E. Lawrence había advertido a los estrategas ingleses: "después de dos mil años de guerras no tenemos excusas para combatir mal." Pero en 1916 los ingleses no supieron aprovechar el hecho de que tenían en manos, por medio de la historia, la milenaria experiencia de otros. No supieron observar o no tuvieron la humildad de hacerlo, pues creían saber "cómo pensar" correctamente.*

[60] *"Estudia una y otra vez las campañas de Alejandro, Aníbal, César... Modélate en ellos. Es la única manera de transformarse en un gran estratega y adquirir el secreto del Arte de la Estrategia. Tu propio genio se alumbrará y mejorará por medio a este estudio, y aprenderás a rechazar todos los pensamientos extraños a los principios que guiaban a estos grandes comandantes."*

Basil Liddell Hart estudió extensamente, una y otra vez, las mentes y las campañas de los Grandes Comandantes. El estratega británico deseaba extraer del pasado las lecciones y conocimientos guardados en la mente de aquellos líderes. Como hemos visto en un capitulo anterior existen tres fuentes de aprendizaje: la *experiencia*, la *observación* y la *tradición*. Liddell Hart había pasado por la experiencia directa y posteriormente observó de manera tan profunda y disciplinada que llegó a extraer de la mente de Alejandro y de los Grandes Comandantes aquello que podemos considerar la *tradición*. El cúmulo de experiencias observadas a lo largo de milenios que nos indican cuál es la manera correcta de pensar y actuar según la Naturaleza.

Por medio a estudiar las campañas y victorias de los grandes comandantes, Basil Liddell Hart logró rescatar del pasado el conocimiento esotérico de Estrategia, aquello que Napoleón llamaba *el Secreto*, Jomini *los Principios*, el rey Helü en nuestro cuento anterior llamaba *la esencia de millones de pétalos y* lo que Francis Bacon hubiera llamado la *tradición*. El estratega ingles logró encontrar aquello que Alejandro reclamaba a Aristóteles estar enseñando abiertamente en Atenas. El mismo "secreto" que poseían Alejandro Magno, Aníbal Barca, Julio César y todos aquellos grandes comandantes que lograban victorias claras, rápidas y consistentes, a veces sin luchar, a lo largo de años e incluso bajo circunstancias consideradas prácticamente imposibles.

Aunque este conocimiento de Estrategia era antiguo y algunas naciones lo habían adquirido luego de pagar un inimaginable precio, este se había perdido en la oscuridad de los siglos, a causa de su propia naturaleza esotérica. Sin embargo, la destrucción causada en la batalla del Somme era un ejemplo puntual de aquello que puede ocurrir cuando el ser humano olvida las lecciones del pasado y crece en conocimiento tecnológico.

Cuando despreciamos o subestimamos la *tradición* y preferimos seguir el camino de la *experiencia personal y directa* (truncando el deber de transportar el conocimiento antiguo de generación en generación) nos vemos obligados, como sociedad, a repetir las desastrosas experiencias una y otra vez. Nuestro intelecto nos puede llevar a desarrollar mejor tecnología, nuestros recursos pueden impulsarnos hasta el inhabitable planeta Marte, pero sin sabiduría, sin seguir los principios de cómo debe pensar un *strategos* los resultados serán potencialmente catastróficos.

Para sir Basil Liddell Hart el hecho de que el hombre común de la calle no conociera el Arte de la Estrategia era comprensible, pero que los profesionales no hubieran llevado en cuenta esa sabiduría milenaria era un escándalo.

Por medio de sus estudios Basil Liddell Hart dedujo cuál era la esencia de toda estrategia victoriosa y en 1966 fue nombrado caballero por la reina Elizabeth II y pasó a utilizar el *sir* antes de su nombre.

¿Qué hubiera pensado sir Basil Liddell Hart si supiera que, medio siglo después de su trabajo, una de las principales fuentes de inteligencia e información de su país —*The Economist*— continuaba afirmando que "nadie realmente sabe qué es estrategia"?

En el próximo capítulo iniciaremos la segunda parte de este viaje y finalmente conoceremos el *Secreto de la Estrategia*. Lo dividiremos en siete principios y axiomas fundamentales. Estos estarán agrupados de la siguiente manera: El *Principio Estratégico Esencial (PEE)*, *Gran Estrategia (GE)* y *Las Cinco Sabidurías Estratégicas (CSE)*. Conociendo estos siete principios obtendrás el *Secreto de la Estrategia* y tendrás la posibilidad de generar un significativo aumento de consciencia. Podrás aplicarlos a cualquier ámbito de tu vida, desde lo profesional hasta lo personal, desde lo material hasta lo inmaterial y consecuentemente estarás cambiando tu destino. Después de estudiar la segunda parte de este libro estarás mucho más cerca de conocer la mente de Alejandro y de los más grandes estrategas de la historia.

Él [Filipo] es conocido como alguien que, con los más escasos recursos para sostener su reclamo al trono, ganó para sí mismo el imperio más grande del mundo griego, mientras que el crecimiento de su posición no se debió tanto a su destreza en armas sino a su destreza y cordialidad en la diplomacia. Se dice que el propio Filipo estaba más orgulloso de su dominio de la Estrategia y de su éxito diplomático que de su valor en la batalla.[61]

---

[61] Diodoro Sículo: *El Reinado de Filipo II: Las narrativas griegas y macedonias*, Libro XVI, 16.95.1-4.

Basil Liddell Hart, 1927

SEGUNDA PARTE

9. Una advertencia sobre el uso del conocimiento de Estrategia

Hombre ascendiendo y advirtiendo desde un iceberg, 1864.

Existe la tendencia a asociar el concepto de Estrategia con la guerra. Esto se debe principalmente al hecho que cuando grupos o naciones entran en conflicto[62] la mejor manera de disminuir los daños pasa a ser la aplicación del Arte de la Estrategia. Estos conflictos son más frecuentes de lo imaginado y así la asociación más común de Estrategia suele ser con el "arte de la guerra". Incluso la máxima de Napoleón, en la cual afirma que únicamente por medio del estudio de la mente de Alejandro y de los Grandes Comandantes se puede obtener el *Secreto de la Estrategia*, hace referencia directa a campañas militares.[63]

---

[62] *La historia registra constantes conflictos entre pueblos y naciones, por lo tanto, el uso de Estrategia naturalmente se asocia al campo donde más a menudo y de manera más dramática se ha aplicado.*

[63] *Napoleón no era un filósofo y hablaba únicamente desde su punto de vista de "señor de la guerra".*

Debido a que existe esta tendencia a asociar Estrategia con guerras me parece importante hacer una advertencia antes de explorar los *Principios Estratégicos* que veremos enseguida.

Estrategia no es el arte de la guerra. Estrategia es el arte de saber pensar correctamente y poner en práctica la habilidad de comandar las leyes naturales adaptándose a los principios que están detrás de estas leyes. Estrategia es armonía con la lógica, la razón y la Naturaleza. Estrategia es saber colocarse primeramente en el lugar apropiado y desde ahí, integrado, actuar. La analogía de un barco que se posiciona y ajusta las velas para usar el viento, independientemente a la dirección en que este sopla, es apropiada. El concepto de Estrategia está ligado a la racional afirmación de Francis Bacon mencionada anteriormente: "La Naturaleza para ser comandada primeramente debe ser obedecida". Si bien es útil recurrir a ejemplos ligados a conflictos armados para comprender los principios por detrás del pensamiento estratégico, no debemos olvidar en ningún momento que Estrategia, en su definición más holística, debe ser considerada como el arte de pensar correctamente.[64] Las gran habilidad diplomática de Filipo II y la definición de *strategos* como aquel que sabe pensar tanto en tiempos de guerra como en tiempos de paz, son pistas útiles para comprender que el concepto de Estrategia sobrepasa la guerra, es amplio y aplicable en cualquier ámbito y ocasión. La Naturaleza nos habla de armonía y la armonía no se logra por medio a la fuerza o la violencia. Así como la Sabiduría, la armonía se encuentra en el equilibrio, en el punto medio entre dos extremos. Esta advertencia es importante porque en los próximos capítulos obtendrás el *Secreto de la Estrategia* y durante todo el camino será fundamental que consideres esta frase de un hombre que experimentó los males de la guerra, Norman Schwarzkopf:

"El liderazgo es una potente mezcla de estrategia y carácter. Pero si debes elegir uno quédate siempre con el carácter."

---

[64] *En el concepto esotérico de Estrategia los griegos incluían todas las cinco dimensiones, Liderazgo, Principios Estratégicos, Innovación, Sistemas Estratégicos y Propósito. A modo de ejemplo en la Estrategia de Filipo II la diplomacia era considerada como un arte del strategos superior. La capacidad de obtener logros sin luchar, sin hacer la guerra, indicaba un grado más alto de inteligencia y desarrollo del strategos.*

Utilizando las definiciones que ya conocemos podríamos parafrasear a Schwarzkopf así:

El *strategos* es una potente mezcla de "saber pensar" y buenos valores. Pero si debes elegir uno quédate siempre con los buenos valores.

Utiliza el conocimiento de Estrategia para hacer el bien, para equilibrar tu vida, para llegar a tus objetivos nobles y te irá mejor de lo que te imaginas. Pero si alguien utilizara este conocimiento únicamente para beneficiarse y buscar sus intereses egocéntricos terminará fracasando a largo plazo. Esto ya ha ocurrido muchas veces y con muchos personajes históricos.[65] Por lo tanto, no creamos ser la excepción a la regla, ya que tal pensamiento sería el primer paso hacia el *hubris*.[66] Si miras a tu alrededor y crees estar viviendo en un sistema liderado por hombres ambiciosos y egocéntricos y que estos se valen del conocimiento de estrategia para buscar sus beneficios a corto plazo, sé consciente de que la única buena estrategia es aquella que resulta en paz, prosperidad, y nos lleva a la plenitud de nuestro propósito personal.

Hacer el bien es la única razón ética y válida para obtener el conocimiento esotérico de Estrategia,[67] el conocimiento secreto de Alejandro Magno.

El rey Ciro II el Grande, fundador del Imperio persa y uno de los pocos grandes emperadores que fueron amados y respetados hasta por sus enemigos, dijo que obtener "mayor conocimiento debe causar una expansión en generosidad, amabilidad y justicia. Únicamente aquellos perdidos en la oscuridad ven el aumento en conocimiento como una oportunidad para aumentar su codicia".

Conscientes de la responsabilidad que implica compartir el conocimiento esotérico de Estrategia, a partir de aquí iniciaremos la exploración del *Cono-*

---

[65] *El mismo Napoleón fue uno de estos personajes que no comprendieron que Estrategia va más allá de la guerra y terminó perdiendo su libertad y su vida.*

[66] *Hubris: concepto griego que indica el acto de la persona arrogante que cree estar por arriba de las leyes naturales y así comete actos de extrema soberbia, normalmente en perjuicio de los más débiles y, de última, provoca su propia autodestrucción.*

[67] *Si solo conoces Estrategia en el nivel exotérico es poco probable que obtengas las herramientas para aplicar el pensamiento estratégico en todo tipo de ambiente. Con el conocimiento exotérico tendrías un conocimiento puntual, como "estrategia de fútbol" o "estrategia política". Pero si obtienes el conocimiento esotérico y logras penetrar las profundidades de cada una de las Cinco Sabidurías Estratégicas, del Principio Estratégico Esencial y de Gran Estrategia que veremos adelante, entonces estarás cerca del conocimiento esotérico al cual accedían los grandes strategoi.*

cimiento Secreto de Alejandro. El primer paso lógico será identificar la *esencia* de la Estrategia, aquello que Helü solicitaba a Sun Tzu en el diálogo que vimos al inicio de nuestro viaje. La esencia de la Estrategia está en el *Principio Estratégico Esencial* que conoceremos en el siguiente capítulo.

10. El Principio Estratégico Esencial

*Todos ven las tácticas con las cuales gano,
pero nadie ve la Estrategia por detrás.*

Sun Tzu

I. El Principio Estratégico Esencial - *La esencia de millones de pétalos*

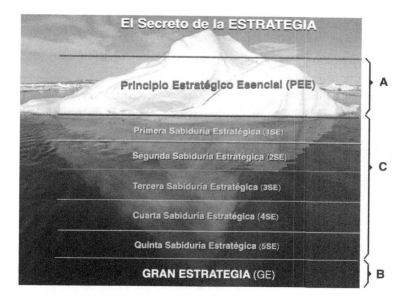

Utilizaremos el diseño de un iceberg para esquematizar el *Secreto de la Estrategia*. Conocer este iceberg y meditar sobre cada una de sus siete secciones te hará llegar a profundos descubrimientos sobre el Arte de la Estrategia. La profundidad del pensamiento del *strategos* dependerá de su habilidad para meditar sobre estas diferentes secciones que representan el *Secreto de la Estrategia*. Dividiremos las siete secciones en tres grandes bloques: Lo visible, lo invisible y lo profundo. A) Lo visible, llamado el *Principio Estratégico Esencial;* B) la región más profunda, llamada *Gran Estrategia;* C) lo invisible debajo del agua donde encontraremos las *Cinco Sabidurías Estratégicas.*

Al conocer y comprender las siete secciones representadas en el iceberg tendrás una ventana a la mente de Alejandro y a las mentes de los Grandes Comandantes y podrás entrenar tu propia mente para pensar estratégicamente. Sería natural que este estudio te lleve a replantear algunos aspectos de tu vida y cambie tu manera de pensar.

Te propongo iniciar la exploración del iceberg por la parte visible (A), por aquello que se encuentra arriba de la línea del agua. Aquí encontraremos el *Principio Estratégico Esencial* (PEE). Después de comprender este *principio madre* sabremos dónde debemos enfocarnos al momento de pensar y ejecutar una estrategia. Posteriormente iremos a la parte profunda del iceberg (B), al concepto de *Gran Estrategia*. Una vez comprendido lo visible y lo profundo tendremos una base conceptual y un sentido de dirección apropiados para continuar la exploración del El *Secreto de la Estrategia* y descubrir las *Cinco Sabidurías Estratégicas* que se encuentran en la parte invisible de nuestro metafórico iceberg (C).

Al completar las siete secciones sabrás qué es Estrategia y cómo se piensa estratégicamente según la mente de los mayores estrategas de todos los tiempos.

El Principio Estratégico Esencial (PEE):

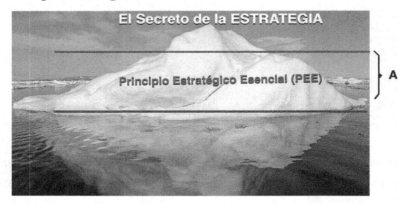

Te parecerá sencillo y lo es, porque es la misma inteligencia detrás de la lógica, detrás de la Naturaleza, de las matemáticas y de la realidad. *El Principio Estratégico Esencial* es la esencia de toda Estrategia.[68] Si el *strategos* logra cumplir

---

[68] *Cuando usamos la palabra Estrategia (con mayúscula) en esta afirmación nos estamos refiriendo al arte de saber pensar y por lo tanto a toda buena estrategia.*

el *Principio Estratégico Esencial* tendrá prácticamente asegurada la victoria o, como mínimo, contará con la máxima probabilidad de victoria. El *Principio Estratégico Esencial* es aquello que cualquier *strategos* conocedor de cómo pensar Estrategia buscará e intentará cumplir. En los momentos más importantes y dramáticos de sus vidas los pensamientos de Alejandro y de los Grandes Comandantes se enfocaban en buscar, encontrar y cumplir este *Principio Estratégico Esencial*, la llave para alcanzar la victoria.

La esencia de la Estrategia, la llave para la victoria, la lógica de la Naturaleza son algunas de las analogías válidas para caracterizar a esto que llamamos el *Principio Estratégico Esencial*.

II. De dónde surge el Principio Estratégico Esencial

Napoleón y Jomini habían encontrado los principios que habían guiado a Alejandro y a los Grandes Comandantes y se sirvieron de ellos para pensar y planear sus campañas y movimientos. Aquello que los generales franceses habían descubierto era *de facto* el conocimiento esotérico de Estrategia que había sido aplicado por Alejandro Magno en todas sus campañas. Napoleón no tuvo problemas en revelar que lo había obtenido estudiando la mente del macedonio, pero no se tomó el trabajo de explicar o enseñar y dejó al lector la difícil tarea de buscar, encontrar y aprender. Napoleón encapsuló estos principios bajo la etiqueta de el *Secreto de la Estrategia* y lo conservó para sí mismo, sin presentar muchas intenciones didácticas más allá de sus máximas.

Sin embargo, Basil Liddell Hart nos reveló de manera más precisa cuál era la síntesis del pensamiento estratégico de Alejandro y de los grandes generales de la historia. Gracias a su trabajo podemos tener acceso a parte del conocimiento esotérico enseñado en la Escuela Real de Pajes. El capitán inglés, transformado en escritor y estratega, había realizado un trabajo prácticamente alquímico de estudiar, observar, decantar y purificar las batallas, victorias, derrotas, tomas de decisiones y acciones de los más grandes estrategas de los últimos dos mil quinientos años. Posteriormente, en su laboratorio intelectual pudo sintetizar en pocas palabras y en algunos axiomas lo extraído de la mente de estos grandes estrategas.

Basil Liddell Hart pretendía abrir una ventana, observar y sintetizar el pensamiento en común que tenían estos grandes estrategas para así prevenir errores innecesarios, perdidas, destrucción y muertes a causa de la ignorancia sobre el Arte de la Estrategia. El inglés observó que efectivamente existían decisiones y maneras de pensar que eran adoptadas por todos los grandes estrategas victoriosos. Esta manera de pensar en común no era una simple coincidencia, sino el resultado de seguir estos principios específicos. Estos principios habían sido practicados, desde los antiguos griegos en una línea casi directa durante trescientos años, por Filipo II y Alejandro, los sucesores de Alejandro, Aníbal Barca, Escipión el Africano, Julio César y Pompeyo. Gracias al estudio de la historia Basil Liddell Hart había descubierto los principios que han funcionado una y otra vez desde siempre. El análisis incluyó miles de años de historia, desde las Guerras Médicas (490 a. C.) hasta la contemporánea guerra de los Seis Días (1967 d. C.), pasando por las conquistas de Ciro el Grande, Alejandro, las batallas de Aníbal, Julio César, Pompeyo, las guerras Bizantinas, Napoleónicas, Otomanas, Estadounidenses y las dos Guerras Mundiales.

Aquí debemos notar una vez más que si bien Basil Liddell Hart había extraído la esencia de la Estrategia de la mente de los grandes comandantes estudiándolos en el contexto de batallas, los más grandes de estos habían aplicado el pensamiento estratégico en todos los ámbitos, mucho más allá del campo de batalla. Esta comprensión holística del arte del *strategos* era evidente en Filipo II y había estado presente de manera natural en Alejandro gracias a su innata inteligencia, a la herencia de su padre y a la ecléctica mente de Aristóteles. Es importante aprender a observar al Arte de la Estrategia siempre desde su multidimensionalidad y no apenas desde la aplicación específica en un campo de conocimiento.

Iniciemos ahora a develar el *Secreto de la Estrategia* identificando el *Principio Estratégico Esencial* (PEE). En el *Principio Estratégico Esencial* encontrarás la esencia misma de toda Estrategia, la síntesis del pensamiento y de la subsecuente acción del *strategos*. Recuerda que en la analogía que estamos utilizando el PEE está representado en la parte visible del iceberg. Esto es así porque todos aquellos que observan podrán ver cuando el *strategos* lo esté aplicando, pero aunque lo vean no podrían identificar o discernir "técnicamente" lo que ven. El cumplimiento del PEE estará a la vista y normalmente marcará el inicio de la victoria.

Imagínate de vuelta a aquel diálogo entre el rey Helü y Sun Tzu durante la Era de los Reinos Combatientes (cap. 2). Helü pedía a Sun-Tzu que le diera la esencia absoluta del Método, la esencia absoluta de la Estrategia. Si el

Maestro Sun hubiera querido entregar al rey Helü "la *esencia* de millones de pétalos" le hubiera explicado esto que aquí llamaremos el *Principio Estratégico Esencial (PEE)*.

La aplicación del PEE en tres pasos

III. Primer Paso - Concentración

Cuando Basil Liddell Hart terminó su trabajo y explicó cuál era la esencia del pensamiento estratégico a juzgar por las acciones de los comandantes victoriosos a lo largo de la historia humana, condensó todo en una sola palabra. El objetivo de condensar Estrategia en una única palabra no era simplemente reducir o simplificar, sino facilitar la comprensión del significado práctico de Estrategia y explicar el pensamiento estratégico partiendo desde su esencia absoluta.

El estratega inglés dijo que si tuviéramos que condensar todo lo referente a Estrategia en una sola palabra, esta palabra sería *Concentración*. *Concentración*[69] es la *esencia absoluta* de la Estrategia.

Una palabra puede ser útil para sintetizar y comprender la esencia de *Estrategia*, pero para que esto sea útil necesitaríamos expandirla a una frase.

"¿Concentración en qué?" es la pregunta que surge naturalmente.

IV. Segundo Paso - Concentración en tu fortaleza

Si el primer paso para aplicar el *Principio Estratégico Esencial* se encuentra en la palabra *concentración*, el segundo paso se encuentra en la palabra *fortaleza*. Si te *concentras en la fortaleza* ya tendrás dos tercios de la esencia de toda Estrategia. Esto comienza con reconocer cuál es la fortaleza de uno y dirigir el foco, la *concentración*, hacia dicha *fortaleza*. En este caso la palabra *concentración* significa el acto de enfocar recursos mentales, emocionales, físicos, financieros, logísticos, materiales, espirituales y de tiempo, en algo. Ese algo debe ser el aspecto fuerte, las fortalezas del individuo o del grupo.

Para poder identificar las *fortalezas* el *strategos* debe conocerse a sí mismo[70] y así el desafío inmediato que se presenta es el del autoconocimiento. Estrategia demanda autoconocimiento. Cuando Sun Tzu afirmaba esotéricamente que "si te conoces a ti mismo y conoces al otro, no debes temer ni cien batallas, pues

---

[69] *Si deseas un sinónimo podrías utilizar también la palabra "Enfoque".*
[70] *Si deseas llevar al plano organizacional, entonces dirás que la organización necesita conocerse a sí misma. El líder debe conocerse a sí mismo y a su organización a fondo.*

las ganarás todas", está considerando la aplicación del PEE, pero sin explicar cómo hacerlo. Nos preguntaríamos: "¿Porqué si me conozco a mí mismo y conozco al otro no debería temer ni cien batallas?" La llave hermenéutica para comprender a Sun Tzu está en el *Principio Estratégico Esencial*. Por lo tanto, como el primer paso es *concentración en la fortaleza*, la primera condición que nos plantea Sun Tzu es el autoconocimiento que nos permitirá discernir tanto nuestras fortalezas como nuestras debilidades de manera realista. Únicamente con autoconocimiento el *strategos* podrá evitar equivocarse sobrestimándose o subestimándose y podrá discernir sus fortalezas para concentrarse en ellas.

Estos dos primeros pasos contenidos en *"concentración* en la *fortaleza"* son fundamentales y nos parecerán lógicos cuando agreguemos el tercer paso que completará el *Principio Estratégico Esencial*.

Aunque los dos primeros pasos puedan parecer sencillos, el hecho es que la mayoría de las personas no los percibe de manera inmediata e intuitiva[71] y esto nos confirma lo dicho por Michael Porter,[72] que "el pensamiento estratégico raramente surge de manera espontánea".

Muchas personas cometen el error de enfocarse en sus debilidades (con la idea de subsanarlas) y así el mejor resultado que pueden esperar suele ser la neutralización de dichas debilidades. Si una persona trabaja duro tal vez podría transformar una debilidad en algo poco mejor que "neutro", pero una debilidad jamás será una buena plataforma para construir una verdadera fortaleza estratégica.

Se necesita mucho más esfuerzo para pasar de la incompetencia a la mediocridad, que para pasar de un buen desempeño a la excelencia.

PETER DRUCKER

Si como individuos nos enfocáramos en nuestras debilidades con el objetivo de intentar mejorarlas no nos destacaríamos en nada, ni para bien ni para mal. Tal vez no presentaríamos ninguna debilidad evidente, pero tampoco tendríamos

---

[71] *En una investigación citada por el profesor israelí Tal Ben Shahar se encuestó a una muestra compuesta por personas de varios países, lenguas y culturas, preguntando a los participantes qué harían si tuvieran que optar entre enfocarse en sus debilidades para mejorarlas o enfocarse en sus fortalezas. Más del ochenta por ciento de los encuestados respondieron que optarían por enfocarse en subsanar sus debilidades.*

[72] *Conocido profesor de Estrategia de Negocios en la Escuela de Negocios de Harvard.*

fortalezas muy evidentes. Seríamos considerados "promedio" y cuando una persona, una empresa, un equipo, un país o una organización son categorizados como "promedio", entonces por definición también son mediocres.

Aunque la palabra *mediocre* tenga una connotación negativa está simplemente indicando que somos iguales al promedio. Es aceptable ser mediocre en varias áreas si esta mediocridad relativa es a causa de la concentración de recursos en un aspecto específico que representa una fortaleza. El tiempo que se necesita para construir la excelencia apoyado en una fortaleza es grande y por lo regular implica ser relativamente mediocre en la mayor parte de las otras cosas. Pero nuestras debilidades pasarán a ser irrelevantes si hemos elegido correctamente dónde enfocarnos y dónde actuar. Lo realmente malo es ser mediocre en todo, pues en Estrategia no podemos ser mediocres (promedio) en aquello que hemos identificado como nuestra *fortaleza*.

La fortaleza debe ser construida al punto de volverse una diferenciación, algo que nos destaca de los demás. Estrategia no se trata de ser el mejor, sino de ser único y el enfoque en nuestra fortaleza es la esencia de todo. Para ilustrar esto te comparto esta fábula:

Poco tiempo después de la creación del mundo los animales decidieron que para poder enfrentarse al ambiente necesitaban desarrollar sus habilidades. Se reunieron en una gran asamblea para decidir cómo mejorar y aumentar sus habilidades. El búho sugirió organizar una escuela. Todos estuvieron de acuerdo y prepararon un currículum democrático que incluía carrera, natación, vuelo y escalada. Para no complicar las cosas se decidió que todos los animales deberían cursar todas las materias. Se creía que por medio del esfuerzo, la perseverancia y la disciplina, todos los animales aumentarían sus habilidades. La escuela inició las clases inmediatamente, pero en menos de dos semanas todo había terminado en un gran fracaso.

Varias fueron las ocurrencias registradas. Ocurrió que el pato, el cisne, la nutria y los delfines eran excelentes en la natación. Incluso eran mejores que los instructores que habían sido designados por sorteo. Pero al pato y al cisne no les fue tan bien en las clases de vuelo. Aunque se esperaba más de ellos no les fue tan mal como a la nutria que terminó con una pata rota. El delfín ni siquiera se presentó a las clases de vuelo.

El pato y el cisne se sintieron incómodos con los comentarios de que no eran los mejores en vuelo, sobre todo cuando los comparaban con el águila, pero terminaron realmente desmoralizados cuando reprobaron las clases de carrera. La nutria no se presentó a la clase de carrera a causa de su fractura. El delfín no se presentaba desde la primera clase de vuelo y entonces el búho lo reprobó.

El carácter del pato no le permitió estar desmoralizado por mucho tiempo y pronto se inscribió a clases particulares de carrera. Para asistir a los entrenamientos de pista tuvo que dejar de ir a las clases de natación. El cisne tomó coraje y siguió el ejemplo del pato. Luego de algunos días la nutria volvió a clases y pasó "de panzazo" la materia de carrera, y confiaba estar lista para intentar las pruebas de escalada. El delfín argumentó que la escuela no era para animales acuáticos y por lo tanto debería ser exonerado. El búho aseguró que su caso sería analizado por la tortuga.

El pato y el cisne se laceraron las patas en la pista y no pudieron nadar más. El conejo, campeón en carrera, se ahogó en la clase de natación. La ardilla, excelente en las clases de escalada, se enojó con la profesora de vuelo, la paloma, cuando esta le exigió que volara partiendo desde el suelo y no lanzándose de los árboles. Finalmente, el águila tuvo problemas desde el primer día cuando la paloma, profesora de vuelo asignada, quiso explicarle cómo volar.

La nutria, lastimada y lacerada, alcanzó el promedio para ser la primera de la clase gracias a su buen desempeño en natación, su actitud en vuelo, su esfuerzo en carrera y su buena suerte en escalada.

La tortuga resolvió el caso del delfín y la escuela se cerró.

Meditando en los dos primeros pasos del *Principio Estratégico Esencial* debemos observar que gran parte de la esencia de Estrategia está en saber dónde ser excelente y dónde ser mediocre. No se puede ser excelente en todo. La Naturaleza favorece al especialista y por eso Estrategia no se trata apenas de saber qué hacer sino también de saber qué no hacer. Estrategia se trata de saber dónde competir y dónde no competir.[73] Al momento en que te enfocas en tu fortaleza existirá la necesidad de decir "no" a otras aparentes posibilidades.

Dos tercios del *Principio Estratégico Esencial* se encuentran en la acción de *concentrarse en la fortaleza.* Una vez más queda evidente la necesidad del *strategos* de conocerse a sí mismo (i. g. debe conocer a su grupo, nación, ciudad, empresa, equipo, ejército, etc.) para discernir sus fortalezas y enfocarse

[73] *"El strategos victorioso es aquel que sabe cuándo luchar y cuando no luchar". Sun Tzu.*

en ellas. No debemos subestimar la dificultad y el tiempo que se necesita para llegar a un nivel adecuado de autoconocimiento. Aunque sea un trabajo difícil es también el más importante. Sócrates, el filósofo ateniense, decía que una vida no examinada no vale la pena ser vivida y debemos considerar que efectivamente sería un desperdicio de tiempo vivir tropezando en la oscuridad porque no somos conscientes de nuestras fortalezas y debilidades.

Observa cómo esto está ligado a la primera condición mencionada por Sun Tzu para ser siempre victoriosos: "Si te conoces a ti mismo…". Si nos conocemos, entonces podremos discernir nuestra fortaleza y concentrarnos en ella.

Ahora veamos el *Tercer Paso* para completar el *Principio Estratégico Esencial* y así obtener la *esencia* de toda Estrategia.

V. El Tercer Paso para el Principio Estratégico Esencial

"Si te conoces a ti mismo y conoces al otro no debes temer ni cien batallas, las ganarás todas". Si logramos cumplir los dos primeros pasos del PEE que hemos visto entonces se nos planteará un tercer desafío. Este tercer paso está oculto en la segunda condición de Sun Tzu: "… y si conoces al otro…". El tercer paso del *Principio Estratégico Esencial* es aquel que nos indica *dónde* debemos aplicar nuestra *fortaleza concentrada*. El PEE no estaría completo y no funcionaría si se aplicara en cualquier lugar y en cualquier momento.

El *Principio Estratégico Esencial* completo, la *esencia* de toda Estrategia, está contenido en esta frase:

> La esencia de la Estrategia es **concentración** en tu **fortaleza**, aplicada sobre una **dispersión**.

VI. Encontrar la dispersión - ¿Qué es una dispersión?

Luego de enfocarse en su fortaleza y hacerse excepcional, hacerse único y desistir de intentar ser mediocre en todo, el *strategos* debe saber dónde aplicar el resultado de esta *fortaleza concentrada*. Existe apenas un lugar dónde hacerlo y es sobre una *dispersión*. *Dispersión* es lo contrario a *concentración* y por lo tanto la esencia de toda Estrategia consiste en encontrar el punto más adecuado, de menor resistencia, dónde aplicar la concentración de las fuerzas.

Pero si el *strategos* observa una situación y llega a la conclusión de que la mejor aplicación de su *fortaleza concentrada* es sobre la fortaleza del otro (algo equivalente a un *ataque frontal*) debemos comprender que no estaría cumpliendo el *Principio Estratégico Esencial*. Si no aplica el PEE no estará practicando Estrategia y no estará pensando como los grandes estrategas.[74] Lleva muy en cuenta que los grandes estrategas de la historia jamás tenían como objetivo buscar un *ataque frontal* contra un adversario de fuerzas equivalentes o desconocidas. Incluso en el caso de un adversario aparentemente más débil el *strategos* no busca el *ataque frontal*. "Fortaleza contra fortaleza", "concentración contra concentración" no representan la esencia de Estrategia. Si adoptas esta mentalidad equivocada de "fuego contra fuego" terminarás desperdiciando tus fortalezas y no lograrás identificar las verdaderas oportunidades que te podrían llevar a un destino excelente.

Recuerda que lo máximo en Estrategia no es ganar todas las batallas sino ganar sin luchar y el "ganar sin luchar" surge como consecuencia de la aplicación del *Principio Estratégico Esencial* de manera tan clara que el mismo adversario reconoce que una confrontación directa ya no sería necesaria.[75]

El *Principio Estratégico Esencial* nos dice explícitamente que siempre debemos buscar aplicar nuestra *fortaleza concentrada* sobre una *dispersión*. Si en una situación específica no logramos encontrar la manera de cumplir el PEE, entonces simplemente no podremos practicar el Arte de la Estrategia. "Conocer al otro" es fundamental para encontrar la dispersión y la oportunidad. Toda dispersión[76] es una debilidad y toda debilidad es una oportunidad para encontrar dónde y cómo cumplir el *Principio Estratégico Esencial*.

El *Principio Estratégico Esencial* (PEE)

---

[74] *No sería una buena estrategia.*
[75] *La segunda manera más excelente, aunque inferior a "vencer sin luchar", es vencer luchando, pero dejando intacto lo máximo posible de ambos lados.*
[76] *Toda dispersión inconsciente es debilidad. Existen dispersiones que son intencionales pero estas tienen la función de provocar la dispersión en un rival concentrado (ver el recuadro llamado "La variación competitiva del Principio Estratégico Esencial" al final del capítulo 12).*

Por lo tanto, cuando Sun Tzu nos dice que cuando nos conocemos a nosotros mismos y conocemos al otro no debemos temer el resultado de cien batallas, nos está hablando, de manera esotérica, de aquello que aquí llamamos el *Principio Estratégico Esencial* (PEE).

Según aprendemos de la historia y de las acciones de los *Grandes Comandantes*, en esencia Estrategia se trata de buscar y encontrar una *dispersión* para sobre esta *oportunidad* aplicar el resultado de nuestra *fortaleza concentrada.*[77]

Esto puede parecer teórico o conceptual, pero para que te quede claro cómo funciona el *Principio Estratégico Esencial* veremos dos ejemplos. Estos ejemplos son muy diversos y nos servirán para observar la aplicación del PPE a nivel táctico y de manera inmediata, y también su aplicación en el ámbito de la Estrategia de largo plazo. Los ejemplos estarán separados por miles de años y de esta manera veremos cómo debemos cumplir el *Principio Estratégico Esencial* en cualquier situación competitiva para obtener las mejores posibilidades de llegar al objetivo.

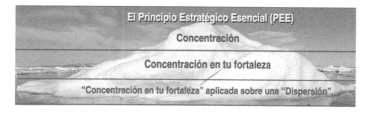

El primer ejemplo será la historia del duelo entre David y Goliat. Esta historia muy conocida y que tuvo lugar alrededor del año 1 000 a. C. nos ayudará a comprender la aplicación táctica del *Principio Estratégico Esencial*. En el segundo ejemplo viajaremos de vuelta tres mil años en la historia para conocer la increíble historia de una empresa que estando prácticamente en bancarrota en un mercado tomado por un monopolio logra aplicar el *Principio Estratégico Esencial* y pocos años después se cotiza como la empresa más valiosa del mundo. Este segundo ejemplo es una metáfora moderna del mismo duelo

---

[77] *Así como la genialidad de Mozart estaba en encontrar nuevas maneras de expresar música o nuevas composiciones, así Alejandro encontraba sorprendentes maneras de cumplir el Principio Estratégico Esencial bajo cualquier circunstancia. Donde otros no veían posibilidad Alejandro encontraba la manera de maniobrar y accionar sus fuerzas con compleja coordinación y enorme osadía para causar una dispersión en su adversario y posteriormente concentrar sus fortalezas sobre la dispersión provocada.*

entre David y Goliat y nos ayudará a comprender el *Principio Estratégico Esencial* (PEE) y a demostrar que en Estrategia no se trata de "pensar en grande", sino de "saber pensar". Saber pensar para encontrar una manera de aplicar el *Principio Estratégico Esencial.*

Si conoces al otro y te conoces a ti mismo, no necesitas temer el resultado de cien batallas. Si te conoces pero no al enemigo, por cada victoria también sufrirás una derrota. Si no conoces al enemigo ni a ti mismo, sucumbirás en cada batalla. Ganará quien sabe cuándo luchar y cuándo no hacerlo.

Sun Tzu

11. Ejemplos de la aplicación del Principio Estratégico Esencial

I. David y Goliat como ejemplo de la aplicación del Principio Estratégico Esencial

Según los textos sagrados hebreos[78] este evento ocurrió aproximadamente hace tres mil años en la tierra de Judea. En esa época no existían ejércitos profesionales y en aquel entonces, en la región a la cual llamamos hoy en día Medio Oriente, solo Egipto poseía fuerzas de combate relativamente numerosas y contaba con cierta especialización (i.g. arqueros, infantería, aurigas). En la época del reinado de Saúl, primer rey de Israel, todavía faltaban setecientos años para que la historia registrara el primer ejército profesional que serían las falanges Macedonias de Filipo II.

Comparado con Egipto Israel era una nación pequeña, así como también era el caso de Filistea, uno de sus tradicionales enemigos. Ambos pueblos vivían a la sombra del dominio de Egipto, aunque este último no siempre poseía el poder suficiente para subyugarlos y tampoco tenía interés en permanecer en tierras lejanas.[79] Tanto Israel como Filistea tenían poco que ganar y mucho que perder si se enfrentaban y terminaban debilitándose mutuamente. Aunque las filas de los israelitas y filisteos estaban compuestas por guerreros,[80] hombres valientes y hábiles, dispuestos a dejar sus actividades diarias para ir a un campo de batalla, los "ejércitos" no estaban compuestos por fuerzas profesionales y conscriptos. Por lo tanto, era común que las naciones pequeñas intentaran disuadir al enemigo y lograr un acuerdo, o mismo el dominio, sin tener que luchar. Pero también corrían el riesgo de ser vistas como débiles

---

[78] Los textos sagrados hebreos (Tanaj) se dividen en Torá, (la Ley), los Nevi'im (Profetas) y los Ketuvim (Escritos). La historia de David y Goliat se encuentra en el Primer Libro de Samuel (1.º de Samuel 17:4-23; 21:9).

[79] Los egipcios no eran colonizadores debido a sus creencias religiosas de que para acceder a la otra vida después de la muerte deberían ser enterrados en Egipto. Aquellos que dejaban sus cuerpos en otras tierras no podían acceder al Aaru o "Campo de Juncos", lugar paradisiaco donde reinaba Osiris.

[80] Notar la diferencia entre "guerrero" y "soldado". El soldado profesional surge de manera clara recién con la revolución militar de Filippo II (circa 345 a. C.)

si no se presentaban a la batalla y no demostraban que sus hombres estaban listos para matar y morir.

Si lo máximo del Arte de la Estrategia es vencer sin luchar, en el caso de estos pueblos lo más cercano a este ideal sería recurrir a un duelo de uno contra uno o de un grupo pequeño grupo contra otro grupo pequeño, evitando de esta manera la masacre de varios hombres. Del punto de vista de evolución del pensamiento estratégico estábamos en lo que se conoce como la "era de los héroes". La sofisticación estratégica que encontramos en esta época es muy limitada y no tenemos ejemplos claros que demuestren un líder utilizando sus fuerzas de una manera colectiva, coordinada y teniendo en cuenta el *Principio Estratégico Esencial*. Sin embargo, desde hacía mucho tiempo el ser humano ya se había dado cuenta que ataques frontales no resultaban y no deberían ser intentados. El gran peligro estaba por lo tanto en el fracaso de las negociaciones y la imposibilidad de contar con la alternativa "heroica". En estos casos el líder se veía obligado a optar por batallas campales y el costo en vidas terminaba siendo tan grande para ambos, vencedor y vencido, que terminaban debilitados y posteriormente conquistados y esclavizados por sus vecinos más poderosos (*e. g.* Egipto).

Es en este contexto histórico estratégico específico que debemos observar y comprender la historia de David y Goliat. Seguramente ya la has escuchado anteriormente y tal vez creas conocerla bien, pero te invito a observar algunos aspectos claves del relato bíblico que nos ayudarán a comprender la aplicación del *Principio Estratégico Esencial* (PEE) por parte de David. Conociendo y observando la aplicación del PEE verás la Estrategia detrás de la victoria de David. Verás aquello que Sun Tzu dice: "nadie ve".

No sabemos cuál fue exactamente el motivo geopolítico que llevó al fracaso de las negociaciones entre israelitas y filisteos y a la consecuente necesidad de tener que formarse para medir sus fuerzas. Sabemos, sin embargo, que los filisteos se congregaron en un lugar llamado Soco, en la tierra de Judá y los guerreros de Israel liderados por Saúl acamparon en un lugar llamado el Valle de Ela. Israelitas y filisteos se ubicaron en colinas opuestas desde donde se observaban mutuamente.

Con el fracaso de las negociaciones la alternativa heroica era la opción más lógica para ambos bandos. Para el año 1000 a. C. el ser humano ya había llegado a la conclusión de que en una confrontación masiva las posibilidades de una tragedia eran altas porque la mayoría de las muertes ocurrían al momento en que uno de los grupos desistía e intentaba huir en una retirada caótica. Pero si ambos ejércitos eran particularmente valientes entonces la tragedia era mayor. La alternativa de que luchara un héroe representando a todo el pueblo y no tener que arriesgar a todos los hombres en la batalla campal era una buena idea.

El héroe era normalmente el guerrero más valiente, el más hábil, el más poderoso y aquel que se disponía a luchar representando a toda su nación en contra del héroe extranjero. Según el acuerdo el héroe representaba a todo el pueblo y su victoria, o derrota, era la de todos. Entre los griegos esta "era heroica" fue relatada por Homero y se dio en la misma época en que en los arqueólogos e historiadores bíblicos ubican el duelo entre David y Goliat.

El Libro de Samuel[81] nos cuenta que el héroe filisteo, Goliat, siguiendo la costumbre vigente, provocó e incitó a los israelitas durante días para que se animaran a presentar a su héroe. El texto afirma que Goliat era un paladín, un guerrero que había comprobado su valentía y sus habilidades. Goliat era un gigante en todos los aspectos, en su físico y en su reputación, y su fama de victorioso lo precedía. Goliat era invencible. Era lo mejor y lo más poderoso que los Filisteos podían presentar, como afirma el texto bíblico. Como héroe se concentraba en cultivar sus habilidades para combatir y vencer. El paladin filisteo llevaba una armadura pesada y armas específicas. Su protección incluía casco de bronce, una cota de malla, grebas de bronce y sus armas ofensivas estaban compuestas por jabalinas de bronce y lanzas de hierro. Además, utilizaba una espada para el combate de cerca (si esto llegara a ser necesario). Su escudo era similar en tamaño, peso y dureza a aquellos que serían utilizados por los hoplitas griegos algunos siglos más tarde. El escudo impedía ciertos movimientos y al ser pesado era lógico que un escudero lo cargara con la intención de preservar las fuerzas del héroe antes del combate mortal.[82]

---

[81] *1 Samuel 17:1-51.*

[82] *El escritor americano Malcolm Gladwell teorizó de que una de las razones de por qué David había podido derrotar a Goliat sería una supuesta enfermedad que afligía al enorme filisteo y lo habría dejado casi ciego y por lo tanto muy lento. Según Gladwell el mismo hecho de tener un escudero nos permitiría inferir que necesitaba que alguien lo ayudara a cargar su escudo. Sin embargo, esta teoría no toma en cuenta las costumbres antiguas y parece subestimar la inteligencia y el sentido común de los pueblos antiguos. En una época en que el destino de hombres, mujeres y niños dependían de un héroe no podemos ir en contra a la lógica y pensar que los filisteos estarían satisfechos y seguros en contar con un desgraciado casi ciego que necesita que alguien que le cargara su escudo. Seria también subestimar a los*

El texto cuenta que Goliat bajó al valle y dio voces a los guerreros de Israel, diciéndoles: "¿Para qué os habéis puesto en orden de batalla? ¿No soy yo el filisteo, y vosotros los siervos de Saúl? Escoged de entre vosotros un hombre que venga contra mí. Si él pudiere pelear conmigo, y me venciere, nosotros seremos vuestros siervos; y si yo pudiere más que él, y lo venciere, vosotros seréis nuestros siervos y nos serviréis. Y añadió el filisteo: Hoy yo he desafiado al campamento de Israel; dadme un hombre que pelee conmigo".

Los guerreros de Israel no eran cobardes, pero no parecían subestimar a Goliat y tampoco sobreestimarse al punto de creer tener una oportunidad contra el terrible campeón filisteo. La idea de morir para que luego su pueblo terminara derrotado y esclavizado no era una opción atractiva para nadie. Así pues cuando Saúl y todo Israel oyeron estas palabras del filisteo, se turbaron y tuvieron gran miedo porque no había nadie entre los israelitas que pensara poder vencer a este gigantesco héroe. El hecho de que no existiera alguien dispuesto a asumir el rol de héroe entre los israelitas implicaba una humillación y derrota histórica.

Según nos cuenta el texto bíblico las fortalezas de Goliat eran evidentes y habían sido mejoradas y probadas por el tiempo. Goliat se había enfocado en ellas al punto de transformarse en un paladín y sus debilidades parecían inexistentes a los ojos de los israelitas. El filisteo se presentaba habiendo cumplido los dos primeros pasos del *Principio Estratégico Esencial* y ahora llamaba a los israelitas para que presenten a su héroe. De esta manera el paladín podría buscar la debilidad sobre la cual aplicaría toda su fortaleza. Goliat era tan superior que en un combate directo se podría dar el lujo de atacar de frente y entablar un duelo entre "gladiadores" sin posibilidades para el aterrorizado adversario.

Las invocaciones y provocaciones se extendieron por varios días y el rey Saúl estaba cada día más desesperado. En ese momento surgió un héroe inesperado e improbable.

David era un joven pastor que había sido enviado por su padre al Valle de Ela con el objetivo de llevar comida a tres de sus hermanos que habían ido con el rey a formarse en contra los filisteos. Obedeciendo la encomienda de su padre David "se levantó de mañana, y dejando las ovejas al cuidado de un guarda, se fue con la encomienda y llegó al campamento. Mientras él hablaba

---

hebreos pensar que estos no se darían cuenta si el filisteo en lugar de ser un paladín fuera una mole casi ciega y torpe.

con sus hermanos he aquí que aquel paladín que se ponía en medio de los dos campamentos, que se llamaba Goliat, el filisteo de Gat, salió de entre las filas de los filisteos y habló las mismas palabras que ya había pronunciado en los días anteriores, y las oyó David. Y cada uno de los de Israel decía: ¿No habéis visto aquel hombre que ha salido? Él se adelanta para provocar a Israel. Al que se animara a enfrentar y vencer al héroe filisteo, el rey Saúl prometió grandes riquezas y la mano de su hija en casamiento. Prometió además eximir de tributos a toda la familia del valiente que lo mate." Teniendo en mente todos estos incentivos ofrecidos por el rey en mente David vio la oportunidad de cambiar su vida. Esta era la oportunidad para pasar de ser un pastor de ovejas a esposo de la hija del rey y además lograr exentar de impuestos a toda su familia. Imagínate que tu padre te envíe a entregar una encomienda y vuelvas a casa como príncipe y héroe. Los incentivos se completaban con la indignación piadosa de David al escuchar que las provocaciones de Goliat ponían en duda la reputación de Adonai, la divinidad de Israel. Para David estaba en juego todo aquello que más estimaba y la posibilidad de obtener un cambio completo de destino.

Para asegurase de no haber escuchado mal el joven David preguntó nuevamente: "¿Qué harán al hombre que venciere a este filisteo, y quitare el oprobio de Israel?".

Luego de confirmar el paquete de incentivos ofrecido por el rey, David se propuso como antagonista de Goliat.

La situación era evidentemente desesperante pues el rey Saúl estaba dispuesto a aceptar a cualquiera, incluso a un pastor que había venido a traer comida a sus hermanos. Tal vez en la mente de Saúl ya no se trataba de vencer sino de evitar la deshonra y el continuo oprobio que minaba la moral de los israelitas. No enviar a nadie al duelo era deshonroso y equivalente a aceptar la esclavitud sin ni siquiera intentar vencer. Por otro lado, ordenar a cualquiera de los israelitas a bajar al valle sería equivalente a condenarlo a muerte y a ver al pobre desgraciado correr de miedo mientras Goliat lo ensarta con la lanza. En estas circunstancias Saúl aceptaría a cualquiera que fuera suficientemente loco para no temer enfrentar a Goliat.

David sabía exactamente qué hacer. Las decisiones que tomó antes de bajar al valle nos ayudarán a comprender y observar la aplicación del *Principio Estratégico Esencial* (concentración en tu fortaleza aplicada a una dispersión).

David no era un temerario y tampoco un fanático religioso listo a arriesgarse a morir como un *kamikaze* o un *jihadista*. David era astuto, inteligente y tenía un plan, pues únicamente alguien que creía poder salir vivo de la mortal gesta se aseguraría tantas veces sobre la lista de beneficios que ofrecían por derrotar a Goliat.

II. David y el Principio Estratégico Esencial - Concentración en tu fortaleza aplicada a una dispersión

Desde hace miles de años la historia de David y Goliat ha representado la victoria del pequeño contra el grande, la victoria casi milagrosa de un pastor apenas salido de la adolescencia contra un descomunal, experimentado e invencible guerrero. Esta historia ha inspirado a centenares de generaciones y hasta el día de hoy un enfrentamiento entre "David y Goliat" es aquel del subestimado (o del claramente en posición desfavorable) contra el aparentemente invencible. El resultado final del enfrentamiento entre David y Goliat es tradicionalmente interpretado como siendo la consecuencia de una intervención divina, pero si estudiamos el texto vemos que no hay nada de milagroso. No se puede negar que en cualquier situación David necesitaría contar con la colaboración de la "buena fortuna" y ciertamente la tuvo, pero esa fue toda la ayuda que Dios le dio. El Adonai de Israel hubiera necesitado a otro hombre si este joven pastor no se conociera a sí mismo, no supiera dónde estaba su fortaleza y no hubiera invertido años perfeccionando su fortaleza para aplicarla sobre una *dispersión*.

Observemos ahora algunos detalles de la historia de este duelo entre estos dos personajes bíblicos y veamos cómo David cumple el *Principio Estratégico Esencial* y Goliat no. Ten en cuenta que en Estrategia no es el más fuerte el que gana sino aquel que primero logra aplicar el *Principio Estratégico Esencial* (PEE).

Para ser victorioso Goliat necesitaba completar el PEE y ya había completado dos de los tres pasos. Contaba con su fortaleza concentrada y apenas necesitaba encontrar la dispersión, la oportunidad, la vulnerabilidad, dónde aplicar su fortaleza. Sin embargo, en el caso del paladín filisteo su fortaleza era tan grande y evidente que incluso las fortalezas de sus adversarios parecían debilidades comparativamente. Si las mismas fortalezas de los guerreros israelitas eran como debilidades cuando comparadas con las de Goliat, ni que decir las debilidades propiamente dichas. En este escenario Goliat no necesitaba pensar mucho para encontrar una dispersión en sus rivales, pues en los duelos a muerte la *dispersión* solía surgir de manera espontánea y natural al momento en que el más débil era poseído por el temor. Cuando esto ocurría aquel que era derrotado en el aspecto mental se echaba a correr. Dando las espaldas a su enemigo se exponía totalmente a las jabalinas o lanzas[83] y terminaba ensartado. Por lo tanto, el filisteo aparentemente no tendría por qué preocuparse en discernir dónde estaba la dispersión porque el adversario entero era la "dispersión" para Goliat. Cualquier guerrero que se enfrentara a Goliat terminaría eliminado con una lanza de espaldas o con tres golpes de espada. Irónicamente la misma fortaleza de Goliat lo hacía "ciego" a cualquier otro escenario que no fuera su victoria. Esta confianza excesiva, aunque justificada, era la fuente de su dispersión y como todos aquellos que se creen invencibles Goliat no sabía lo que no sabía.

III. La aplicación del Principio Estratégico Esencial - Hasta las puertas de Ecrón

David fue llevado a la tienda del rey Saúl como el único voluntario para enfrentar al héroe filisteo. Probablemente habiendo percibido que Saúl se había descorazonado al verlo, David dijo: "No desmaye el corazón de ninguno a causa de Goliat; tu siervo irá y peleará contra este filisteo". Pero Saúl le dijo: "No podrás tú ir contra aquel filisteo, para pelear con él; porque tú eres muchacho, y él un hombre de guerra desde su juventud".

David respondió: "Tu siervo era pastor de las ovejas de su padre; y cuando venía un león, o un oso, y tomaba algún cordero de la manada, salía yo tras él, y lo hería, y lo libraba de su boca; y si se levantaba contra mí, yo le echaba mano de la quijada, y lo hería y lo mataba. Fuese león, fuese oso, tu siervo lo mataba".

David estaba diciendo que desde su punto de vista Goliat era otro oso. Era grande y poderoso, pero no más rápido que los proyectiles lanzados por su honda. Para todos los otros guerreros israelitas Goliat no presentaba vulnerabilidades, no presentaba una *dispersión*. Pero los ojos de David habían identificado un punto vulnerable, aunque este era inalcanzable para las espadas y jabalinas israelitas y por lo tanto "invisible" a los ojos de los guerreros de

---

[83] *Según Homero el héroe troyano Héctor cuando tomado por el terror corrió de Aquiles alrededor de las murallas de Troya.*

Israel. Las únicas dispersiones estaban en la apertura de yelmo de Goliat y en el hecho de que subestimaría a David.

David todavía añadió y dijo a Saúl: "Adonai, que me ha librado de las garras del león y de las garras del oso, él también me librará de la mano de este filisteo." Está claro que David además de ser consciente que poseía una fortaleza y que pretendía concentrarse en usarla también ya había identificado la *dispersión* en Goliat. Su convicción personal de que contaría con el favor de Adonai lo ayudó a neutralizar la debilidad que afectaba a todos los israelitas: el miedo.

IV. David y Goliat

La fortaleza cultivada por David era única y diferente a la de los guerreros, por lo tanto distinta a aquellas que Goliat podría imaginarse.

Si la fortaleza de David fuera de la misma naturaleza que la de Goliat no podría vencerlo. De igual manera si David contara únicamente con su valentía y con su fe podría hasta llegar al punto de enfrascarse en un loco combate con Goliat y morir sin huir. Tal combate sería heroico, pero patético. Saúl y los israelitas serían hechos esclavos y David estaría muerto como un simple fanático religioso.

Pero David no era un guerrero y como muchas veces ocurre en Estrategia el hecho de ser diferente era la fuente de su ventaja y la oportunidad para aplicar el *Principio Estratégico Esencial*. Las habilidades de David como guerrero no llegaban ni al nivel de la mediocridad, sin embargo existía otro aspecto en el cual era excelente. La diferencia de David es que utilizaba la honda, una de las herramientas asociadas al pastoreo desde el Neolítico. La honda consiste en dos cuerdas o correas que sujetan un receptáculo flexible desde el que se dispara un proyectil. La honda en manos de un experto podía ser un arma temible dada su potencia de impacto y alcance; a esto se unía el pequeño tamaño de los proyectiles que eran capaces de penetrar en el cuerpo a manera de una bala y eran casi invisibles por el aire. David era excelente en el uso de la honda. Su precisión estaba destinada a obtener una fama milenaria.

Mientras Goliat había invertido años practicando con espadas, jabalinas, lanzas y escudos, David había invertido años e incontables horas practicando con la honda utilizada para defender a los rebaños contra los grandes depredadores. Goliat no tenía esto presente, pues no conocía a David. Por otro lado, gracias a sus años de práctica David sabía qué hacer y dónde encontrar la *dispersión* de Goliat y de esta manera identificó la *oportunidad*.[84]

Recuerda lo que dice Sun Tzu: "Si conoces al otro y te conoces a ti mismo, no debes temer el resultado de cien batallas. Si te conoces pero no al enemigo, por cada victoria también sufrirás una derrota. Si no conoces al enemigo ni a ti mismo, sucumbirás en cada batalla. Ganará quien sabe cuándo luchar y cuándo no hacerlo". Al momento en que David bajó al valle para enfrentar a Goliat continuaba siendo un pastor a los ojos del paladín filisteo, pero en realidad era un francotirador que ya sabía qué hacer. Goliat no sabía pero sus probabilidades de victoria habían bajado a 50%.

La *dispersión* identificada en el medio del yelmo de Goliat, exactamente donde sus ojos y frente quedaban descubiertos, sería expuesta de manera aún más clara debido a otra *dispersión* aún más grande. La principal *dispersion* mental de Goliat ocurriría cuando viera a un pastor en lugar de un guerrero. Esto llevaría a Goliat a subestimar a David y a no defenderse con atención.

Sin muchas esperanzas Saúl decidió enviar a David y le entregó sus armas y sus protecciones de guerrero. Puso sobre su cabeza un casco de bronce, y le armó de coraza. David intentó manejar la espada, y probó a andar, porque nunca había hecho la prueba. Y dijo David a Saúl: "Yo no puedo andar con esto, porque nunca lo practiqué". Y David echó de sí aquellas cosas. Y tomó su cayado en su mano, y escogió cinco piedras lisas del arroyo, y las puso en el saco pastoril, en el zurrón que traía, y tomó su honda en su mano, y fue a enfrentar al filisteo.

V. Conócete a ti mismo, sé tú mismo y enfócate en la Estrategia

Al rechazar la armadura y la espada David rechaza aquello que no era su *fortaleza para* enfocarse en aquello que sabía. Al rechazar la armadura de Saul y optar por recoger las cinco piedras se estaba enfocando en su fortaleza. En ese momento todos sus recursos físicos, mentales y espirituales estaban enfocados en sus fortalezas. Ahora David bajaba al valle para aplicar todo esto sobre la *dispersión* ya identificada y esperada.

---

[84] *David identificó las oportunidades de cómo derribar a Goliat y de cómo pasar de "pastor a príncipe".*

El Libro de Samuel dice que el filisteo venía acercándose a David, y su escudero delante de él. Pero cuando el filisteo miró y vio a David, le tuvo en poco; porque era muchacho, y rubio, y de hermoso parecer. Y dijo el filisteo a David: "¿Soy yo perro, para que vengas a mí con palos?". Y maldijo a David por sus dioses.

Y cuenta la Biblia que cuando el filisteo se levantó y echó a andar para ir al encuentro del pequeño pastor, David se dio prisa, y corrió a la línea de batalla contra el filisteo.

Goliat había subestimado a David desde el momento en que lo vio, así como también lo había subestimado Saúl. Goliat no quiso perder tiempo y vino directamente contra David, aparentemente sin el escudo y tal vez incluso sin yelmo. ¿Para qué se necesitaría un escudo contra un muchachito que viene con palos y piedras? "¿Quién creen que soy?" había reclamado Goliat atacado por su propio ego, el mayor de los dispersores en Estrategia.

Entonces, metiendo David su mano en la bolsa, tomó de allí una piedra, y la tiró con la honda.

El trabajo de David en ese momento era confiar y tirar con la honda con lo mejor de su habilidad. Donde la piedra terminaría exactamente impactando no estaba totalmente bajo su poder. David creía que su trabajo era hacer lo mejor posible con sus habilidades, la victoria sería dada por Dios. Para el futuro rey de Israel el hecho de haber podido identificar la dispersión y de haber tenido la valentía de implementar su estrategia eran ya pruebas de que Dios estaba de su lado. La piedra voló a tal velocidad que Goliat no la vio venir. Es posible que así como no cargaba escudo tampoco había vestido el yelmo. Su ego había sido tan ofendido que sería una vergüenza ahora parecer preocupado con un chico cubierto con una túnica y que se acercaba con palos y piedras. Pero la piedra voló, se incrustó en su frente y cortó la conexión de Goliat con este mundo. El paladín filisteo cayó sobre su rostro en tierra.

La Biblia dice que "así venció David al filisteo con honda y piedra; e hirió al filisteo y lo mató, sin tener David espada en su mano. Entonces corrió David y se puso sobre el filisteo; y tomando la espada de este y sacándola de su vaina, lo acabó de matar, y le cortó con ella la cabeza. Y cuando los filisteos vieron a su paladín muerto, huyeron. Levantándose luego los de Israel y los de Judá, gritaron, y siguieron a los filisteos hasta llegar al valle, y hasta las puertas de Ecrón".

Tres mil años después todavía utilizamos la imagen de David y Goliat cuando deseamos hablar de una disputa entre dos fuerzas disparejas pero que todavía deja un lugar a la esperanza de una victoria inesperada. Si eres el más débil siempre necesitas pensar más, necesitas pensar bien, necesitas Estrategia, necesitas aplicar el *Principio Estratégico Esencial*.

Sea cual fuera el plan que elijas para ser victorioso el objetivo final del plan debe ser identificar y aplicar el *Principio Estratégico Esencial: Concentración en tu fortaleza, aplicada sobre una dispersión*. Si logras aplicarlo tendrás todas las oportunidades de ser victorioso.

David con la cabeza de Goliat, grabado, Abraham Bosse (1651).

Lee estas frases de Sun-Tzu e identifica cómo reflejan lo hecho por David y Goliat y cómo se ligan al *Principio Estratégico Esencial*:

- "Cuando eres capaz de ver lo sutil, es fácil ganar".
- "Hacerte invencible significa conocerte a ti mismo, aguardar para descubrir la vulnerabilidad del adversario significa conocer a los demás".
- "Si utilizas al enemigo para derrotar el enemigo, serás poderoso en cualquier lugar a donde vayas."

- "Si tu oponente tiene un temperamento colérico, intenta irritarle. Si es arrogante, trata de fomentar su arrogancia".
- "Si no puedes ser fuerte, pero tampoco sabes ser débil, serás derrotado".

El *strategos* busca aplicar el *Principio Estratégico Esencial* siempre, sin excepción. La esencia de todo el Método de Sun Tzu, la esencia extraída de millones de pétalos y condensada en una única gota es: "*Enfócate* en tu *fortaleza* y aplícala sobre una *dispersión*". Aquel que se *concentra* en sus *fortalezas* y sabe dónde están las *dispersiones* no debe temer batalla alguna pues las ganará todas. Sin embargo, aquellos que conozcan sus *fortalezas* y las concentre, pero por algún motivo no logren encontrar la *dispersión* en el adversario, ganarán la mitad y perderán la mitad. Finalmente, aquellos que no concentran sus *fortalezas* y además no saben dónde está la *dispersión* del adversario, serán derrotados.

El *Principio Estratégico Esencial* (PEE) se aplica tanto en el nivel táctico, como lo hizo David, como también en el nivel estratégico y a largo plazo. En el siguiente ejemplo veremos la aplicación del PEE de manera más compleja y menos evidente.

12. Steve Jobs, Apple, Microsoft y el Principio Estratégico Esencial

I. Steve Jobs

En 1997 la empresa Apple estaba al borde de la bancarrota. Veinte años después de su fundación y de haber sido considerada una de las empresas más innovadoras de la industria, Apple estaba a punto de desaparecer.

Había nacido en el año 1976 en un garaje de Los Altos, California, gracias al genio técnico de Steve Wozniak y a la capacidad de innovación y visión de Steve Jobs. Pero Wozniak había conocido a Jobs cuando este tenía apenas 15 años y si bien era un niño muy interesado en electrónica no poseía la capacidad técnica del ingeniero en computación para crear y construir una computadora. Steve Jobs no era un genio de la electrónica y no llegaría a terminar sus estudios universitarios. Sin embargo, era un joven evidentemente muy creativo y que además sabía "cómo pensar". Sus fortalezas estaban en su enorme poder de innovación y en su capacidad para pensar de manera estratégica. Una combinación poderosa en sí misma, pero que además se potenciaba con una tenacidad poco común y mucha disciplina para implementar su visión.

A inicios de 1980 Jobs conoció a Bill Gates, otro ambicioso emprendedor de la naciente industria. En aquella época el mundo de la computación era pequeño y Gates todavía estaba buscando cómo abrirse camino con su empresa Microsoft. Durante un tiempo fue un pequeño proveedor de Apple y como prestador de servicios tenía constante acceso al equipo de ingenieros de la empresa. Un día, intercambiando informaciones, Bill Gates se enteró del nuevo proyecto estrella de su cliente. Steve Jobs y el equipo de ingenieros de Apple estaban desarrollando un nuevo sistema operativo que cambiaría la manera de interactuar con las computadoras. Al escuchar los detalles del proyecto el joven Gates quedó sorprendido.

Tiempo después Jobs se preparaba para asumir el rol de un metafórico David para bajar al valle y enfrentar al invencible y temible gigante IBM, el Goliat de su industria. Aunque Apple era una empresa muy pequeña comparada a IBM, Jobs confiaba en sus nuevos diseños de *hardware* y en su muy innovador sistema operativo para dar una gran sorpresa al gigante. Estaba confiado en poder derrotar a las PC[85] de IBM con su nueva computadora Macintosh. Con este ambicioso e innovador plan Steve Jobs tomó sus metafóricas cinco piedras, aprestó su honda y se dispuso a enfrentar a su Goliat.

La icónica campaña publicitaria de lanzamiento de la nueva computadora de Apple en 1984 representaba a la empresa como siendo una joven en atuendo deportivo que irrumpía en una reunión masiva donde hombres sombríos, vestidos de manera idéntica con ropas oscuras, marchaban como autómatas a un gran salón. Estos hombres robotizados se sentaban delante de una gran pantalla en la cual un enorme tirano, el "Gran Hermano", les decía qué y cómo pensar. Apple era la mujer liberadora que entrando corriendo lanzaba un martillo a la gran pantalla. Esta se destruía juntamente con la imagen del Gran Hermano y las personas eran liberadas. Apple venía a liberar a los hombres del año 1984 profetizado por George Orwell y de la monotonía y aridez de IBM.[86] El año 1984 había llegado y pensar diferente, innovar, facilitar y liberar a la gente era la propuesta de las nuevas computadoras de Apple.

Por medio al acto de concentrarse en sus fortalezas y aplicar el resultado de esta concentración sobre la dispersión de IBM Jobs estaba cumpliendo el *Principio Estratégico Esencial*. Su estrategia se basó en innovar el sistema operativo de sus máquinas, agregar la innovación del *mouse*[87] y así expandir la accesibilidad y el uso de computadoras al público en general. Era una nueva revolución en la industria. Una que llevaría los ordenadores de ser aburridas máquinas de trabajo en las oficinas corporativas a prácticas y útiles herramientas para todos. Por lo tanto, Jobs tenía razones para ser optimista. Siendo un emprendedor ambicioso, valiente y que sabía "cómo pensar" estaba también seguro que sabía cómo pasar "de pastor a príncipe".

Desde el punto de vista de campañas de marketing el ataque de Apple ciertamente sería frontal, pero en realidad no estaría atacando la fortaleza de IBM. El ataque real estaba en el "flanco", directamente sobre la debilidad, sobre la dispersión de IBM. Como ya dijimos esta dispersión se encontraba en la falta de un sistema operativo que permitiera a IBM atraer al público no

---

[85] *Personal Computer.*

[86] *1984 es el título del conocido libro de George Orwell publicado en el año 1949, donde este se imaginaba un sistema controlador y represor en un futuro distópico.*

[87] *Macintosh fue la segunda computadora personal con sistema de mouse, la primera había sido el modelo "Lisa" de Apple. El ratón y el sistema operativo intuitivo representó la base para el gran éxito comercial inicial de Macintosh.*

especializado. Pero es aquí donde terminan las similitudes de IBM con Goliat. Porque a diferencia del paladín filisteo que había subestimado a David y no había cogido su escudo (y tal vez ni su yelmo) para enfrentarlo, IBM no subestimó a Apple. O tal vez, a diferencia de Goliat, IBM simplemente tuvo suerte.

El gigante de las computadoras se salvó del golpe que lo derribaría porque luego del lanzamiento de la nueva Macintosh sus ejecutivos recibieron una propuesta de alianza de parte de una pequeña empresa. Esta empresa les sirvió de escudero para enfrentar a Steve Jobs y les permitió expandir enormemente el poder de las computadoras de IBM y lograr eliminar la *dispersión* en poco tiempo, antes que Apple tuviera tiempo de encestar el golpe. En poco tiempo IBM logró sustituir su mediocre sistema operativo por otro novedoso, intuitivo, fácil y amigable. El escudero se llamaba Bill Gates, el sistema operativo Windows y su pequeña empresa, Microsoft.

IBM pasó a implementar el nuevo sistema operativo Windows, que era una copia del sistema operativo de Apple, y así la estrategia de Jobs se vio frustrada. El concepto del sistema operativo de Gates era idéntico al desarrollado por Jobs y aparentemente lo había creado basado en sus conversaciones con los ingenieros de Apple en el tiempo que había sido un proveedor.

Cuando IBM contraatacó con Windows, la sorpresa fue grande para todos. Cuando Steve Jobs se enteró se enfureció. Según cuentan, gritó: "quiero a Bill Gates en mi oficina antes de la puesta del sol!". Pero pocos años después el sistema operativo Windows ya corría no solamente sobre todos los ordenadores PC de IBM sino también sobre prácticamente todos los innumerables clones que surgieron desde entonces. La empresa de Bill Gates pasó a poseer una participación de 97% en el mercado de computadoras personales del planeta y la revolución soñada por Jobs la hizo Gates.

Apple no se recuperó del golpe recibido. En 1997 tenía apenas 3% de participación de mercado y la revista *Businessweek* anunció en su portada la despedida de Apple con el titular "La caída de un ícono Americano". Si la historia hubiera terminado así podríamos observar que Steve Jobs se concentró en sus fortalezas (el poder de innovación siendo una de las principales) y planeó aplicarlas sobre la debilidad (la dispersión) de IBM, pero terminó sorprendido y derrotado. Estrategia no es magia y por eso es interesante observar que Jobs había logrado cumplir los tres pasos del PEE por un tiempo, pero *de facto* no conocía a su adversario y por lo tanto fue sorprendido.

No lo conocía porque el adversario no era solamente quién él pensaba ser y no lo vio llegar. Por otro lado, no pudo anticipar la buena fortuna que tendría IBM para transformar su debilidad en una fortaleza gracias a la sorpresiva intervención de un agente externo en el momento más oportuno.

A causa de la estrategia[88] de Microsoft (no la de IBM), el flanco donde apuntaba Jobs había pasado a ser el frente y así el resultado fue un choque frontal. Un choque de fortaleza contra fortaleza. La *dispersión*, el mediocre sistema operativo de las máquinas de IBM, ya no existía. Ahora el sistema operativo Windows era su fortaleza y, para colmo, idéntica a la de la Macintosh. El gigante IBM se había salvado gracias a su pequeño escudero Bill Gates y juntos aplastaron a Apple en un combate frontal donde el pequeño David de California no tenia posibilidades de ser vencedor.

Sin embargo, la historia no termina ahí. La tenacidad era otra fortaleza de Steve Jobs y esta le permitió continuar enfocándose en su capacidad para innovar.

En este punto vale la pena recordar qué Estrategia es un arte multidimensional y las cinco dimensiones de Estrategia son *Liderazgo, Propósito, Principios Estratégicos, Sistemas Estratégicos* e *Innovación*. Tal vez el liderazgo[89] de Jobs había sido cuestionable, sobre todo en su primera fase, pero el evidente conocimiento de *Principios Estratégicos* que poseía lo llevaba a cumplir de manera consistente el *Principio Estratégico Esencial*.

Naturalmente Steve Jobs sabía que su capacidad de innovación le continuaría dando oportunidades, pero difícilmente se hará imaginado que varios años después volvería a tener la gran oportunidad de aplicar el *Principio Estratégico Esencial* sobre Microsoft, rescatar a Apple de la bancarrota y llevarla a ser la empresa más valiosa del mundo.

II. El saber esperar

En septiembre de 1997 Steve Jobs fue llamado de nuevo a Apple para intentar salvarla.

---

[88] *Estrategia en su manifestación similar a la del Caballo de Troya de Odiseo.*
[89] *Liderazgo es un concepto bastante complejo y también a menudo mal interpretado. En este libro no nos detendremos a explorar Liderazgo, pero podrás encontrar en internet la herramienta llamada Los 4 Reinos del Liderazgo, que te ayudará a interiorizar este concepto. Steve Jobs tenía la reputación de ser un líder poco empático, pero otros aspectos de su persona apuntan a un gran autoliderazgo, por lo menos en lo que se refería a su estrategia para Apple.*

Esta segunda fase de Jobs es la más madura en su aplicación de Estrategia y podremos ver claramente el *Principio Estratégico Esencial* (PEE) siendo buscado y cumplido. Recuerda la frase esotérica de Sun Tzu que dice: "Todos ven las tácticas con las cuales gano, pero nadie ve la Estrategia por detrás". La Estrategia que está por detrás se puede sintetizar con el PEE. Ahora ya podrás identificarla claramente, pues sabrás aquello que estás buscando. No obstante, ten en cuenta que la mayoría de las personas, incluso analistas, no conocen el *Secreto de la Estrategia*, y por lo tanto normalmente no logran identificar los *Principios Estratégicos* y el PEE en las acciones de Steve Jobs.

Para estudiar este ejemplo recuerda que el primer paso del *Principio Estratégico Esencial* es *Concentración en tu fortaleza*.[90] Al retornar al comando de Apple en 1997 Jobs tenía claro que el primer paso sería concentrar todos los recursos de la empresa en su fortaleza, en su capacidad de innovación. Este acto de concentración a escala corporativa demandaría una enorme capacidad de liderazgo y ejecución.

Al momento en que Jobs tomó el control de la moribunda empresa no faltaron consejos y sugerencias sobre qué hacer. La sugerencia de Wall Street fue vender la empresa. Los gurús y analistas de tecnología de Silicon Valley aconsejaron inventar algo nuevo. Los inversionistas no estaban entusiasmados. La empresa estaba al borde de la banca rota y sin un rumbo claro. Además el mercado de *hardware* dominado por IBM y por los clones era el reino absoluto de Microsoft, acusado incluso de estar practicando un monopolio mundial con Windows.

III. Primer paso y segundo paso: Concentración en la fortaleza

La situación era tan difícil que probablemente muy pocos hubieran logrado algo similar a lo hecho por Jobs. Durante décadas su nombre se asoció a genialidad, innovación y éxito empresarial, llegando a ser considerado un héroe moderno, con derecho al culto a su personalidad. Sin embargo, la razón del éxito de Jobs fue su capacidad para comprender, de manera consciente o intuitiva, aquellos mismos principios que guiaban a Alejandro y a los Grandes Comandantes que Napoleón había homenajeado en su Mesa. Pareciera como si Jobs conociera el *Secreto de la Estrategia* y los principios de los cuales se servía Jomini. Pensar

---

[90] *Esta primera parte la vemos en la punta del iceberg que utilizamos como analogía.*

diferente era la esencia de su fortaleza y el *slogan* de Apple pasó a ser *Think different*.[91]

El primer acto de Jobs al volver fue buscar la concentración, el enfoque. Eliminó quince de sus modelos de computadoras y se quedó con uno (la actual línea Mac). Eliminó todos los periféricos (impresoras, *scaners*, etc.). Canceló todos los desarrollos de *software* y cortó la nómina de ingenieros de *hardware*. Terminó el contrato con cinco de los seis minoristas nacionales que vendían las computadoras Apple y para bajar costos trasladó la manufactura a Taiwán. Con este gran acto inicial de concentración, de reducción, Jobs salvó a Apple. Ahora estaba como una semilla que guarda todo lo más valioso adentro suyo.

Luego de esto dio un paso inimaginable. Dejó de lado su ego, sus heridas del pasado y recurrió al hombre que había frustrado el gran plan de Macintosh en 1984, Bill Gates. En aquel entonces Microsoft estaba siendo investigada por el gobierno de Estados Unidos por sospecha de monopolio y lo último que Gates desearía era ver a la exestrella del mercado declarándose en bancarrota y sirviendo de evidencia. Fue así como Jobs obtuvo ciento cincuenta millones de dólares de Microsoft para invertir en Apple y se predispuso a dar el tercer paso del *Principio Estratégico Esencial*.

IV. Tercer paso: Concentración en la fortaleza, aplicada a una dispersión

El *Principio Estratégico Esencial* es la totalidad de lo visible en el iceberg que estamos usando como analogía. "Concentración en tu fortaleza, aplicada a la dispersión" es una fórmula de tres pasos sencillos, pero únicamente si sabemos cómo cumplirlos podremos estar seguros de que hemos encontrado el camino de Estrategia.

Si no encontramos cómo cumplir el tercer paso del *Principio Estratégico Esencial* debemos ser conscientes de que las posibilidades de éxito serán de apenas 50%. En 1984 Jobs podría haber vencido, pero "no conocía" realmente a Bill Gates y no vio venir el golpe. Pero ahora seria él aquel que tendría la oportunidad de sorprender a todos.

En el año 1999 el profesor de administración de la Universidad de California en Los Ángeles, Richard Rumelt, estaba preparando un trabajo sobre la industria de la tecnología. El objetivo de su investigación académica era

---

[91] *Luego veremos por qué pensar diferente es fundamental para cumplir el Principio Estratégico Esencial.*

comprender cuál era la fórmula del éxito en la industria y saber qué estaban haciendo los líderes de las empresas. Para eso condujo una encuesta entre presidentes y directores ejecutivos. Steve Jobs estaba entre sus entrevistados.

Según cuenta el mismo Rumelt[92] la mayoría de los ejecutivos identificaron la capacidad de innovación como siendo el factor de éxito en la industria. Según ellos, si alguien tenía una buena idea, un nuevo descubrimiento y creaba la próxima "gran cosa", entonces la empresa que primero lograra implementar esa nueva "gran cosa" dominaría el mercado por décadas. Ese era el factor de éxito que definía al vencedor en la industria de tecnología.

Sin embargo, cuando Rumelt hacía la pregunta de seguimiento, "qué está haciendo tu empresa con vistas al futuro?", las respuestas de los ejecutivos variaban y no tenían relación con el factor de éxito citado. Algunos decían estar invirtiendo en proyectos para mejorar la cadena de proveedores, otros estaban agilizando sus ventas y prácticamente todos decían estar enfocados en algún tipo de mejoras operativas. La sorpresa para Rumelt llegó cuando entrevistó a Jobs.

Para entonces Steve Jobs ya había ejecutado la reducción y "concentración" de Apple, pero la empresa todavía no había anunciado una estrategia de mercado. Por lo tanto, la pregunta de seguimiento era aún más relevante. El profesor americano preguntó directamente:

—Steve, ahora que ya has salvado a Apple y te has achicado a lo más mínimo… ¿qué harás?

Su respuesta fue la misma que daría un *strategos* con el conocimiento esotérico de Estrategia:

—Esperaré. Esperaré la próxima gran oportunidad.[93]

---

[92] *En su libro Good Strategy. Bad Strategy.*
[93] *"I will wait. I will wait for the next big thing".*

V. La dispersión

La oportunidad de asegurarnos contra la derrota está en nosotros, pero la oportunidad de derrotar al enemigo está en él mismo.

SUN TZU

En Estrategia la *dispersión* es la *oportunidad*. La fortaleza de Jobs estaba en su capacidad de innovación, pero su éxito empresarial se debió a su conocimiento de Estrategia. Muchos empresarios innovan, pero pocos saben cómo pensar estratégicamente.

En 1984 Steve Jobs ya había sido frustrado en sus planes de atacar el "flanco" del gigante y terminó forzado a luchar de frente contra IBM. Ahora, quince años después, con más experiencia, con sus fortalezas más trabajadas, probadas y concentradas, Jobs buscaría nuevamente una "dispersión" donde pudiera aplicar su fortaleza concentrada.

Pero ¿dónde encontrar una "dispersión" en un mercado que era *de facto* un monopolio y varios ya habían fracasado, incluso Apple? El rey del mercado era absolutamente dominante. Microsoft tenía 97% de participación de mercado alrededor del mundo. ¿Cómo encontrar una dispersión en algo tan invulnerable e invencible? Nadie sabía responder. Aparentemente ni la misma Microsoft se conocía tanto para identificar dónde estaría su dispersión.

Si Steve Jobs fue una leyenda empresarial a los inicios del siglo XXI, la causa en última instancia fue que así como David, él fue el único que supo identificar la dispersión del gigante. Si Jobs no hubiera tenido esa capacidad de pensar con Estrategia ninguno de sus inventos e innovaciones, por más buenos que fueran, serían conocidos.

Cuando Rumelt escuchó la respuesta de "Esperaré. Esperaré la próxima gran oportunidad", quedó sorprendido. Jobs había sido el único que parecía estar actuando de acuerdo a aquello que la mayoría de los ejecutivos habían identificado como el "factor de éxito". Esperar la próxima oportunidad significaba esperar el tiempo correcto, esperar el contexto correcto, esperar la idea correcta, esperar encontrar la "dispersión".

En 1999 Jobs parecía aún no saber dónde encontrar la "dispersión", pero en el 2001, dos años después de la entrevista con Richard Rumelt, Apple lanzaba el Ipod. Un innovador aparato portátil que cambiaría la manera de consumir música. El Ipod interactuaba con el iTunes, una enorme discoteca digital en internet que crecía todos los días, formando un pequeño ecosistema que cabía en el bolsillo. Microsoft, que en esa época estaba totalmente enfocado en cosechar ganancias, no reaccionó y ni comprendió qué tenía que ver el Ipod directamente con su mercado. Era el inicio de un ataque indirecto.

En 2007 Jobs lanzaba el Iphone, otro aparato que revolucionaría el uso de los teléfonos celulares. El iPhone era *de facto* la primera computadora de bolsillo y venía con "aplicaciones" que se descargaban de una plataforma en Internet. El Ipod, el iTunes, el iPhone, la App Store y las computadoras Mac eran todas compatibles unas con otras, partes de un mismo ecosistema que utilizaba un sistema operativo llamado iOS.

En 2010 llegó el Ipad para completar todo el sistema de Ipods, Iphones, iTunes, Macs, y expandir el universo del iOS y el sistema *touchscreen*. Cuando Microsoft se dio cuenta ya era tarde, Steve Jobs había trasladado el mercado de computadores de mesa (donde Windows reinaba) a los bolsillos y carteras de la gente.

Jobs no atacó de frente y no intentó vencer la fortaleza de Microsoft representada por el sistema operativo Windows. Eso sería impensable y ridículo, lo equivalente a David intentando vestir una armadura sobredimensionada para parecer un espantapájaros ante Goliat. En lugar de eso Jobs creó y expandió un innovador ecosistema digital con *softwares* y *hardwares* bajo un nuevo sistema operativo. En lugar de pensar en un ataque frontal, Jobs fue por el camino menos esperado, el camino del innovador, y ahí creó un nuevo mundo donde el rey no era Windows sino el conjunto de sistema operativo iOS, *softwares* y *hardwares*. Steve Jobs había encontrado la dispersión y había creado la próxima "gran cosa" que cambiaría el juego del mercado y daría a Apple el dominio por décadas.

El 10 de Agosto de 2011, poco más de diez años después de su experiencia al borde de la bancarrota, Apple desplazó a Exxon como la empresa más valiosa del mundo con un valor de 337 billones de dólares al cierre del mercado.

Steve Jobs había cambiado el mundo y Microsoft fue el último a despertarse.

En este segundo ejemplo podemos observar por qué se dice que lo máximo en el Arte de la Estrategia es ganar sin luchar. "Sin luchar" no significa que Jobs no haya trabajado y sorteado miles de desafíos de todo tipo. "Sin luchar" significa que no tuvo que enfrentarse al gigante Microsoft en su propio juego. Así como David, consciente de sus fortalezas, rechazó la armadura de guerrero sabiendo que no enfrentaría a Goliat con las mismas armas que el paladín dominaba.

VI. Microsoft y la dispersión que buscaba Jobs

Steve Jobs había aplicado el *Principio Estratégico Esencial* al momento de lanzar la Macintosh, pero en 1984 aunque yendo con sus *fortalezas* concentradas hacia la *dispersión* de IBM, no logró derrotar al gigante. El PEE no había fallado, pero en la vida real una cosa es conocer el *Principio Estratégico Esencial* (PEE) y otra cosa es lograr aplicarlo y sostenerlo.

Observa esta frase de Sun Tzu: "Tu invencibilidad depende de ti, pero la vulnerabilidad del enemigo depende de él. Los que son expertos en el Arte de la Estrategia pueden hacerse invencibles, pero no pueden hacer al enemigo vulnerable".

Ahora que conocemos el PPE hemos accedido a la llave hermenéutica para interpretar a Sun Tzu. Porque si Goliat fue sorprendido, fue porque se hizo vulnerable y si Microsoft fue sorprendida fue porque también se había hecho vulnerable. Anteriormente Jobs ya había aplicado el PEE en contra de IBM y no había logrado vencer porque los ingenieros lograron resolver su *dispersión,* su vulnerabilidad, de manera rápida y providencial. Ni David ni Steve Jobs podrían ser victoriosos si no hubieran encontrado la *dispersión* que surge del adversario.

Es relativamente fácil juzgar un evento después de ocurrido y decir cómo podría haberse hecho mejor. Pero también es cierto que si los líderes de Microsoft hubieran logrado ver y seguir los *Principios de Estrategia* no se hubieran hecho vulnerables. Toda la industria vio cómo esta empresa había pasado de ser el rey absoluto del mercado a un gigante que no pudo despertarse y reaccionar a tiempo. Pero ¿cuál había sido la *dispersión* de Microsoft?

Aquellos que no estuvimos en las salas de reuniones de Microsoft jamás conoceremos los detalles y matices que llevaron a personas de gran inteligencia a cometer errores estratégicos que, a *posteriori*, parecen evitables. Sin embargo, este tipo de errores estratégicos los cometemos cuando no conocemos, olvidamos o simplemente no logramos seguir los *Principios de Estrategia*. El mundo es muy complejo y sería pretensioso y arrogante creer saber cómo se generó la *dispersión* en una corporación tan grande y compleja como Microsoft. Sin embargo, Basil Liddell Hart, Napoleón y Jomini dedujeron los *Principios de Estrategia* basados en la toma de decisiones de los comandantes y, por lo tanto, lo único que se podría afirmar con certeza es que así como pensaban los ejecutivos de Microsoft, así resultó su estrategia y su destino.

Años atrás en la Ciudad de México tuve el privilegio de conocer al vice-presidente Intercontinental de Microsoft que había tenido participación en la gestión y toma de decisiones estratégicas durante la época de Bill Gates. Una tarde me relató cómo en el año 2006, cuando el fundador de Microsoft ya había anunciado su salida, la empresa contrató a nuevos asesores de estrategia. Jack Welch, el exCEO de General Electric (GE) nombrado "manager del siglo" por la revista *Fortune*, estaba entre ellos. La conocida estrategia de Welch en GE había sido priorizar los negocios rentables y cortar todo lo demás. En la época varias empresas intentaron copiar la fórmula y así los nuevos asesores estratégicos supusieron que las bases de la estrategia de GE era la misma que debería adoptar Microsoft. De esta manera, una vez que Bill Gates dejó la empresa para dedicarse a su Fundación, el énfasis en Microsoft pasó a estar en ventas y rentabilidad. Muchos proyectos de innovación que venían en desarrollo, pero que todavía no eran rentables, fueron cortados. Con los presupuestos de innovación recortados y el enfoque en cosechar las ganancias del gran dominio comercial mundial de Office Windows, la empresa fundada por Bill Gates ya no estaría concentrada en innovación.

La falta de énfasis en investigación e innovación reflejaban un cambio de enfoque y consecuentemente una *dispersión* en el caso de una empresa de tecnología como Microsoft. Tal vez los nuevos asesores estratégicos no conocían tan bien a la empresa o no conocían los adversarios del mercado. Quizá debido a esta falta de autoconocimiento juzgaron que las fortalezas se encontraban en las ventas y lo que importaba finalmente era la rentabilidad. Tal vez Microsoft sin Bill Gates olvidó que era una empresa que había nacido mediante la innovación y continuaba dependiendo de su capacidad para innovar. Quizá aquí podría estar la raíz de la *dispersión* de Microsoft.

La fortaleza de Jobs era la capacidad de innovación y la *dispersión* de Microsoft había sido la pérdida de la concentración en innovación. En este ejemplo podemos observar cómo, una vez más, Steve Jobs logró cumplir el *Principio Estratégico Esencial*, pero ahora Bill Gates ya no estaba más para salvar a nadie.

VII. El Retorno de Microsoft

Hemos dicho que observaríamos el *Principio Estratégico Esencial* (PEE) aplicado en el nivel de lo táctico, como lo hizo David, y también en el nivel estratégico y a largo plazo como lo hizo Steve Jobs. Pero también hemos dicho que este segundo caso sería más complejo y, así como Apple se recuperó de un golpe mortal que no vio llegar, así también Microsoft se recuperó del duro golpe que tampoco vio llegar.

Me parece importante recordar que cuando conoces los principios de Estrategia pasa a ser relativamente fácil "ver" o discernir una estrategia. Sin embargo, no hay que olvidar que es fácil juzgar *a posteriori* lo que se podría haber hecho mejor en un determinado caso. En la vida real los estrategas no tienen acceso al panorama completo y otros poderosos factores como el temor o los intereses personales afectarán a los diferentes actores. Esto ocurrirá de manera más o menos consciente o a veces incluso de manera totalmente inconsciente. Bien había dicho Henry Kissinger[94], hablando de Nixon y de las tremendas dificultades de ser un presidente ecuánime, que es imposible comprender o imaginarse las presiones y complejidades que una persona en cargos así enfrenta al momento de tomar decisiones. Por lo tanto, no podemos pretender conocer los detalles y complejidades que influyeron en las decisiones de un gran estratega como también fue Bill Gates y en una empresa gigantesca como es Microsoft. Pero cabría preguntar: ¿te sorprende que los asesores estratégicos de Microsoft no hayan sido conscientes que estaban creando una dispersión y dando la oportunidad a Apple?

La inherente dinámica, fluidez e imprevisibilidad de la vida siempre nos ofrecerán oportunidades para vencer o para volver a "luchar otro día". Sin embargo, como ya hemos visto antes, la misma palabra *estrategia* está entre las más ambiguas del vocabulario moderno y no pocos son los asesores y consultores que hablan de estrategia sin realmente conocer los principios que la rigen. Muchos conocen sobre "tipos de estrategias", pero si el asesor no es consciente de los fundamentos y de los principios del Arte de la Estrategia entonces fácilmente podría cometer errores sin ser consciente y aplicar "estrategias genéricas" en lugar de pensar realmente de manera estratégica. El estratega debe permitir que la estrategia adecuada surja "desde adentro" de la empresa, o en otras palabras, desde sus fortalezas y particularidades únicas. Cuando aplicamos la estrategia que funcionó "allá" para que funcione "aquí" siempre se correrá un gran riesgo. Muchas empresas y corporaciones pagan muy caro para tener estrategias que nacen fallidas.

---

[94] *Secretario de Estado durante los mandatos de Richard Nixon y Gerald Ford y consejero de Seguridad Nacional durante todo el mandato inicial del primero.*

No obstante, asumiendo que la ignorancia no era el problema que afectaba a los asesores, es nuevamente importante considerar que aunque se conozcan y reconozcan los principios y fundamentos de Estrategia el desafío siempre estará en la obtención del autoconocimiento. ¿Es posible tercerizar el proceso de pensar y elaborar una estrategia? ¿Es posible que un asesor externo tenga mayor conocimiento de la empresa que sus propios dueños y ejecutivos? Son preguntas que tal vez no tengan una respuesta definitiva, pero ciertamente es difícil para un consultor externo conocer a fondo una organización. Por eso la humildad del estratega es fundamental para hacer un análisis completo e imparcial de una situación o escenario complejo antes de sugerir una estrategia puntual. Infelizmente suele ocurrir que la humildad no caracteriza a la mayoría de los asesores externos que cobran millones de dólares y que creen saber todo aunque, a menudo, "no saben lo que no saben". En estos casos el éxito del pasado pasa a ser una de las principales causas de la falta de discernimiento con relación a peligros futuros.

El caso de Apple, IBM y Microsoft nos demuestra cómo los escenarios cambian y los roles se invierten, cómo el poder de la innovación ofrece siempre otra oportunidad y cómo factores como la buena fortuna y el temor juegan roles determinantes. A finales de los años 90 el temor de Microsoft de ser demandado judicialmente por el gobierno estadounidense era grande y ha sido un factor preponderante en la toma de decisiones de Bill Gates. Algunos años después el siguiente CEO, Steve Ballmer, dijo que "…si volvemos al 97 cuando Steve [Jobs] regresó y estaban prácticamente en la bancarrota, hicimos una inversión en Apple como parte de un acuerdo extrajudicial, nosotros, Microsoft, hicimos una inversión y de algún modo podrías decir que es lo más disparatado que hemos hecho jamás"[95]. Sin embargo, cuando uno de sus vice-presidentes preguntó a Gates el motivo de invertir y salvar a Apple en 1997 su respuesta fue clara. Desde su punto de vista existía una oportunidad de mercado para Office Windows en las máquinas de Apple. Microsoft continuaría desarrollando Office y otras de sus aplicaciones para Mac durante los próximos cinco años y además Jobs había acordado que Apple retiraría todas las demandas pendientes que tenían contra Microsoft. El plan oficial de Bill Gates de aumentar rentabilidad y ventas de sus softwares por medio a las máquinas de Apple no resistió al contacto con el enemigo, pero eventualmente

---

[95] *Entrevista dada a Bloomberg en Octubre de 2015.*

Microsoft supo recuperarse, reagruparse y utilizar las tremendas utilidades que le generaba su fortaleza (el sistema operativo) para re-enfocar su capacidad de innovación y buscar un nuevo territorio, lejos de la influencia directa de su resucitado y energizado rival.

Al momento de completar esta edición Microsoft volvió a retomar un liderazgo a nivel global con inversiones e innovaciones en la "nube" y reforzó su enfoque en el mercado corporativo y de empresas (que había sido la fortaleza original de IBM), sin buscar atacar frontalmente a Apple. Recuerda una vez más lo dicho por Sun Tzu y piensa cómo la siguiente afirmación se relaciona al PEE: "Los expertos en el Arte de la Estrategia pueden hacerse invencibles, pero no pueden hacer al enemigo vulnerable".

VIII. La variación competitiva del Principio Estratégico Esencial

Existe una aplicación que deriva de la necesidad de cumplir siempre el *Principio Estratégico Esencial* y que a menudo era utilizada por Alejandro y por los Grandes Comandantes. En gran parte de los contextos competitivos ambos lados se encontrarán concentrados, pero es aquí cuando la genialidad de los grandes estrategas logrará provocar la dispersión. Esto parece contradecir la afirmación de Sun Tzu mencionada anteriormente de que no es posible "hacer al enemigo vulnerable". Sin embargo, el maestro oriental lleva en cuenta el estratega "standard" e incluso el "excelente", pero no los grandes genios de Estrategia que son francamente excepciones.

Cuando el adversario está enfocado y la única alternativa parece ser la de enfrentar fortaleza contra fortaleza, fuego contra fuego, surge entonces esta derivación clásica del *Principio Estratégico Esencial* que puede sintetizarse también en tres pasos:

1. Una dispersión intencional del *strategos*.
2. Dispersión del otro provocada por la dispersión del *strategos*.
3. Concentración en la dispersión provocada.

En otras palabras, *tu dispersión – su dispersión – tu concentración*, como identificado por Basil Liddell Hart. Esto no se logra fácilmente, demanda osadía y depende de la habilidad del *strategos* para descifrar psicológicamente al adversario. "Al estudiar el aspecto físico, nunca debemos perder de vista el psicológico, y solo cuando ambos se combinan la estrategia es verdaderamente un enfoque indirecto, calculado para dislocar el equilibrio del oponente" (Basil Liddell Hart).

IX. Conclusión

Conocimos que la esencia de toda Estrategia, de toda buena estrategia, está en buscar y en cumplir el *Principio Estratégico Esencial* (PEE). En la analogía del iceberg ubicamos el PEE en la parte visible porque todos ven cuando aplicas el PEE, aunque pocos son aquellos que ven la intención y el pensamiento que está por detrás.

Cuando el rey Helü había solicitado a Sun Tzu "la esencia de millones de pétalos" con la esperanza de conocer "la esencia del Método del Maestro Sun", aquello que realmente buscaba era esto que vimos aquí con el nombre de *Principio Estratégico Esencial*. "*Concentración* en tus *fortalezas* aplicada a una *dispersión*".

El ejemplo de David nos da la idea de cómo se ve el *Principio Estratégico Esencial* aplicado en lo táctico, en la acción inmediata y puntual. El ejemplo de Apple, IBM y Microsoft nos ayuda a ver el *Principio Estratégico Esencial* aplicado en el nivel estratégico, a largo plazo.

Al momento en que enfocas tu mente para encontrar el *Principio Estratégico Esencial* por detrás de las cosas que ocurren existe mucho para percibir y captar en sutiliza y profundidad. Como Estrategia es el arte de comprender y seguir estos siete principios que veremos en el iceberg es importante que dediques tiempo para meditar en ellos. De cómo interpretas el PEE y según cómo logres percibirlo dependerá tu habilidad para pensar estratégicamente.

Guarda y atesora el *Principio Estratégico Esencial* (PEE), es la esencia de toda Estrategia.

En el próximo capítulo conoceremos la parte más profunda del iceberg, el concepto más trascendental para llegar al éxito: *Gran Estrategia*.

13. Gran Estrategia

El segundo principio que te propongo analizar se ubica en la parte profunda (B) del iceberg que usamos para esquematizar el *Secreto de la Estrategia*. Comprendiendo el *Principio Estratégico Esencial* (PEE) ya sabrás donde el *strategos* enfoca su atención y cuál es el principio de Estrategia que buscará cumplir por medio a sus movimientos y decisiones. Ahora en este capítulo conocerás el concepto de *Gran Estrategia* y así podrás establecer un objetivo a largo plazo sin equivocarte. Considerándolo constantemente evitarás caer en uno de los más grandes errores estratégicos.

Gran Estrategia es el concepto que siempre debes considerar si deseas obtener el verdadero éxito a largo plazo. ¿Qué es el verdadero éxito? Esta es la pregunta que está detrás de *Gran Estrategia*.

Entre todos los principios y axiomas que forman el *Secreto de la Estrategia*, no existe, en mi opinión, uno más trascendental que el de *Gran Estrategia*. No en balde este *principio* lo ubicamos en la parte más profunda del *icerberg*. Debido a esto me gustaría dar un salto cualitativo y utilizar la palabra *sabiduría* (en griego, Σοφια, *Sofía*). Hasta este momento hemos hablado de "conocimiento de Estrategia", pero si logramos ir más allá de la teoría y somos capaces de aplicar el conocimiento adquirido, entonces estaremos dando un gran paso hacia la *Sabiduría*. Porque la *Sabiduría* la obtenemos al momento de lograr la aplicación del conocimiento y no con la simple adquisición del mismo.

I. El concepto de Gran Estrategia

Luego de volver herido de la batalla del Somme y después de sus extensas y largas investigaciones, Basil Liddell Hart afirmó que Gran Bretaña no había luchado siguiendo los *Principios de Estrategia* y tampoco había considerado una *Gran Estrategia* al momento de negociar e imponer el Tratado de Versalles a la derrotada Alemania. Las evidencias de que Inglaterra y Francia no habían considerado una *Gran Estrategia* se podían encontrar en el hecho que tuvieron la oportunidad de negociar una paz sustentable entre las naciones europeas, pero no lo hicieron. Inglaterra y Francia humillaron a los vencidos y obligaron a la orgullosa Alemania a firmar un tratado que fue visto como un castigo injusto y desproporcionado. Los políticos británicos y franceses habían establecido cláusulas que juzgaron adecuadas, aunque duras, pero no proyectaron el futuro de manera realista.

De las muchas cláusulas del tratado, la más controversial (artículo 231) conocida como la "cláusula de culpabilidad de la guerra", afirmaba:

Los gobiernos aliados y asociados declaran, y Alemania reconoce, la responsabilidad de Alemania y sus aliados por haber causado todos los daños y pérdidas a los cuales los gobiernos aliados y asociados se han visto sometidos como consecuencia de la guerra impuesta a ellos por la agresión de Alemania y sus aliados.

Esto dio la base legal para obligar a Alemania a pagar por todos los daños y aceptar la responsabilidad moral y material de la guerra.

Los líderes victoriosos no tuvieron la *sabiduría* para percibir que posteriormente este mismo Tratado de Versalles y sus polémicas cláusulas permitirían que demagogos como Adolf Hitler encontraran apoyo en un pueblo alemán ávido de creer en cualquiera que prometiera devolver el honor perdido y vengar la humillación nacional.[96]

---

[96] *El Tratado de Versalles no fue consistente con el espíritu que el presidente americano Woodrow Wilson había intentado contagiar a los europeos mediante la inauguración de la Liga de las Naciones. La precursora de la Organización de las Naciones Unidas estaba inspirada en los "Artículos preliminares de una paz perpetua entre los Estados" de Immanuel Kant, que ya en artículo primero decía: "No debe considerarse como válido un tratado de paz que se haya ajustado con la reserva mental de ciertos motivos capaces de provocar en el porvenir otra guerra". Evidentemente un filósofo alemán no influiría directamente en la toma de decisiones de los victoriosos ingleses.*

Debido a esta cláusula de culpabilidad todas las colonias alemanas pasarían a los vencedores, el ejercito teutón sería reducido a lo mínimo y su población quedaría endeudada por varias décadas.[97]

A diferencia de Filipo II que había conquistado a los atenienses por medio a la clemencia con el objetivo de asegurar una unión voluntaria y la paz duradera, los ingleses y franceses no consideraron el largo plazo y olvidaron los objetivos transcendentes por los cuales, en teoría, habían luchado.

Sin embargo, el *strategos* que considera el Arte de la Estrategia, después de vencer, no olvidará que existen objetivos aún más grandes que la victoria en la batalla. Estos objetivos pueden ser articulados y explicados de diferentes maneras, pero se pueden resumir en dos palabras: *paz y prosperidad*.[98]

Con el Tratado de Versalles había ocurrido aquello que nos advertía Sun Tzu sobre el riesgo que existe en no prestar atención y no meditar en todo lo relacionado con Estrategia. La falta de conciencia, el egocentrismo en cualquiera de sus manifestaciones individuales o colectivas, la falta de conocimiento sobre el pasado o simplemente la incapacidad para poner en práctica la teoría, llevó a estos líderes europeos a perder todo aquello que les era más querido. Inadvertidamente en lugar de conducir a sus naciones a una paz duradera establecieron los motivos para una segunda y aún más grande Guerra Mundial.

El concepto de *Gran Estrategia* es aquel que nos recuerda que el objetivo final de una nación es alcanzar la paz y la prosperidad. Este es el fin último del Estado y la conclusión lógica a la cual llegó el *homo sapiens* luego de miles de años de historia.[99] Pero cuando hablamos de países y naciones la búsqueda de una *Gran Estrategia* está limitada por el nivel de consciencia y conocimiento de sus líderes y del ciudadano promedio. De esta manera, el idealismo y la práctica de una *Gran Estrategia* a escala nacional o global se hace casi imposible a causa del miedo, la falta de confianza y la *realpolitik*[100] que impera entre los

---

[97] *Alemania liquidó el pago de las reparaciones de guerra recién en el año 1983. Sin embargo, todavía quedaba pendiente pagar los intereses generados desde la aprobación del tratado. Alemania liquidó totalmente las reparaciones de guerra el 3 de octubre de 2010.*

[98] *Esta búsqueda de un objetivo más allá de la victoria militar se observa claramente en el trato de Filipo II a Atenas y en el discurso de Alejandro en el casamiento colectivo de macedonios y persas en el año 324 a.C. en la ciudad de Susa. Por otro lado, el "rey filósofo" descrito por Platón era aquel que comprendía su rol de líder de manera filosófica y que por ser sabio buscaba traer a los hombres aquello que todos anhelan: paz y prosperidad.*

[99] *Platón, La Republica.*

[100] *Realpolitik (del alemán Realpolitik "política realista") es la política o diplomacia basada*

gobernantes. Sin embargo, la gran oportunidad está en el individuo. La gran oportunidad, realista y práctica, está en la adopción consciente de una *Gran Estrategia* personal. Debemos enfocarnos en la persona, en uno mismo, pues los estados se hallan formados por individuos y son estos aquellos que importan y determinarán el carácter y el destino de sus estados, naciones, empresas y comunidades.[101] Por lo tanto, consideremos *Gran Estrategia* como el concepto que debe llevar al individuo a primeramente cuestionar y posteriormente a no olvidar aquello que realmente está buscando como objetivo y destino final.

El objetivo de la Primera Guerra Mundial era ser "la guerra para terminar todas las guerras", pero al final los vencedores establecieron las bases y los motivos para el siguiente conflicto armado. Así como ocurre con las naciones también ocurre en el ámbito personal cuando el individuo comprende el *Principio Estratégico Esencial* (PEE), lo estudia y lo aplica, pero olvida pensar en su *Gran Estrategia*. Este individuo estudiará, diseñará e implementará estrategias sólidas para llegar a sus objetivos, pero luego pasarán los años y llegará el momento en que caerá en cuenta que sus logros no resultaron ni en paz y ni en una verdadera prosperidad.

El comprender y practicar *Gran Estrategia* determinará si "venceremos en el juego" a largo plazo y si estamos considerando el gran esquema de las cosas, el gran Juego de la Vida. Porque ¿de qué serviría ganar todas las batallas y terminar perdiendo la guerra? ¿O ganar la guerra para posteriormente causar un conflicto aún más grande?

Algunas personas que se consideran pragmáticas tal vez puedan cuestionar la necesidad de pensar a largo plazo, o mismo cuestionar la idea de que paz y prosperidad sean los objetivos finales del juego.[102] Sin embargo, la razón se levanta para preguntar ¿de qué serviría vencer en tu trabajo y perder tu familia? ¿O vencer en un deporte y perder la salud? ¿Qué éxito puede existir en creer que se está en el camino correcto y terminar dándose cuenta, recién al final,

---

principalmente en consideraciones de circunstancias y factores dados, en lugar de nociones ideológicas explícitas o premisas éticas y morales.

[101] *Así como Sócrates y Platón consideraron la polis, el Estado, como una derivación colectiva del alma individual (Platón, La República,). Si los individuos son buenos, los estados serán buenos; si los individuos son injustos, los estados también serán injustos.*

[102] *Cuando preguntaron al economista británico John Maynard Keynes qué sería de su teoría económica a largo plazo, su famosa respuesta fue insinuar que no le importaba, pues "a largo plazo todos estaremos muertos".*

que se había tomado la dirección equivocada? Si subimos exitosamente la escalera y al llegar arriba nos damos cuenta de que era la muralla equivocada, eso no es éxito. Ser exitoso en la meta equivocada no puede ser considerado verdadero éxito y tampoco una buena estrategia.

Para practicar *Gran Estrategia* se necesita individuos de gran visión y de gran carácter. Como dijimos antes, es tal vez utópico pensar que un país podría tener un liderazgo tan iluminado que llegara a completar una *Gran Estrategia*, pero en el ámbito personal es totalmente posible tener una *Gran Estrategia* y seguirla hasta el fin. El hecho de tener tu *Gran Estrategia* personal clara lo antes posible marcará la diferencia en tu destino y en el de tu entorno.

Gran Estrategia está asociada al mundo militar porque Basil Liddell Hart invocó este concepto para recordar a los británicos que las armas, los rencores y las *vendettas* deberían estar sujetas a la búsqueda del último y mayor deseo de un pueblo y del objetivo final del Estado. El contexto una vez más determinó que *Gran Estrategia* sea asociada a lo militar y diplomático, pero este mismo concepto está presente en la pregunta retórica de Jesús Cristo: "¿De qué te sirve ganar el mundo y perder el alma?"[103].

Para entender *Gran Estrategia* me gustaría compartirte uno de los más conocidos mitos griegos: la disputa entre Atenea, la diosa de la Estrategia y de la Sabiduría, y el más poderoso de los dioses, Poseidón. Confío que conocer este mito te ayudará a comprender la importancia fundamental de considerar una *Gran Estrategia* para tu vida personal.

II. La disputa entre Atenea y Poseidón

Cada uno de los detalles de este mito nos podrá dar un nuevo *insight*[104] para expandir el conocimiento sobre el Arte de la Estrategia. Los mitos son el lenguaje simbólico que nuestro inconsciente colectivo utiliza para intentar transmitir las verdades que rigen a la vida de los seres humanos[105] y así debemos considerarlo. Observa los símbolos y descubre por ti mismo la esencia del concepto de *Gran Estrategia*.

Desde su nacimiento la historia de la diosa Atenea, la personificación de la Sabiduría y de la Estrategia, había sido muy curiosa. Cuando Zeus escuchó que

---

[103] *Mateo 16:26*
[104] *Esta palabra inglesa insight la utilizamos para indicar "la capacidad de obtener una comprensión intuitiva precisa y profunda de una persona o cosa".*
[105] *Carl Gustav Jung.*

un oráculo había profetizado que su esposa Metis, diosa de la Prudencia, daría a luz a un ser más poderoso que él mismo, decidió actuar y matar a Metis. No encontró mejor idea que devorar a su esposa. La decisión de devorar a Metis fue impulsada por el temor de ser desplazado por el ser tan poderoso que nacería de la Prudencia. Sin embargo, algunos meses después Zeus tuvo grandes dolores de cabeza y sorpresivamente desde adentro de su craneo surgió Atenea. La diosa de la Estrategia y de la Sabiduría era hija de la Prudencia y nacida de la cabeza del "Padre de los dioses". Atenea había nacido con un cuerpo ya adulto, vestida de guerrera y poderosísima y ferozmente independiente.

Tiempo después, Atenea se enteró que un grupo de griegos estaban fundando una nueva ciudad y buscaban un dios para ser su patrono y protector. En aquella época fundar una ciudad era uno de los mayores actos de liderazgo, visión y valentía. Por lo tanto, guiada por un gran deseo de apoyar a los valientes Atenea quiso ser la diosa protectora de esta nueva ciudad. Pero obtener la posición no sería tan fácil, pues otro oráculo había vaticinado que la ciudad sería la más poderosa de Grecia y su fama se extendería por todo el mundo y recordada por miles de años. Esta profecía llegó a oídos de Poseidón y el más poderoso de los dioses y señor absoluto de los mares también deseó obtener el puesto de "dios patrono de la ciudad".

De esta manera, para resolver quién sería el dios patrono los ciudadanos decidieron organizar una disputa entre ambos. El rey Cécrope ordenó que los ciudadanos se reunieran en asamblea para escuchar las propuestas de Poseidón y de Atenea. Al final votarían y elegirían la propuesta más agradable y adecuada.

Poseidón fue el primero en presentar sus credenciales. Era el hermano de Zeus y tan o más poderoso que el padre de Atenea. El dios del mar prometió a la asamblea que si lo elegían su ciudad predominaría en los mares. Además obtendrían la hegemonía sobre las islas y sobre todo aquello que se encontraba arriba de las aguas del mar desde el Helesponto hasta los pilares de Heracles (Gibraltar). Prometió que con su ayuda la ciudad sería una gran potencia marítima y sus barcos de guerra serían favorecidos y victoriosos por todo el Mar Mediterráneo. Profetizó que derrotarían a armadas mucho más numerosas, juró que las tormentas serían enviadas para destruir a sus enemigos y también la calma y la niebla se presentarían oportunamente para distraerlos y confundirlos. Poseidón juró y para despejar cualquier duda sobre su poder decidió realizar un prodigio. Levantó su tridente y observó a la asamblea.

Mientras estos lo miraban atónitos golpeó el rocoso suelo con su tridente. Se escuchó un gran estruendo. La tierra tembló y del suelo de la explanada donde estaban reunidos brotaron enormes chorros de agua. El volumen del agua era enorme y se asemejaba al tropel de varios caballos blancos que saltaban y coceaban hacia todas las direcciones. El espectáculo era impresionante y esta fantástica fuente de agua dejó a toda la asamblea extasiada y convencida del gran poder de Poseidón.

Pero pronto los hombres se dieron cuenta de que el agua era salada y más agradable a la vista que al paladar. Las aguas saladas de la maravillosa fuente de Poseidón muy pronto esterilizarían el suelo y los árboles morirían. La propuesta del dios de los mares les había parecido muy atractiva al inicio, y efectivamente el poder de Poseidón era impresionante, pero también había traído consecuencias imprevistas. Prudentemente, los ciudadanos manifestaron su admiración, lo alabaron, pero dijeron al rey Cécrope que ahora desearían escuchar la propuesta de Atenea.

Como desde el día que había nacido de la cabeza de Zeus Atenea estaba vestida para la guerra. Traía consigo un escudo, yelmo, coraza, grabas y lanza. Los asistentes estaban ansiosos por escuchar la propuesta de la segunda candidata. Algunos decían que la diosa de la Sabiduría y portadora del *Secreto de la Estrategia* presentaría una propuesta práctica y concreta. Sin embargo, estaban aquellos ciudadanos que advertían que la naturaleza de la diosa era sorprender y de esta manera cualquiera que se atreviera a predecir sus pensamientos estaría destinado a ser sorprendido. El rey apostó que Atenea prometería victorias y el predominio en los campos de batallas, así como también había prometido Poseidón. Al final de cuentas nadie podría asegurar más victorias que la mismísima diosa de la Estrategia.

Los más ancianos entre los ciudadanos tenían la opinión que la diosa ofrecería la hegemonía sobre las futuras ciudades del Ática y del Peloponeso, probablemente sobre toda Grecia. Con seguridad ofrecería hegemonía, pues ¿quién más a no ser la diosa de la Estrategia podría ofrecer algo así?

Todos especulaban y tenían ideas preconcebidas sobre el contenido de la propuesta que Atenea presentaría. La diosa caminó hasta el centro de la asamblea y al llegar hizo algo que sorprendió a todos. Bajó su escudo, dejó la lanza de lado y con un gesto sencillo estiró una rama de olivo ofreciéndola a la asamblea.

Todos quedaron mudos. Nunca se habían imaginado esta situación. Los niños miraron a sus padres sin entender, pero los adultos también se miraban entre sí buscando una explicación. ¿Qué significaba este gesto?

Atenea miró detenidamente a la asamblea e inició su discurso. Prometió que guiaría a la ciudad hacia la paz y a la prosperidad. Daría a sus líderes sabiduría y previsión para guiar a todos los ciudadanos. Explicó que conquistar todas las tierras vecinas a la fuerza, como había propuesto Poseidón, causaría más rencor y más guerras entre los pueblos. Hizo la promesa que si los líderes seguían sus preceptos y escuchaban sus consejos la nueva polis sería la más grande y famosa de Grecia, así como profetizado por el oráculo. Pasarían miles de años y todavía relatarían en libros de historia cómo la diosa de la Estrategia había sido su protectora y esta *polis* perpetuaría su fama entre los pueblos del mundo entero. Atenea prometió que además podrían obtener todo lo prometido por el dios del mar, aunque no por medio de guerras,[106] sino gracias a la Sabiduría. Si la diosa de la Estrategia prevalecía entonces la Paz y la Prosperidad, simbolizadas por la rama del olivo, también prevalecerían. Habiendo dicho esto Atenea plantó la rama en el suelo y un gran árbol de olivo lleno de frutos surgió desde el suelo que estaba estéril a causa de las aguas de Poseidón.

La asamblea de los ciudadanos se regocijó y votaron entusiasmados por Atenea. Todos se habían dado cuenta que no existía nada más valioso que la Paz y la Prosperidad. Lograr una vida de paz y prosperidad era más importante que todos los dominios prometidos por Poseidón. Estos griegos nombraron a la hija de Zeus y de Metis protectora de la ciudad y adoptaron el nombre Atenas, en homenaje a la diosa de la Sabiduría y de la Estrategia.

III. Gran Estrategia

El relato arriba es un mito, pero los mitos son figuras de lenguaje que intentan transmitirnos una verdad más profunda que está adentro nuestro. La *Gran Estrategia* es aquello que realmente buscas en la vida y que nunca debes olvidar. Así como las acciones tácticas deben estar ligadas a una estrategia, así también las estrategias deben estar ligadas a una *Gran Estrategia*.

---

[106] *El dios de la guerra era Ares, medio hermano de Atenea. Ten en cuenta la diferencia en la genealogía entre estos medio hermanos. Ambos eran hijos de Zeus, pero Atenea era hija de la Prudencia (Metis) y Ares era hijo de la celosa, vengativa y adversaria Hera.*

El vocablo griego *táctico* es conocido, así como también el vocablo *estrategia*, pero muchos desconocen la existencia de este tercer concepto fundamental e importantísimo en el Arte de la Estrategia. *Gran Estrategia* es la estrategia que está por arriba de todas las estrategias y es lo primero que debes definir en tu camino. ¿Cuál es tu *Gran Estrategia*?

Hoy en día se ofrecen y venden muchas cosas esplendorosas con la promesa que si las posees tendrás éxito o incluso ya eres exitoso. Muchos son engañados y se distraen colocando sus ojos en objetivos que juzgan ser muy deseables, pero que al final son vacíos. Observa como Poseidón también ofreció algo atractivo y esplendoroso, pero las aguas que brotaron del suelo como caballos galopantes no eran buenas para los sembradíos. El esplendor y la apariencia de poder que desplegaba Poseidón no ayudarían a los ciudadanos a largo plazo, pues sus campos serían arruinados. Para colmo, sus enemigos se multiplicarían con las conquistas prometidas por Poseidón. La ciudad sería poderosa, pero odiada.

Aunque Estrategia es un arte holístico, multidimensional y regido por principios, el primer paso es muy sencillo y está en saber adónde queremos ir y ser muy conscientes acerca de qué deseamos lograr a largo plazo. Mientras no tengamos un claro y concreto objetivo a largo plazo estaremos corriendo el riesgo de ser seducidos y engañados por propuestas atractivas que no nos conducirán a la paz y a la prosperidad que realmente deseamos.

Así como Basil Liddell Hart recordó a los generales ingleses sobre el error de no considerar el objetivo final del Estado (paz y prosperidad duradera) recordemos nosotros también que para tener una *Gran Estrategia* es necesario preguntarnos siempre, y a menudo, cuál es el verdadero y último objetivo de la vida. *Gran Estrategia*, de última, no se trata del objetivo final de la empresa, tampoco del gobierno, o del equipo y ni el objetivo final de los negocios, sino de tu vida misma.

Vivir es elegir. Pero para elegir bien debes saber quién eres y en qué crees, a dónde quieres ir y por qué quieres ir allá.

Kofi Annan

Atenea de pie sobre un globo terráqueo, grabado, anónimo, italiano, siglo XVI a principios del XVII. Museo Metropolitano de Arte.

14. Tácticas, Estrategia y Gran Estrategia

Ya hemos explorado la parte visible del iceberg donde ubicamos el *Principio Estratégico Esencial* y también consideramos el concepto de *Gran Estrategia* que ubicamos en las aguas profundas que sostienen al iceberg.

Recuerda que existen tres maneras de obtener conocimiento según Francis Bacon: por medio de la experiencia personal, por medio de la observación de las experiencias de otros y por medio a la tradición, que es el cúmulo de experiencias humanas a lo largo de milenios.

Antes de continuar la exploración y descubrir las *Cinco Sabidurías Estratégicas* hagamos un ejercicio de observación. Este ejercicio te servirá para identificar los principios que hemos visto hasta ahora. De paso podrás percibir intuitivamente la diferencia entre los conceptos de *tácticas, estrategias*[107] y *Gran Estrategia*. Con relación a la diferencia entre táctica y estrategia, considera que toda estrategia está hecha de tácticas, pero no todas las acciones tácticas son estratégicas. De igual manera, únicamente aquel que conoce la estrategia puede saber si una acción específica es también estratégica además de ser táctica. Si una acción

---

[107] *En este caso usamos la palabra estrategias diferenciándola de tácticas. Ambos conceptos lo incluimos bajo el arte del strategos: Estrategia con mayúscula.*

es puramente táctica significa que no es parte de una estrategia. Considera la afirmación de Sun Tzu que "estrategia sin buenas tácticas es el camino más lento a la victoria y tácticas sin estrategia es apenas el ruido antes de la derrota".

Te sugiero poner atención a los detalles históricos y buscar intencionalmente los diferentes conceptos que ya hemos visto.

Intenta identificar dónde está el *Principio Estratégico Esencial* (PEE) por detrás de las acciones.

Identifica las acciones que consideras tácticas y fíjate en cómo se ligan a una estrategia.

Identifica la estrategia que genera las acciones tácticas.

Encuentra el *Principio Estratégico Esencial* (PEE) en la mayor cantidad posible de situaciones y detrás de la estrategia.

Observa las consecuencias de la ausencia de una *Gran Estrategia*.

Al final, analiza y considera los resultados y consecuencias de estos eventos históricos a corto, mediano y largo plazo.

De esta manera estaremos practicando la absorción del conocimiento de Estrategia por medio de la *observación* de la experiencia de los otros, así como recomendaban Otto von Bismarck[108] y el mismo Napoleón.

Este es el caso de Isoroku Yamamoto, almirante de la Marina Imperial de Japón durante los primeros cuatro años de la Segunda Guerra Mundial, y el *strategos*[109] que definió el destino de Japón en la guerra del Pacífico contra los Estados Unidos.

I. El strategos Isoroku Yamamoto

En el año 1935 Isoroku Yamamoto era un hombre experimentado y maduro. Tenía 51 años y estaba casi en el auge de su brillante carrera militar. Luego de varios años y después de pasar por muchas pruebas y victorias personales, Yamamoto retornaba por primera vez a su pequeña ciudad natal de Nagaoka. Recientemente había sido nombrado vicealmirante de la Marina Imperial de Japón y estaba ansioso por ver a su hermano mayor Kihachi Takano y compartir con él la experiencia de haber sido elegido para representar el emperador Hiroito en las negociaciones con las potencias mundiales.

---

[108] *"Los tontos dicen aprender de sus experiencias. Yo prefiero aprender de ellos". Otto von Bismarck.*
[109] *Aquí usamos la palabra strategos no como un título sino como rol.*

Para Yamamoto volver a la pequeña ciudad de Nagaoka era volver a su infancia. Había sido el hijo de la vejez de su padre que lo vio crecer, nadar y pescar a las orillas del río Shinano. Desde temprano Isoroku había llamado la atención por poseer una inteligencia y disciplina excepcionales. Su padre había sido uno de los últimos samuráis y lo educó para ser un hombre honorable, valiente y justo. Cuando Isoroku tuvo la edad adecuada su padre le inició en la sabiduría del Código *Bushido*.[110] Este código, un conjunto de principios, fueron los fundamentos que lo prepararon para liderar a su comunidad en tiempos de guerra y en tiempos de paz, manteniendo siempre los valores de lealtad, nobleza y honorabilidad. Su padre todavía vivía cuando a los 16 años Isoroku Yamamoto se enroló en la Academia Naval Imperial y años después se graduó entre los mejores de su generación. Sin embargo, poco tiempo después, a los 21 años, Yamamoto tuvo su prueba de fuego en la Marina Imperial.

En el año 1905 Japón y Rusia estaban en guerra y en la batalla naval de Tsushima Yamamoto fue herido gravemente. Estuvo internado seis meses en el hospital naval de Nagasaki donde su resiliencia y su carácter fueron probados al extremo y un evento le permitió demostrar su valentía y tenacidad. Los médicos le habían informado que su brazo se había infectado y necesitarían amputarlo, pues de otra manera sus posibilidades de morir serían de 50%. Ante esta apuesta de vida o muerte el espíritu de honor y servicio con el cual había crecido y que había aprendido de su padre lo llevó a responder a los doctores:

—Me alisté en la Marina Imperial con la gran ambición de convertirme en un soldado naval e ir a la guerra. Por lo tanto, o muero a causa de esta herida infectada, porque me niego a que me amputen el brazo, o me recupero y sigo siendo un soldado. Tengo una probabilidad de salvarme del 50% ¡y voy a apostar por ella!

La inteligencia del joven Yamamoto ya había llamado la atención de sus superiores, pero ahora su valentía y su devoción por Japón habían llegado incluso a los oídos del hombre más poderoso de la Marina Imperial Japonesa, el almirante Togo Heihachiro. Yamamoto salvó su brazo y ganó la apuesta a la muerte para continuar desarrollando sus conocimientos y entrenando su mente.

---

[110] *Es un código ético estricto y particular al que muchos samuráis (o bushi) entregaban sus vidas. Exigía lealtad y honor hasta la muerte.*

Seis años después, a mediados de 1911, inició estudios de artillería naval y fue un alumno excelente al punto de hacerse instructor. Los ascensos continuaron y recibió una beca para ir a Estados Unidos y estudiar en la universidad de Harvard, donde aprendió a hablar inglés y se interesó en conocer la mente y la cultura americana. En los años que vivió en Estados Unidos Yamamoto visitó pozos petroleros, industrias y astilleros. Japón siempre había sido un país tradicionalmente aislacionista y en aquella época Isoroku Yamamoto era uno de los poquísimos japoneses que habían tenido una experiencia de primera mano con la cultura americana. En el futuro este conocimiento sobre la manera de pensar de los estadounidenses le permitiría juzgar y comprender las posibilidades de Japón en una guerra contra ese país. Al volver a Japón continuó al servicio del Emperador, mientras sus responsabilidades crecían.

Yamamoto volvía por primera vez a su pequeña ciudad natal desde que la había dejado a los 16 años para enrolarse en la Academia Naval Imperial. Ahora venia para visitar la sepultura de su padre. En esta ocasión su hermano Kihachi Takano le tenía preparado un regalo muy especial para marcar todos estos logros y por el gran honor que había significado para su familia el reciente nombramiento como vicealmirante.

Kihachi le obsequió una espada japonesa *nihontō* 日本刀 forjada por el gran maestro Sadayoshi Amada. La espada *nihontō* de filo único y con poco más de un metro de longitud era el símbolo de sus ancestros samuráis y del código de honor que su padre le había enseñado desde niño. La espada era el tesoro más preciado de un samurái[111] y Kihachi sabía que cada vez que Yamamoto contemplara la espada recordaría a su padre y sus deberes como líder de Japón. Desde entonces Yamamoto llevó siempre consigo la espada.

Algunos años después de esta visita Yamamoto alcanzó la posición más alta de la Marina Imperial de Japón: fue nombrado almirante de la Armada.

II. El contexto geopolítico

Durante las primeras décadas del siglo XX muchos militares japoneses habían iniciado de manera gradual a simpatizar con ideas ultranacionalistas. Japón, una nación anteriormente aislada, había pasado a ser un país ambicioso que

---

[111] *La expresión samurái procede del verbo japonés saburau, "servir como ayudante". En cambio, bushi significa "caballero armado". La palabra samurái fue utilizada por otras clases sociales, mientras que los guerreros se llamaban a sí mismos bushi.*

simpatizaba con ideas de dominio y conflictos armados. Yamamoto era prácticamente el único en su entorno que no estaba de acuerdo con estas ideas y no comulgaba con todas las decisiones que su país estaba tomando. El almirante Isoroku Yamamoto estaba muy lejos de los años inocentes cuando jugaba a las orillas del río Shinano, pero el sable samurái que su hermano le había regalado lo acompañaba siempre y continuaba siendo el símbolo de los principios que guiaban su pensamiento como *bushi*,112 aunque todos los demás fueran por otro camino.

A diferencia de los otros líderes Yamamoto opinaba que Japón no podía y no debía meterse en guerras, pues sus fortalezas no eran suficientes para derrotar a las poderosas naciones de Estados Unidos y Gran Bretaña. Yamamoto había visto con sus propios ojos la magnitud de la infraestructura estadounidense y podía dimensionar el poder que poseían. El autoconocimiento que lleva a poder estimar de manera correcta las propias fortalezas y debilidades siempre había sido la obligación de un *bushi* o *strategos*, pero la adecuada estimación demandaba una mente clara e imparcial. Aparentemente, Yamamoto era el único entre los líderes japoneses que lograba mantener la mente lúcida en ese momento de gran fanatismo nacionalista.

Yamamoto creía que si Japón se aliaba con Alemania e Italia, la relación con Estados Unidos y Gran Bretaña empeoraría y finalmente ya no habría forma de evitar un conflicto armado contra las grandes potencias. Yamamoto consideraba que la paz era el objetivo último de todos y para que Japón sobreviviera, aconsejó firmemente que el gobierno no se aliara con Alemania e Italia.

Su posición era contraria a la mayoría y se necesitaba gran valentía para ir en contra la corriente. Muchos no lo querían. Yamamoto había recibido decenas de amenazas anónimas. Los diarios lo llamaban "traidor a la nación" y a pesar de toda esta presión Yamamoto leía todas las críticas con mucho cuidado, intentando ver dónde él podría estar equivocado. Pero concluía que las críticas no tenían fundamento y eran incorrectas desde el punto de vista de Estrategia y que las amenazas anónimas eran parte de un esfuerzo organizado para asustarlo.

---

112 Bushi en japonés significa "caballero armado" y Bushi-do significa el "camino del caballero armado". Conceptualmente el bushi japonés corresponde a la misma posición de strategos en la antigua Grecia. En otras palabras, el líder ciudadano que toma la responsabilidad de pensar, actuar y liderar a otros ciudadanos durante tiempos de guerra y tiempos de paz.

El almirante Kichisaburo Nomura, quien también participaba en las negociaciones como embajador en Estados Unidos, recordó un episodio: "Un día,
entré a la habitación de Yamamoto. Una espada samurái (hecha por Sadayoshi
Amada) estaba justo detrás de él. 'Qué gran espada', dije. Yamamoto sonrió y
contestó: 'Si los malos vienen aquí para asesinarme, mataré a todos con esta
espada' y se rio a carcajadas. Era realmente un hombre valiente".

Yamamoto le había dicho a Nomura:

Si usted compara detenidamente el poder militar de Japón contra Estados
Unidos y Gran Bretaña, debe concluir que no hay forma de que Japón
compita y sobreviva. Ya llevamos cinco años luchando contra China. ¿Ahora
tendríamos que luchar contra Estados Unidos y Gran Bretaña, posiblemente
también contra la Unión Soviética? De ninguna manera. Si Japón firma la
alianza con Alemania e Italia, como la mayoría de las opiniones públicas
dicen que deberíamos, Japón probablemente será destruido rápidamente.
Tengo que ser una roca que se mantenga opuesta a un torrente; con orgullo
me convertiría en esa roca. Tarde o temprano, el flujo principal se tragará la
roca. Pero debo hacerlo por Japón. Es el camino de los samuráis; mi destino.

A pesar de los consejos de Estrategia dados por Yamamoto, las voces radicalizadas triunfaron. La ambición, el nacionalismo y la ceguera estratégica
habían tomado a los políticos y a la mayoría de los militares japoneses que
no consideraron el largo plazo y no tuvieron la experiencia para discernir
correctamente las fortalezas y debilidades de su nación.

Las placas tectónicas de la geopolítica mundial se estaban moviendo y
muchos alrededor del mundo deseaban sacudir el presente balance de poderes
y, si fuera necesario, utilizar la fuerza. Entre estos estaban la Alemania de
Hitler y Japón.

En este contexto geopolítico las convicciones idealistas y la claridad que
Yamamoto tenía en Estrategia no sirvieron a su país. La *realpolitik* predominó
en las relaciones internacionales y los líderes políticos japoneses no estuvieron predispuestos a ponderar los consejos estratégicos del almirante Isoroku
Yamamoto.

III. Yamamoto y el Principio Estratégico Esencial (PEE)

En Tokio los políticos y militares estaban convencidos que Japón debería ocupar su lugar en la historia y dominar la zona de influencia Asia-Pacífico. Según estas voces el principal obstáculo para alcanzar el completo dominio de la zona era la fuerza naval de Estados Unidos asentada en la isla de Hawái. La palabra *guerra* empezó a ser utilizada y considerada.

A pesar de las voces radicalizadas, el almirante Yamamoto se mantenía firme en su oposición a una guerra contra Estados Unidos. Además de conocer la manera de pensar de los estadounidenses también había visto la enorme infraestructura del país. En un informe a Tokio explicó:

> Es evidente que una guerra entre Estados Unidos y Japón sería necesariamente larga. Estados Unidos no cejará mientras Japón esté ganando. La guerra durará varios años. Entre tanto, los recursos de Japón se agotarán, los barcos de guerra y el armamento quedarán dañados, será imposible reponer el material... Japón se empobrecerá. [...] No se debe librar una guerra con unas probabilidades tan pequeñas de victoria.[113]

Yamamoto estaba considerando el largo plazo y discernía el camino racional sin dejarse engañar por las emociones y por las promesas del nacionalismo. Pero Yamamoto no era un *strategos autokrator*[114] como había sido el caso de Filipo II, de Alejandro, de Aníbal Barca y de varios de los Grandes Comandantes representados en la *Mesa* encomendada por Napoleón. A pesar del poder de su cargo, la decisión de guerra o paz no estaba en sus manos.

En septiembre de 1940 el emperador Hirohito se reunió con Adolf Hitler y Benito Mussolini en Berlín para firmar una alianza, el Pacto Tripartito. La conquista de Asia-Pacífico era el destino manifiesto de Japón según los nacionalistas, y una vez más Yamamoto no podía hacer nada a no ser pensar en la mejor estrategia posible para dar una remota oportunidad de victoria a su nación. El almirante Yamamoto insistió en que no creía que Japón pudiera ganar una guerra en el largo plazo si el enemigo eran los Estados Unidos,

---

[113] *Eri Hotta, Japón 1941. El camino a la infamia: Pearl Harbor.*
[114] *Strategos autokrator era el strategos que tenía todo el poder de decisión. A modo de ejemplo, en Atenas existían diez ciudadanos que servían como strategoi, pero solo uno de ellos ocupaba el cargo de strategos autokrator. No obstante, los únicos strategoi totalmente independientes fueron aquellos de las monarquías griegas (Esparta y Macedonia) o líderes autócratas.*

pero en el caso de que existiera una mínima oportunidad a corto plazo, él la encontraría y la aprovecharía.

Por órdenes del Emperador, el almirante Yamamoto comenzó a diseñar la estrategia de la guerra en el Pacífico. Pronto llegó a la conclusión de que la única opción de victoria sería asestar un golpe decisivo y sorpresivo al inicio del conflicto. *Quizás* esto obligaría a Estados Unidos a negociar. Yamamoto explicó que el blanco del ataque debería ser la flota estadounidense del Pacífico mientras esta descansaba en su base de Pearl Harbour, en las islas Hawái. Sin embargo, el archipiélago de Hawái estaba a 6 400 kilómetros de Japón y un ataque tan lejano le parecía al gobierno japonés una idea descabellada. Yamamoto argumentó que la única oportunidad para Japón sería aprovechar el hecho de que nadie se imaginaría un ataque tan lejano a Hawái. De esta manera Japón aprovecharía la falta de concentración de Estados Unidos (su *dispersión)* y paralizaría a las fuerzas americanas en el Pacífico por medio a destruir sus portaaviones, sus acorazados y sus tanques de petróleo, todos ubicados en la base de Pearl Harbour.

De igual manera, Yamamoto hizo notar a los líderes japoneses que la sociedad estadounidense estaba polarizada con relación a la guerra en Europa. Los aislacionistas habían elegido al presidente Franklin Delano Roosevelt porque éste había prometido no entrar en guerras. Por lo tanto, a causa de esta división interna entre los estadounidenses, el gobierno japonés *quizás* podría empujar a Estados Unidos a una negociación para evitar una larga guerra en el Pacífico. Si los americanos aceptaban negociar después del ataque, tal vez Japón podría lograr términos favorables. Pero la estrategia de Yamamoto era muy arriesgada, porque dependía de muchas variables. El almirante Yamamoto volvió a advertir que a largo plazo no podía asegurar nada y que Japón no podría pensar en una victoria final.

"Durante los primeros seis o doce meses de guerra contra los Estados Unidos y Gran Bretaña, causaré estragos en todos sus flancos y conquistaré una victoria tras otra. Para entonces, si la guerra continúa después de ese tiempo, no tengo ninguna expectativa de éxito"[115].

---

[115] *Eri Hiotta, op. cit.*

IV. Las acciones tácticas y el Principio Estratégico Esencial

En febrero de 1941 Yamamoto envió una carta al capitán Minoru Genda, miembro de la 1.ª División de Portaaviones y el mejor piloto de la Armada Imperial. En esta carta le pedía a Genda que "investigara pormenorizadamente la viabilidad de un plan de ataque aéreo a Pearl Harbor, reconociéndole que "no sería fácil llevar a cabo algo así". En la misiva explicaba que el objetivo era "asestar un golpe a la flota estadounidense en Hawái, de forma que, durante un tiempo, Estados Unidos no pudiera avanzar hacia el Pacífico occidental". El plan táctico de Yamamoto insistía en la combinación de ataques por arriba con los bombarderos y por abajo por medio de una innovadora maniobra de aviones cazas lanzando torpedos en vuelo rasante.

Dos meses después el almirante Yamamoto recibió la respuesta redactada por el contraalmirante Takijirō Ōnishi, jefe del Estado Mayor de la 11.ª Flota Aérea. Al leer la respuesta quedó decepcionado de que tanto Ōnishi como Genda solo hablaban de bombardeos en picada y habían descartado el uso de torpedos lanzados desde aviones en vuelo rasante como había solicitado Yamamoto. La explicación de Ōnishi y Genda fue que debido a la escasa profundidad de las aguas de Pearl Harbor los torpedos japoneses no alcanzarían sus objetivos. Necesitaban unos treinta metros para evitar incrustar los torpedos en el fondo del mar y el puerto de Pearl Harbour ofrecía apenas doce metros de profundidad.

Yamamoto insistió en que la combinación de ataques por arriba y por abajo era fundamental para el éxito de la operación y respondió que habría que mejorar y entrenar a los pilotos de caza para que ejecutaran vuelos rasantes. El plan *táctico* de Yamamoto consistía en forzar a los americanos a concentrar su atención en operar las baterías antiaéreas para así generar una *dispersión* abajo donde serían sorprendidos por la innovadora idea. Nadie anticiparía cazas lanzando torpedos en vuelos rasantes.[116] Ōnishi y Genda se pusieron a trabajar en la solución de los problemas que planteaba el uso de torpedos lanzados desde aviones. Con la ayuda de los técnicos consiguieron reducir drásticamente la profundidad a la que tenían que hundirse para poder dirigirse al blanco, y adiestraron a los pilotos para volar muy bajo y disminuir así la posibilidad de que los torpedos se empotrasen en el fondo marino.

---

[116] *Observa la aplicación del PEE a nivel de operación táctica.*

V. Principio Estratégico Esencial. El primer paso: Concentración en tus fortalezas y concentración de la fuerza

Inicialmente el plan de ataque a Pearl Harbor presentado por Yamamoto fue rechazado por el Estado Mayor de la Armada, por ser considerarlo demasiado arriesgado y porque solicitaba el empleo de demasiados recursos navales que serían necesarios en otros escenarios bélicos. El Estado Mayor no estaba interesado en los desafíos de carácter técnico, como era el caso de Onishi y Genda, sino en el hecho que Yamamoto había solicitado seis de los diez portaaviones con que entonces contaba la Armada Imperial.

Ante la negativa a su petición de concentración de las fuerzas navales para conducir el ataque a Hawái, Yamamoto insistió. Defendió su plan de concentrar las fuerzas en este ataque específico porque sabía lo que estaba intentando. El almirante ya se había visto forzado a idear una estrategia para una guerra con la cual no estaba de acuerdo y que además consideraba prácticamente invencible. Siendo consciente de que Japón ya se equivocaba al no considerar una *Gran Estrategia*, estaba decidido a no ceder y no permitir que el Estado Mayor de la Armada lo empujara a cometer ahora un error en el nivel táctico.

Yamamoto intentaba cumplir el *Principio Estratégico Esencial* (PEE) *Concentración en la fortaleza, aplicada a la dispersión* y así volvió a exigir la suficiente *concentración* de fuerzas para dar el golpe decisivo a la base naval estadounidense. Cumplir el PEE era tan importante para Yamamoto que como último recurso amenazó al Estado Mayor con su dimisión si no se aceptaban sus exigencias de "concentración de fuerzas". El Estado Mayor de la Armada cedió —no podían perder a Yamamoto, el hombre más prestigioso de la Armada— y finalmente aprobó los planes tácticos y la estrategia de Isoroku Yamamoto, a pesar de las dudas que seguía suscitando el osado plan.

VI. Otro strategos en escena

Para ejecutar la estrategia de Isoroku Yamamoto se creó la 1.ª Flota Aérea al mando del vicealmirante Chūichi Nagumo. Yamamoto no confiaba en Nagumo, pero le era imposible sustituirlo sin motivo.[117]

---

[117] *Los antiguos griegos habían discutido desde hacía milenios sobre cuál sería la mejor manera de gobernar y de comandar: la monarquía, la oligarquía, la tiranía o la democracia. Japón era una monarquía, pero Isoroku Yamamoto no era el emperador y no tenía todo el poder en sus manos. Esto suele ocurrir en prácticamente todos los contextos, ya sea en un equipo, una empresa o un país.*

VII. La estrategia de Yamamoto

En Diciembre de 1941 los japoneses y los estadounidenses todavía estaban sentados en las mesas de negociaciones, discutiendo sobre la invasión japonesa a China. Los americanos deseaban evitar conflictos armados, pero exigían que Japón saliera de China.

La estrategia de Yamamoto se apoyaba en la posibilidad de que luego de un exitoso ataque a la *dispersión* americana y la resultante paralización de sus fuerzas en el Pacífico, los políticos de Estados Unidos, empujados por los aislacionistas y por la gran división que existía en el país, se vieran forzados a sentarse a negociar un armisticio de manera inmediata. La mayoría de los electores estadounidenses había votado a Franklin D. Roosevelt porque este había prometido no entrar en guerras y Yamamoto entendía cómo funcionaban la democracia y la política americana.

Para que su estrategia funcionara el almirante Yamamoto esperaba que Japón comunicara a Estados Unidos que las negociaciones se habían dado por terminadas. Necesariamente se debería emitir una declaración de guerra *antes* de atacar. Yamamoto habría dicho que "un enemigo siempre intentará atacar donde menos se espera, pero un hombre de honor no atacaría a nadie mientras duerme". El código de honor que había aprendido de su padre y que estaba representado en la espada samurái que llevaba consigo le recordaba cuál era el camino honorable.

El almirante japonés era consciente que el éxito de su estrategia dependería de que las acciones militares y diplomáticas funcionaran de manera coordinada y se complementaran.

Sin embargo, los políticos en Tokio no pensaban de manera estratégica y ya consideraban arriesgada la manera de pensar de Yamamoto. Por lo tanto, no deseaban dar ninguna oportunidad a Estados Unidos y consideraban un ataque de sorpresa, sin previa declaración de guerra. Teniendo a los políticos en contra, Yamamoto temía que la única esperanza de Japón se esfumaría al momento en que se atacara sin declarar guerra. Sería un gran deshonor y un motivo de unión para todos los estadounidenses. De esta manera, Yamamoto comunicó al gobierno japonés que atacaría treinta minutos *después* de la declaración de guerra. Los políticos en Tokio cedieron y prometieron avisar oficialmente a Estados Unidos treinta minutos *antes* del ataque de Yamamoto.

VIII. Un excelente planeamiento táctico

A mitad de noviembre del año 1941 el almirante Isoroku Yamamoto entregó los siguientes objetivos al vicealmirante Chuichi Nagumo:

1. Destruir las unidades navales estadounidenses, incluyendo los tres portaaviones y acorazados.
2. Destruir los tanques de gasolina almacenados en la isla, pero evitar bombardearlos en el primer ataque, pues el humo que se levantaría perjudicaría la visión de los pilotos y dificultaría las maniobras de ataque a los buques de guerra.
3. Realizar un segundo ataque, similar al primero, para destruir los tanques de gasolina una vez que se hubiera completado la destrucción de los barcos.

Estos golpes tan duros permitirían a Japón conquistar el Sudeste Asiático sin interferencias. Estados Unidos necesitaría mucho tiempo para reponer sus fuerzas y el ataque sería un golpe a la moral de un país que ya estaba dividido. Japón esperaría que los Estados Unidos pidieran para retomar las negociaciones para evitar una larga y lejana guerra en Asia.

El 26 de noviembre de 1941 una *fuerza concentrada* de ataque compuesta por los portaaviones *Akagi*, *Saga*, *Sōryū*, *Hiryū*, *Shōkaku* y *Zuikaku* al mando del vicealmirante Chuichi Nagumo zarpó en secreto del archipiélago de las Kuriles. Recién entonces la tripulación y los pilotos fueron informados de que el objetivo de la misión era destruir la fuerza naval americana apostada en Hawái. En total se emplearían 408 aeronaves: 360 para dos oleadas de ataque y 48 para tareas defensivas de patrulla aérea de combate. La primera oleada sería el ataque principal para destruir la mayor cantidad posible de barcos. La segunda oleada remataría lo que no hubiera podido destruir la primera y destruiría los tanques de gasolina, según había planeado el almirante Yamamoto.

La oleada inicial llevaría el grueso de las armas destinadas a inutilizar los grandes buques, particularmente con los torpedos lanzados desde cazas en vuelo rasante y que habían sido rediseñados para operar en poca profundidad.

Chuichi Nagumo ordenó seleccionar los objetivos más valiosos —acorazados y portaaviones— o cualquier otro gran buque de guerra como cruceros y destructores. La operación *táctica* fue planeada al detalle. Los bombarderos atacarían objetivos en tierra y soportarían las baterías antiaéreas de los estadounidenses. Los cazas se encargarían de lanzar los torpedos por abajo, donde no encontrarían resistencia. Además a los aviones caza se les encomendó el ametrallamiento y destrucción de todos los aviones estadounidenses en tierra para asegurar que no contraatacaran a los bombarderos, especialmente en la primera oleada. Cuando el combustible de los cazas japoneses se estuviera agotando, estos tendrían que regresar a los portaaviones a repostar y reincorporarse al ataque para destruir los depósitos de petróleo.

El ataque fue programado para las 8:00 a. m. del domingo 7 de diciembre de 1941.

El almirante Nagumo dio la orden y los aviones japoneses empezaron a despegar. Cuando los ciento ochenta y tres aviones de la primera oleada estaban en el aire partieron rumbo a la bahía de Pearl Harbour en formación. Adelante iban los cazas bombarderos, en el medio los bombarderos de altura y atrás la gran sorpresa táctica: los cazas torpederos. Estaban formados a diferentes alturas y en línea horizontal para cumplir el *Principio Estratégico Esencial* (PEE) planeado por Yamamoto. Los estadounidenses apuntarían a los bombarderos de arriba y serían atacados por abajo con los cazas torpederos que llegarían desde atrás.

Tora, Tora, Tora. Al escuchar estas palabras cada uno de los pilotos en la armada aérea sabía exactamente qué debería hacer y cómo participar en esta operación planeada *tácticamente* hasta los últimos detalles.

El ataque se inició puntualmente a las 8:00 de la mañana. Los americanos estaban en su día de permiso y fueron tomados totalmente de sorpresa. La *dispersión* había sido identificada con éxito y el ataque japonés fue devastador. La primera oleada fue ejecutada a la perfección. Los hombres a bordo de los buques estadounidenses se despertaron con el pitido de las alarmas, las explosiones de las bombas y el tiroteo. Aún somnolientos hubieron de vestirse rápidamente mientras corrían a las estaciones de combate, ya sintiendo el olor a quemado y escuchando la destrucción. Los defensores no estaban preparados, los almacenes de munición estaban cerrados, los aviones estacionados, alas con alas y a la intemperie para evitar sabotajes, fueron fácilmente destruidos por los cazas japoneses que volaban sin encontrar resistencia.

La sorpresa fue tanta que algunos marineros estadounidenses creyeron se trataba de una simulación de parte de su propia fuerza naval. Intentaron reaccionar, pero a pesar de su heroísmo no lograron responder al ataque combinado de bombarderos por arriba y cazas torpederos por abajo. Los estadounidenses intentaban derribar los bombarderos y mientras apuntaban para arriba recibían los ataques de los torpederos rasantes por abajo y de los torpederos en picado en la vertical. La segunda oleada, compuesta de 171 aviones, atacó dividida en tres grandes grupos, que llegaron por distintas direcciones pero casi al mismo tiempo. Noventa minutos después de su inicio, el ataque aéreo había finalizado.

Al volver a los portaaviones los pilotos japoneses fueron recibidos como héroes. Las bajas americanas habían sido de más de 2 000 soldados: 18 barcos habían sido hundidos o encallados, entre ellos cinco acorazados. Las bajas japonesas fueron mínimas. El vicealmirante Nagumo, entusiasmado, festejó la victoria con sus oficiales.

El éxito de la operación *táctica* había superado todas las expectativas, pero para suerte de los estadounidenses, los portaaviones no estaban ese día en Pearl Harbour y las dos oleadas japonesas habían omitido el ataque ordenado por Yamamoto a los tanques de petróleo y barcos de reparación. Cuando Yamamoto se enteró de que Nagumo había dada por concluida la operación luego del éxito *táctico* inicial, y no había destruido los tanques de petróleo ni los portaaviones, todos de importancia *estratégica*, supo que Estados Unidos estaba herido pero no paralizado.

IX. Victoria a corto plazo y errores estratégicos

La preocupación de Yamamoto aumentó cuando se enteró de que la segunda parte de su estrategia tampoco se ejecutó como se había acordado. La embajada de Japón en Washington no había declarado guerra como había sido establecido y consecuentemente el ataque se desarrolló sin declaración de guerra. En el corto plazo Japón había sido aparentemente victorioso, pero ni el almirante Nagumo parecía comprender que estaba festejando apenas el éxito de su planeamiento *táctico*. Yamamoto sabía que Pearl Harbour era el inicio del fin de Japón. "*Tácticas* sin *estrategia* es apenas el ruido antes de la derrota", había dicho Sun Tzu milenios antes, y el hijo del samurái lo entendía perfectamente.

El presidente Roosevelt denunció la infamia del sorpresivo ataque y se vio obligado a responder declarando la guerra inmediatamente. La estrategia de Yamamoto no tuvo éxito. Estados Unidos no pensó ni siquiera por un instante volver a la mesa de negociaciones. A causa de los errores *estratégicos* de Japón Estados Unidos había sido forzado a entrar a una guerra que no deseaba.

X. Consecuencias en el mediano plazo

El 13 de abril de 1943, diez y seis meses después del ataque a Pearl Harbour, uno de los radioescuchas de la inteligencia estadounidense en el aeródromo de Campo Henderson en la isla de Guadalcanal interceptó un telegrama japonés. El mensaje cifrado indicaba un itinerario de visitas de un alto jefe enemigo a la isla Bougainville, en Papúa Nueva Guinea. El mensaje fue descodificado y la inteligencia estadounidense se enteró de que el almirante Isoroku Yamamoto realizaría una visita a los emplazamientos nipones de la zona en cuatro días más. El 17 de abril de 1943 la 339.ª Escuadrilla de la fuerza naval de Estados Unidos con 18 aviones Lockheed P-38 Lightning basada en la isla de Guadalcanal fue apresuradamente reunida. Recibieron la misión de abatir un objetivo al norte de la isla de Bougainville. La puntualidad era absolutamente esencial, ya que el alcance máximo de los P-38 era de 1400 km y el objetivo estaba a 500 km. Utilizarían tanques adicionales de combustible, pero la permanencia en la zona de ataque se limitaba a apenas 15 minutos.

El ataque sorpresa estadounidense fue un éxito. El objetivo fue completado y el avión que llevaba al almirante Isoroku Yamamoto fue derribado. El cadáver del almirante fue encontrado al día siguiente por un equipo japonés de búsqueda y rescate. El cuerpo del almirante fue identificado en medio a los destrozos del avión en el cual viajaba. El rescatista del ejército japonés que había encontrado el cuerpo afirmó que Yamamoto había sido lanzado fuera de su avión unido a su asiento. Lo habían encontrado aún sentado bajo un árbol, con su mano enguantada aferrada al mango de una espada samurái *nihontō*.

XI. Consecuencias en el largo plazo - Hiroshima y Nagasaki, la venganza por Pearl Harbour

Sería simplista pensar que el ataque sorpresa a Pearl Harbour fue la única causa o motivación que Estados Unidos tuvo para lanzar dos bombas nucleares sobre poblaciones civiles japonesas algunos años después.[118] Sin embargo, el hecho

---

[118] *El gobierno estadounidense tenía otros motivos además de vengar el ataque sorpresa. La Unión Soviética había entrado en la guerra contra Japón, y la bomba atómica podía leerse como un mensaje contundente para que los soviéticos supieran que Estados Unidos era ahora una potencia mundial. En este sentido, podríamos considerar a Hiroshima y Nagasaki como siendo los primeros tiros de la Guerra Fría, así como los últimos de la Segunda Guerra Mundial. Independientemente a todos los motivos que pudieran haber existido, el hecho de que Japón se haya involucrado en una guerra que no podía ganar fue un grandísimo error estratégico.*

de que los oficiales y políticos japoneses no siguieron la *estrategia* de Yamamoto al pie de la letra significó un ataque sorpresa a Pearl Harbor mientras los diplomáticos de ambos países todavía conversaban y buscaban alternativas a la guerra. Este error *estratégico* sacó a los Estados Unidos de su neutralidad y convenció a sus habitantes de unirse para guerrear.

El detallado plan *táctico* de Japón había permitido obtener una gran victoria en Pearl Harbour, pero fueron los errores *estratégicos* aquellos que eliminaron cualquier esperanza de que Japón pudiera ganar la guerra o forzar a los estadounidenses a negociar para evitar luchar en Asia. Isoroku Yamamoto tenía razón: Japón no contaba con la fortaleza necesaria para derrotar a largo plazo a una nación tan grande y con tantos recursos como Estados Unidos.

Japón ejecutó casi a la perfección sus acciones *tácticas*, incluso tenía una estrategia pensada por Yamamoto, pero nunca había considerado una *Gran Estrategia*. De esta manera, las victorias iniciales de Japón y su determinación de no rendirse lo llevaron a una gran tragedia nacional.

El 6 de agosto de 1945, un infame avión llamado *Enola Gay* lanzó una bomba atómica sobre la ciudad de Hiroshima. Instantáneamente setenta mil civiles japoneses fueron eliminados. En los meses y años que siguieron otros cien mil murieron por quemaduras y enfermedades causadas por radiación. Dos días después del ataque a Hiroshima la Unión Soviética declaró la guerra a Japón. El 9 de agosto los Estados Unidos lanzaron una segunda bomba atómica sobre Nagasaki, donde perecieron otros ochenta mil japoneses. El 14 de agosto de 1945 los nipones se rindieron incondicionalmente.

Japón había perdido 3.1 millones de personas, incluidas las que murieron en ataques aéreos atómicos y convencionales. Había perdido todos sus territorios de ultramar y cualquier pretensión de formar un imperio.

No se podría negar que Pearl Harbor unió a los estadounidenses y que la decisión de lanzar la bomba estuvo influenciada por los sentimientos de venganza por el ataque sorpresa a su base naval y por prejuicios raciales que se intensificaron principalmente en los últimos meses de la guerra.

En el mito que vimos en el capítulo anterior, Atenea —personificación de la Sabiduría— nos enseña que *Gran Estrategia* no se trata de conquistar, de hacer guerras o de dominar a otros. El arquetipo de la Sabiduría nos da el ejemplo dejando su lanza y su escudo de lado y ofreciendo una rama de olivo en señal de paz y prosperidad. Las guerras y conflictos en general suelen resultar de nuestra incapacidad para practicar el *summum* de la Estrategia: vencer sin luchar.

Observa la historia y percibe la diferencia que existe entre una ejecución *táctica*, una Estrategia y una *Gran Estrategia*. Así como hicieron los atenienses, debemos discernir entre Poseidón, que nos ofrece poder y gloria al costo de hacernos estériles, o la paz y prosperidad, que es el fruto de la verdadera Sabiduría y Estrategia.

En el pensamiento superficial de aquel que no comprende el Arte de la Estrategia no existe motivo para considerar el largo plazo. El individuo que no tiene el conocimiento sobre Estrategia prefiere pensar como el economista Maynard Keynes y decir que el largo plazo no importa ya que de cualquier manera todos estaremos muertos. Sin embargo, Estrategia se trata de considerar el largo plazo y recordar que aquello que puede funcionar a corto plazo no es necesariamente el camino correcto.

A partir de los siguientes capítulos conoceremos las *Cinco Sabidurías Estratégicas*, los axiomas que surgen naturalmente del *Principio Estratégico Esencial* y que, siendo parte de la Naturaleza y por lo tanto de la razón, forman la estructura de *cómo pensaban* Alejandro Magno y los *Grandes Comandantes* de la historia.

Última foto de Isoroku Yamamoto saludando a pilotos y portando la espada forjada por Sadayoshi Amada en la base en Rabaul, Papúa Nueva Guinea, April 18, 1943.

15. Las Cinco Sabidurías Estratégicas

Las *Cinco Sabidurías Estratégicas* son fundamentales para pensar estratégicamente. Si logramos aplicarlas alcanzaremos la Sabiduría en el pensar y en el actuar. Si alcanzamos la Sabiduría, entonces podremos vivir bien y aprovechar el tiempo; el más finito de los recursos en cualquier estrategia.

El significado de *vivir bien* es algo que debes definir con mucho cuidado y teniendo siempre en mente el concepto de *Gran Estrategia*.

Todas las *Cinco Sabidurías Estratégicas* dependen de la capacidad de autoanálisis, del nivel de autoconocimiento que se logre y el autoliderazgo del individuo. Si la persona ocupa el papel de comandante militar, entonces la sabiduría estratégica se materializará en forma de una acción militar. Pero si el individuo es un artista, un deportista, un empresario o un político, entonces la sabiduría estratégica se manifestará y materializará en su respectivo campo de acción.

La pregunta más importante, por lo tanto, es: ¿Cómo aplicaré y manifestaré las Cinco Sabidurías Estratégicas en mi campo de acción, en mi vida?

I. Las Cinco Sabidurías Estratégicas son parte de las leyes naturales

Recuerda que tanto Napoleón como Jomini habían encontrado un patrón de pensamiento que caracterizaba a los grandes comandantes victoriosos. Este mismo patrón de pensamiento encontró Basil Liddell Hart luego de estudiar las batallas más importantes en todas las épocas de nuestra civilización. Este patrón de pensamiento cuando era estructurado y comprendido daba a sus poseedores la capacidad de saber cómo pensar en cualquier situación.

El *Principio Estratégico Esencial* y las *Cinco Sabidurías Estratégicas* son parte de este patrón de pensamiento. No son un "conjunto de técnicas" o una doctrina. Tampoco fueron inventadas o propuestas por algún filósofo o estratega. Son simplemente la conclusión de milenios de observación y la consecuente progresiva realización de cómo funcionan y cómo se mueven las leyes naturales. En otras palabras, es el cumplimiento de aquella afirmación de Francis Bacon de que la Naturaleza para ser comandada primeramente debe ser obedecida.

Los Grandes Comandantes se adaptaban a la realidad de las leyes naturales y se colocaban en una posición adecuada para que estas leyes trabajen a su favor y no en contra. Alejandro, Aníbal, Julio César y todos aquellos que fueron victoriosos de manera consistente seguían, sin dudar, lo que había sido observado también por Bacon más de un milenio después. No lo olvides nunca: la Naturaleza para ser comandada, primeramente debe ser obedecida. Hay un límite a todo y es el *strategos* el que se debe adaptar a la realidad y no viceversa. Para tener éxito, primeramente, el individuo debe someterse a pensar de acuerdo a la Naturaleza, a la lógica, a la razón y a la verdad.

El buen *strategos* no hace la voluntad de su ego, sino aquella que dicta la Naturaleza, pues el ego es el principal enemigo de la Estrategia. El ego desea hacer siempre su voluntad, incluso contra la lógica y la Naturaleza. Ya vimos algunos ejemplos y veremos otros.

Si por necedad o falta de conocimiento resolviéramos actuar en contra las leyes naturales, y decidiéramos conscientemente ir en contra las *Cinco Sabidurías Estratégicas*, las consecuencias serán previsibles. Aunque es también probable que aquel que desconsidera estos axiomas estratégicos no será consciente de su error. Las consecuencias sin embargo pondrán las cosas en equilibrio. Es natural que esto ocurra.

II. Axiomas - La mente de los Grandes Comandantes

Las *Cinco Sabidurías Estratégicas* son los axiomas que surgen del *Principio Estratégico Esencial* y son parte de todo el pensamiento estratégico que forma un todo al cual estamos llamando el *Secreto de la Estrategia*. *Axioma* (ἀξίωμα) es otra palabra griega y se refiere a aquello que por ser tan evidente no necesita ser comprobado. Es evidente, es un axioma. Un ejemplo sencillo de un axioma matemático seria la afirmación que 1 (uno) es diferente a 0 (cero). En matemáticas tal afirmación no necesita una prueba, simplemente es así, es la verdad, es lógico y razonable, es un axioma. Los axiomas sirven de base de construcción del pensamiento.

Cada una de las *Cinco Sabidurías Estratégicas* representan la lógica de las leyes naturales que los Grandes Comandantes representados en la Mesa de Napoleón (y otros estrategas en la historia) supieron observar, identificar, respetar y aprovechar. La consistencia para seguirlas y respetarlas, bajo cualquier circunstancia, determinaba la invencibilidad del *strategos*. La consistencia en la aplicación de las *Cinco Sabidurías Estratégicas* estaba también directamente ligada a la frecuencia del éxito del *strategos* y a su nivel de autoconocimiento y autoliderazgo.

Las *Cinco Sabidurías Estratégicas* que estamos por conocer constituyen el patrón de pensamiento de Alejandro Magno, de Aníbal Barca, de Julio César y de todos los grandes estrategas de la historia. Estos son los principios descubiertos por Antoine-Henri Jomini y por Napoleón Bonaparte. Es el mismo patrón de pensamiento que debes adoptar si realmente deseas pensar como un *strategos* y aplicar el *Principio Estratégico Esencial* (PEE). Si no sigues las *Cinco Sabidurías Estratégicas* será poco probable que logres encontrar y aplicar el PEE. Por otro lado, si las sigues de manera racional y con autoconocimiento, contarás con las mayores posibilidades de éxito en tu campo de acción.

Dependiendo de la edad que tengas al momento de leer este libro, ya te habrás dado cuenta de que la vida no es fácil y que además tiene varias fases. En cada una de estas deberás enfrentar diferentes escenarios, diferentes estados de ánimo, diferentes sueños, proyectos, y desafíos. En las diferentes fases de tu vida tendrás intereses diversos y las prioridades cambiarán. Sin embargo, en todas estas el autoconocimiento y el autoliderazgo son tus fortalezas fundamentales y las *Cinco Sabidurías Estratégicas* el patrón de pensamiento que permitirá que las leyes naturales te favorezcan. Así como en el caso de Alejandro y de los Grandes Comandantes no será la suerte, sino la consistencia para seguir y respetar los axiomas estratégicos, bajo cualquier circunstancia, aquello que determinará si tendrás éxito o no.

Tu eres el *strategos* de tu propia vida. Todos ven las tácticas que usas, pero nadie ve la Estrategia que está por detrás.

III. La intención de los ejemplos y casos en este libro

Un camino obvio para estudiar las *Cinco Sabidurías Estratégicas* sería utilizar las batallas de Alejandro y de los Grandes Comandantes a modo de ejemplos históricos. Esto fue exactamente lo hecho por Basil Liddell Hart. Si optáramos por tal camino ciertamente la autoridad histórica que sostiene las *Cinco Sabidurías Estratégicas* sería evidente y sólida. Tendríamos la posibilidad de identificar cada uno de los axiomas en las acciones de los grandes estrategas de la historia. Sin embargo, un axioma no necesita "validez histórica". De cualquier manera, el respaldo histórico siempre existirá y ya nos fue demostrado por el trabajo de varios historiadores militares. Como ya fue mencionado, no deseo que este libro acentúe la conexión de Estrategia con lo militar y, por lo tanto, tomaremos un camino más ecléctico al momento de seleccionar los ejemplos.

Además de los ejemplos militares, que sí utilizaremos, agregaremos otros de ámbitos diversos. De esta manera podrás identificarte más directamente cada una de las *Cinco Sabidurías Estratégicas*, comprobar que efectivamente se aplican en cualquier ámbito y que Estrategia a final de cuentas no es el arte de la guerra nada más. Libros de *estrategia militar* existen varios y si eres una persona envuelta en el mundo militar reconocerás todos los axiomas y seguramente podrás encontrar ejemplos en las batallas que estudies. Libros de *estrategia de negocios* existen muchos y no sería necesario agregar otro más. Pero conociendo y estudiando las *Cinco Sabidurías Estratégicas* tú serás capaz de transportarlas de manera autónoma a tus propios proyectos profesionales, a tu carrera, a tus relaciones, a tu deporte y prácticamente a cualquier circunstancia y necesidad que se presente en tu camino.[119]

A juzgar por la manera de pensar y actuar de Alejandro Magno, registrada por diversos biógrafos, esto que veremos en los próximos capítulos eran los *Principios de Estrategia* que guiaban al hijo de Filipo II. Así, respaldados por la historia y por las evidencias coleccionadas y presentadas por Basil Liddell Hart podríamos incluso inferir tratarse del conocimiento esotérico que Alejandro había recibido en la Escuela Real de Pajes.

Abre tu mente y prepárate para recibir el conocimiento que se enseñaba en la Escuela Real de Pajes de Filipo II de Macedonia.

Este es el conocimiento atemporal que ha guiado a emperadores, faraones, comandantes y al mayor de todos los genios de Estrategia.

Continuemos con la exploración de nuestro iceberg y ahora sumerjámonos abajo de la línea del agua (C) y veamos aquello que nadie ve.

---

[119] *También podrás estudiar cualquiera de las decenas de libros de estrategia de negocios que fueron escritos desde que Igor Ansoff utilizó por primera vez la palabra estrategia y desde que Michael Porter definió estrategia de empresas en 1996. Los textos de cualquier estratega te parecerán más claros, más útiles y podrás rápidamente diferenciar qué es y qué no es estrategia, y las buenas estrategias de las malas.*

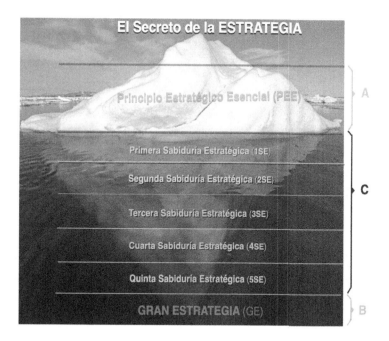

16. La Primera Sabiduría Estratégica

Considera, en primer lugar, qué es lo que deseas, y examina luego tu propia naturaleza para ver si posees la fuerza necesaria para llevar a cabo tus deseos. ¿Quieres ser atleta o gladiador? Pues mira tus brazos, palpa tus muslos, observa la robustez y resistencia de tus espaldas, que no todos hemos nacido para conseguir las mismas empresas. ¿Estás seguro de que realizando esta profesión podrás comer como los que la practican, beber como ellos y –como ellos– renunciar a todos los placeres? Es preciso dormir poco, trabajar mucho, abandonar a padres y amigos, ser juguete de un niño, contentarte con llegar el último a la obtención de cargos y honores. Considera bien todo esto, y mira si a este precio puedes comprar la tranquilidad, la libertad y la constancia; de lo contrario, aplícate a cualquier otra cosa y no hagas como los niños; no seas filósofo hoy, sicario mañana, pretor al otro día y, finalmente, secretario privado del príncipe. Considera que todas estas cosas se conjugan muy mal entre sí. Es indispensable que seas un solo hombre, bueno o malo. Es preciso que te apliques a estudiar lo que corresponde a tu naturaleza y disposición y que trabajes por adquirir los bienes interiores o los exteriores; en otras palabras, que te manifiestes con el carácter de un filósofo o con el de un hombre vulgar.

Epícteto

I. Ajusta tus objetivos a tus medios

Los cinco axiomas que veremos son la base del pensamiento de Alejandro Magno y de los Grandes Comandantes, los fundamentos de cómo pensar correctamente, los principios del arte del *strategos*.

La *Primera Sabiduría Estratégica* (1SE) es aquella que nos dice imperativamente: *"Ajusta tus objetivos a tus medios"*. Esta afirmación sencilla y racional, sobre todo después de haber comprendido el *Principio Estratégico Esencial* (PEE), es difícil de practicar. Nos exige autoconocimiento y una independencia de pensamiento que pocos han conquistado.

Dos son las palabras clave en la *Primera Sabiduría Estratégica* (1SE): *objetivos* y *medios*.

Según la manera popular de pensar el individuo debe preguntarse primeramente ¿Cuál es el objetivo que buscaré? Sin embargo, esta no es la primera pregunta que debemos hacernos en Estrategia.

La cultura moderna nos incita a elegir objetivos los más altos posible, según la imaginación o deseos del individuo. Es la cultura de "pensar en grande" sin base y sin propósito. En el ámbito corporativo se colocan, o se imponen, los objetivos según la necesidad de convencer a sus accionistas de continuar con el capital invertido. En los cursos dados por motivadores la cultura que suele prevalecer es la del éxito medido por lo material y el creer que *más* es *mejor* o que la meta última de una persona es crecer materialmente. Esta presión es coherente con los deseos de una sociedad de consumo que desea siempre más y que necesita crecer indefinidamente.

Sin embargo, este tipo de pensamiento no es la base correcta para pensar con Estrategia y conduce a numerosos errores. En muchas ocasiones los objetivos que surgen de este tipo de imaginación son generados por la ambición desmedida del ego, por la inseguridad y la necesidad de reconocimiento, o simplemente debido a la ignorancia por parte del individuo sobre qué es estratégico y que no.

Las visualizaciones y deseos que resultan de este pensamiento condicionado no suelen ofrecer bases sólidas para la definición de objetivos. Por lo tanto, el primer paso en Estrategia es lograr un cierto grado de autoconocimiento que permita al individuo estimar de manera realista sus medios (sus recursos) para posteriormente determinar cuál será el objetivo por ser logrado en el corto y en el mediano plazos con dichos medios y según su propósito.

El conocimiento de los medios incluye la capacidad del individuo para discernir las fortalezas, las debilidades, los talentos, los recursos físicos, psicológicos y espirituales que posee. Únicamente con este conocimiento el *strategos* podrá intentar cumplir el *Principio Estratégico Esencial* (PEE). El *strategos* debe ser consciente de sus medios de cómo utilizarlos y combinarlos. Este es el camino racional y el camino indicado por la *Primera Sabiduría Estratégica* (1SE).

Algunos podrían argumentar que tal manera de pensar limita el resultado final, pero muchos de los que así piensan también suelen ser partidarios de la teoría de que "si apuntas a las estrellas podrás terminar en la Luna". Podría ser cierto si se tratara de un juego de azar, pero tal manera de pensar está más cercana a "motivación emocional" que a Estrategia y lo escucharás normalmente de boca de motivadores.

Pero si observas bien, esta idea de "apunta a las estrellas y terminarás en la Luna" se basa en el hecho de que el individuo no logra estimar sus medios y por lo tanto su mejor estimación sería pensar lo más grande posible. Ya que realmente no tiene idea de adónde exactamente desea llegar, qué desea obtener y cuál es su potencial, entonces el individuo pasa a "pensar en grande". Pero esta es una de las maneras más comunes de cometer un error estratégico.

El "soñar lo más alto posible" es un proceso de visualización que no está ligado al *Principio Estratégico Esencial* o a las *Cinco Sabidurías Estratégicas*. Motivación no es Estrategia. Confundir motivación o pensamientos mágicos con pensamiento estratégico puede llevar a una serie de problemas que posteriormente son difíciles de resolver. El individuo guiado por su imaginación e incentivado por sus emociones estará navegando siempre fuera de su zona de autoconocimiento.

El pensamiento que dice "apunta a las estrellas para alcanzar la Luna" puede poner a algunos en la Luna, pero no debes olvidar que también dejará a millones estrellados contra el techo o en la azotea de su casa, frustrados por no haber llegado a las estrellas. Estos quedarán preguntándose por qué no han logrado sus objetivos y no serán conscientes de que estos estaban sobredimensionados desde el inicio a causa de falta de autoconocimiento.

A modo de ejemplo, este tipo de pensamiento mágico es aquel que también está por detrás de la decisión de un jugador *amateur* de golf que al momento de pegar la bola decide hacerlo lo más fuerte posible, convencido de que si la conecta bien la bola irá bien lejos. El jugador no se equivoca en el hecho de que si la conecta bien la bola efectivamente ira lejos. Se equivoca en no ser consciente de no poseer los medios necesarios para lograr el objetivo de manera confiable y consistente. La experiencia te dirá que pensar en contra a la 1SE no lleva a buenos resultados ni en el golf, ni en la empresa y ni en ningún otro ámbito de la vida.

Si bien los ejercicios de visualización son válidos para generar inspiración interna, el *strategos* no debe confundir la visualización con el objetivo concreto en el cual debe enfocarse. Si el individuo no ajusta sus objetivos a sus medios será como aquellos que actúan de manera valiente porque son ignorantes de los riesgos y al momento de hacer los cálculos en lugar de sentirse seguros se vuelven indecisos.

En Estrategia los cálculos deben darte confianza, pues sirven para adaptar los objetivos a tus medios y asegurar que la primera parte del PEE (*concentración en la fortaleza*) se podrá cumplir. Únicamente adaptando los objetivos a tus medios podrás estar seguro de que tu valentía derivará de la certeza de tener la capacidad de cumplir el *Principio Estratégico Esencial*.

El desafío, por lo tanto, está en hacer una correcta estimación de los medios y esta resultará del nivel de autoconocimiento que el individuo posea.

Siendo consciente de la 1SE y practicándola el individuo tendrá el camino más claro y no dependerá únicamente de motivación. Podrá usar la razón, enfocarse en sus fortalezas y dejar que la vida misma lo lleve más lejos y a paisajes más interesantes que aquellos que podría imaginarse inicialmente.

El Arte de la Estrategia respeta la realidad y la manera en que la vida se mueve. No son los sueños desmedidos aquellos que ayudarán a pensar estratégicamente. La historia no respalda la idea de que cuanto más alto uno sueñe más alto llegará. Aquello que nos comprueba la historia es que los grandes líderes y estrategas tienen éxito primeramente por medio al autoconocimiento y que la persona que no sigue la *Primera Sabiduría Estratégica* no termina bien. Si el individuo se sobreestima, a menudo termina lastimado o destruido y si se subestima terminará frustrado y arrepentido.

Por otro lado, el pensar de manera correcta permitirá posicionar al *strategos* de tal manera que pueda aprovechar las fuerzas externas. Así como un marinero que posiciona las velas para aprovechar el viento, independientemente a la dirección en que esté soplando para que lo lleve hacia la dirección que él ha elegido.

Debemos recordar que Estrategia no se trata de intentar ganar la lotería y tampoco se trata de "pensar en grande". Estrategia se trata de pensar de la manera correcta para aumentar las posibilidades de llegar al mejor resultado posible y según el destino que el individuo haya elegido por medio al autoconocimiento.

Si deseamos aprender a pensar estratégicamente como Alejandro Magno y los Grandes Comandantes debemos conocernos y discernir nuestros medios, nuestros recursos, y entonces ajustar nuestros objetivos según la realidad que percibamos. En este proceso de autoconocimiento, el ego será siempre el principal enemigo y no podremos perderlo de vista.

Ejemplos

Te compartiré dos ejemplos que te serán útiles para comprender mejor la importancia y el desafío intrínseco que nos plantea la *Primera Sabiduría Estratégica* (1SE). Los errores de estimación de medios y los consecuentes errores en la colocación de objetivos son bastante comunes. El siguiente caso tiene la intención de aumentar la consciencia sobre la importancia de siempre considerar la *Primera Sabiduría Estratégica*.

Como veremos en el siguiente caso, la estimación incorrecta de los medios puede ocurrir tanto vía una *sobreestimación* como por medio a una *subestimación*.

II.La montaña más alta

El Aconcagua es la montaña más alta del hemisferio occidental y una de las llamadas Siete Cumbres.[120] Es una montaña que atrae aventureros de todo el mundo y demanda mucho respeto, como toda alta montaña. Pero si bien el Aconcagua es la segunda más alta de las Siete Cumbres del Mundo, ofrece una ruta tradicional que es relativamente clara hasta la cumbre. Este detalle suele atraer a muchas personas deseosas de alcanzar la cumbre sin tener previa experiencia en alta montaña.

La ruta clara a la cumbre puede dar la falsa impresión de que es una montaña "fácil" en comparación con otras. No caer en ese engaño es uno de los principales desafíos mentales que debe superar el escalador en esta montaña andina. Es un escenario ideal para desnudar nuestra falta de autoconocimiento y aprender que cuanto más inconscientes estemos de nuestro propio ego, más grande podrá ser el error al momento de estimar medios y plantearnos un objetivo.

En enero de 1999 me encontraba en la ciudad de Mendoza, Argentina, con 27 años de edad y listo para intentar llegar a la cumbre del Aconcagua.

Tenía cierta experiencia en altas montaña, pero apenas la suficiente para saber que no sabía mucho y que debía ir paso a paso. En montañas anteriores había cometido mis propios errores de estimación y ya había caído más de una vez en la equivocación de subestimar una montaña. Esto ocurre normalmente a causa de la inexperiencia sumada a la sobrestimación de los medios de uno.

---

[120] *Se conoce como las Siete Cumbres a las más altas montañas de cada uno de los seis continentes, añadiendo además la más alta de Norteamérica. Everest (Asia), Aconcagua (América), Denali (Norteamérica), Kilimanjaro(África), Elbrus (Europa), Kosciuszko (Oceanía), Vinson (Antártida).*

ESTRATEGIA
El Conocimiento Secreto de Alejandro Magno

En 1995, escalando el Kilimanjaro, otra de las Siete Cumbres, había dado por seguro alcanzar la cima porque me sentía fuerte y faltaban apenas cuatrocientos metros. La certeza de que prácticamente ya había logrado el objetivo me había hecho perder la *concentración* a medida que continuaba escalando y este error me causó muchas dificultades cuando faltaban apenas doscientos metros para llegar a la cima.

Cuatro años después en el Aconcagua me había mentalizado y enfocado a modo de no cometer el mismo error. Para intentar llegar a la cumbre del Aconcagua mi objetivo mental era no perder la *concentración* y no dar por descontado nada. En otras palabras, no subestimar la montaña ni siquiera por un momento. Es interesante notar que, si bien existen varias maneras de perder la *concentración*, en esta ocasión era consciente apenas del error que me había causado problemas antes. Pero efectivamente existen varias maneras de perder la *concentración* y debemos conocer todas aquellas que nos puedan afectar. Irónicamente son aquellas causas de *dispersiones* de las cuales no somos conscientes que terminan representando el mayor riesgo para nosotros. Es aquí donde nuevamente vemos la importancia del aprendizaje por medio a la *observación* de la experiencia propia y la de los otros.

El relato que te compartiré abajo no trata de mis propios errores en la subida al Aconcagua en 1999, por la simple razón de que estos no estuvieron específicamente ligados a la *Primera Sabiduría Estratégica*.121 Sin embargo, el siguiente relato nos dará la oportunidad de observar a otros dos escaladores que hacían parte de la expedición y cuyos ejemplos serán útiles para comprender cómo la omisión de la 1SE puede impedir que el individuo llegue a su objetivo.

Había llegado a Mendoza, Argentina, un día antes de iniciar la escalada para encontrarme con el grupo de ocho escaladores que subiríamos acompañados de dos guías de montaña. Al final del día, y luego de organizar los detalles necesarios, todos fuimos a un pequeño bar donde estuvimos hablando por breve tiempo. Cada uno de los miembros de la expedición se presentó y compartió los motivos y metas que tenían al venir de lejos para escalar esta montaña. Observemos a dos de los escaladores pues nos serán muy útiles para comprender la importancia de la *Primera Sabiduría Estratégica* (1SE).

---

121 *Cometí otros errores diferentes que resultaron en pérdida de concentración y que tuvieron su fuente en puntos ciegos y que recién posteriormente pasaron a ser conscientes.*

III. El comando Boina Verde

Era un hombre de estatura mediana, robusto y apenas había pasado los 50 años
de edad. Al momento de presentarse dijo que había sido un comando especial
en la Guerra del Vietnam. Había servido en la guerra como uno de los llamados
Boinas Verdes, una fuerza de élite del ejército estadounidense. Cuando escuché
que era un excomando del ejército inmediatamente lo ubiqué en una categoría
superior a todos. Ciertamente este hombre conocía lo que significaba enfrentar
retos duros y en lo que se refiere a resistencia mental y resolución era superior
al individuo común. Como lo importante es la observación y no la identidad
de la persona, aquí lo llamaremos *Rambo*. Fue así como lo llamamos, pues nos
dijo que tenía todas las habilidades de supervivencia en la selva y una mente
muy entrenada a soportar la dureza de los desafíos. Si tuviera que apostar en
ese momento, Rambo era, a mi manera de estimar, uno de aquellos que debería
llegar a la cumbre. Cuando nos compartió detalles de su entrenamiento y que
entre otras proezas había recorrido centenares de kilómetros montado en una
bicicleta por 24 horas me sorprendí de su fortaleza física. En ese momento
me sentí obligado a aumentar mi apuesta mental de que Rambo era un firme
prospecto a "hacer cumbre" como decían los guías. Lo acompañaba un amigo y
paisano suyo que cuando se presentó dijo que no tenía experiencia en montaña,
pero que venía a acompañar a su amigo. A diferencia de Rambo, su amigo
no hablaba mucho y dijo que estaría satisfecho con apoyarlo y esperar en el
campamento base, Plaza de Mulas.

Los medios que Rambo tenía a su disposición para llegar a la cumbre
del Aconcagua no se limitaban a su fortaleza física, a sus conocimientos de
supervivencia en la selva y a su evidente fortaleza mental: al día siguiente
cuando estábamos preparando las mochilas me dijo que durante sus años en
la guerra había recibido herramientas mentales muy especiales que le permitían sobrepasar cualquier tipo de situación. Recuerdo que me dijo poseer una
herramienta mental exclusiva de los Boinas Verdes y que me la compartiría
cuando estuviéramos a más de seis mil metros de altura. Como mi objetivo
mental era no subestimar la montaña en ningún momento, no quise asumir que
llegaría a los seis mil metros hasta efectivamente poder alcanzar dicha altura.
Entonces le pedí que me compartiera los detalles de esa "herramienta mental"
e insistí que fuera al inicio, no a seis mil metros de altura. Se negó a hacerlo.

Terminé de convencerme que se trataba de un hombre especial cuando reveló
que el Aconcagua era apenas parte de su entrenamiento. La montaña andina

no era su objetivo final. En algunos meses más estaría viajando a Nepal donde encontraría su verdadero objetivo: el monte Everest, la montaña más alta del planeta. El Aconcagua era parte de su trabajo de aclimatación para el Everest.

Esto confirmó mi convicción inicial que si tuvieran que apostar Rambo sería uno de los más fuertes candidatos para llegar a la cumbre, pero en ese momento se me ocurrió preguntar cuales montañas ya había escalado anteriormente. Su respuesta fue tan sorprendente como su entrenamiento y su historia:

—Ninguna. Esta será mi primera montaña —dijo Rambo, como si la información ensanchara aún más su poder.

Esta última información me obligó a repensar mi apuesta de que Rambo alcanzaría la cumbre. Había sido era tan inexperimentado como yo había sido cuando subestimé el Kilimanjaro a unos metros de la cima. Pero a pesar de su inexperiencia, Rambo se había colocado una meta inmensa y extraordinaria. Este escalador no estaba considerando la *Primera Sabiduría Estratégica* (1SE) y veremos cómo sobrestimó sus medios.

IV. El Maratonista

Esa misma noche en el bar en que estábamos todos reunidos conocí a otro escalador que también me llamó la atención porque tenía una fortaleza muy específica: era un atleta de experiencia que había logrado completar más de cuarenta maratones. Era un hombre alto, flaco, pero muy fuerte y con una condición cardiopulmonar óptima. Estimé que tendría más de 45 años y que, debido a la ventaja que las maratones le habían dado, él también era un candidato que llegaría a la cumbre del Aconcagua.

Sin embargo, desde el punto de vista de la actitud, este atleta estaba en el extremo opuesto al confiado y casi arrogante excomando. Si bien no era un comando especial, el maratonista estaba mejor preparado físicamente que cualquier otro en el grupo, incluyendo al mismo Rambo. Su condición física excedía, de manera significativa, a cualquier persona común. En el relato le llamaremos simplemente el Maratonista.

Le tocó responder la misma pregunta: ¿Cuáles montañas había escalado antes? Su respuesta fue la misma de Rambo:

—Ninguna. Esta será mi primera montaña.

Tanto Rambo como el Maratonista eran totalmente inexpertos, pero contrariamente al ex-comando boina verde, el Maratonista parecía inseguro. Por momentos lucía arrepentido de haberse embarcado en esa aventura. Quedó claro que estaba muy preocupado con la posibilidad de sufrir el "mal de montaña" y dijo tener miedo. Según él la escalada a la cumbre sería muy dura. Explicó que su entrenamiento y su vasta experiencia en maratones no tendrían ninguna importancia cuando el "mal de montaña" le afectara.

Apenas estábamos conociéndonos entre todos y en ese momento tuve la intención de alentarlo. Le recordé que su capacidad pulmonar le podría dar una ventaja extra y que no debería tener miedo ya que la ruta era dura, pero sin complicaciones técnicas. Me dio la impresión de que no deseaba escuchar argumentos, ya que inmediatamente me preguntó si ya había leído sobre los síntomas que podrían afectarnos en la altura.

"Ajusta tus objetivos a tus medios" - Nada en exceso

Dos días después estábamos partiendo de un lugar llamado Puente del Inca y en dirección a la frontera con Chile para llegar a la entrada del Parque del Aconcagua. Desde este punto tuvimos la primera vista majestuosa e imponente de la montaña. Al lado de la ruta se entraba a un estrecho valle que estaba escoltado a la derecha y a la izquierda por enormes elevaciones. Al final del valle, detrás de una montaña menor, se elevaba impresionante e intimidante la gran mole de piedra gris del Aconcagua con la cumbre nevada que ese día se veía azotada por los vientos. El cielo azul contrastaba con lo que parecía ser una nube en la cumbre, pero que en realidad era una tormenta de nieve. Subir y bajar la montaña nos llevaría dos semanas. El plan era subir gradualmente, escalar lo más alto posible durante el día y luego acampar y dormir a una altura lo más baja posible. El primer día de escalada consistió en una larga caminata por senderos pedregosos que subían y bajaban hasta llegar al primer campamento llamado Confluencia a 3 368 metros de altura. Fue un día intenso, pero no diferente a lo que sería una excursión extenuante de *trekking*[122].

El primer día fue largo, pero era el más liviano de todos aquellos que nos esperaban. Esa noche dormimos en Confluencia.

Según la planeación, dedicaríamos el segundo día al proceso de aclimatación. Subiríamos a cuatro mil metros yendo a un anfiteatro natural llamado

---

[122] *Una actividad más intensa que el senderismo.*

Plaza Francia, desde donde tendríamos una vista espectacular de la imponente pared sur del Aconcagua. El día sería nuevamente extenuante, pero apenas estábamos aclimatándonos para evitar el mal de montaña. Sin embargo, a la mañana temprano luego después del desayuno tuvimos la primera sorpresa. Luego de desayunar el Maratonista informó que no había pasado una buena noche y que no creía estar en condiciones de subir a Plaza Francia. Había tenido muchos dolores de cabeza durante la madrugada y estimaba que sería mejor quedarse a descansar y recuperarse de la noche mal dormida. El Maratonista dijo que tenía temor de subir a cuatro mil metros porque su condición podría deteriorarse aún más. Tenía razón. Optó entonces por quedarse a descansar todo el día en el campamento Confluencia.

Luego de la visita a Plaza Francia volvimos a Confluencia al final de la tarde y fuimos a dormir temprano. El tercer día sería muy largo y nos tocaba cruzar un altiplano árido y descubierto, llamado Playa Ancha. Durante todo el día estaríamos avanzando lentamente, rodeados por algunas de las montañas más altas de América. Al despertar al día siguiente estábamos listos, un poco mejor aclimatados y a punto de partir del campamento Confluencia para cruzar la Playa Ancha.

En ese momento tuvimos la segunda sorpresa. El Maratonista nos informó que efectivamente se había enfermado. Había caído víctima del "mal de montaña", tal como temía desde el inicio. En las condiciones que estaba creía que simplemente no podría continuar la expedición. Según él, había calculado mal su objetivo y el Aconcagua no era posible para él, a pesar de los medios con los que contaba.

Evidentemente, el Maratonista estaba en el extremo opuesto a Rambo en lo que se refiere a la *Primera Sabiduría Estratégica* que nos dice *Ajusta tus objetivos a tus medios*. Donde Rambo subestimaba a la montaña el Maratonista la sobreestimaba. Donde Rambo sobreestimaba sus medios el Maratonista se subestimaba a sí mismo y de igual manera subestimaba sus medios. El Maratonista y Rambo eran ejemplos opuestos de la incapacidad de seguir este primer axioma de Estrategia que dice *Ajusta tus objetivos a tus medios* y por lo tanto no podrían cumplir el *Principio Estratégico Esencial* (PEE) de manera realista.

Rambo y los otros seis escaladores y los dos guías continuamos la escalada sin el Maratonista. A mí me había quedado la sensación de que el más fuerte del grupo, aquel que yo consideraba más preparado físicamente para llegar a la cumbre, se había enfermado antes de siquiera partir hacia el campamento base en Plaza de Mulas.

Lo curioso era que desde el inicio, cuando todavía nos encontrábamos en Mendoza, el Maratonista parecía estar resignado a la idea que llegar a la cumbre del Aconcagua no era un objetivo para él. Esto me llamaba la atención porque en algún momento de su proceso habría considerado que sí era posible y por eso había invertido tiempo y dinero en tener una oportunidad.

El trabajo de conocerse a sí mismo, de identificar y estimar correctamente las fortalezas y las debilidades y luego tener la capacidad mental de enfocarse en las fortalezas es un proceso que, como vimos antes, es la primera parte del PEE, la esencia misma de la Estrategia. Pero en la vida real no es tan sencillo poner en práctica el PEE pues exige autoconocimiento significativo y autoliderazgo.

Playa Ancha era un desierto alto, árido y aparentemente interminable. El trecho me pareció más duro de lo esperado y terminé el día llegando casi agotado a Plaza de Mulas. Al llegar escuché de parte de uno de los guías que Rambo había tenido problemas y que todavía no llegaba. Aparentemente venía retrasado de varias horas. Los guías parecían un poco preocupados y efectivamente tres horas después, cuando ya casi era noche y el frio se hacía más intenso, escuchamos que Rambo finalmente había alcanzado Plaza de Mulas. Alguien comentó que había sido llevado directamente a la carpa del médico de guardia.

Como el retraso de Rambo había preocupado a todos crucé el campamento para ir a verlo a la tienda del médico. Al entrar vi a Rambo sentado en un pequeño taburete, acurrucado y tapado con cubiertas como un frágil viejecito. Tenía la cabeza cubierta con dos gorros más la capucha de su vestimenta de camuflaje de selva. Parecía muy abatido y presentaba fiebre. Sus ojos estaban vidriosos y temblaba de frío.

Me sorprendió escuchar cuando dijo que no sabía si continuaría la expedición. Rambo pasó a relatar con voz frágil y con palabras articuladas lentamente que creía haber subestimado el trecho de Confluencia a Plaza de Mulas. No había planeado correctamente su ingestión energética y cuando el trecho se hizo "interminable" se quedó sin energías para continuar.

En ese momento tuvo que recurrir a su experiencia en la selva y a todos los conocimientos que había adquirido en la guerra de Vietnam. Nos contó que entonces había decidido mezclar un sobre de azúcar que traía consigo con el agua que cargaba, con el objetivo de que este brebaje dulce le proporcionara glucosa a sus músculos. Sin embargo, como Playa Ancha no era la selva del Vietnam, tal mezcla le dio energía a corto plazo, pero ante el terreno árido, seco y caluroso, le agudizó tremendamente la sed que ya traía. La sed se fue agravando hasta que Rambo se encontró en medio al pedregoso y montañoso desierto sin energía, con muchísima sed, sin agua y todavía estando relativamente lejos de la meta.

En este estado y cayendo en cuenta de que sus medios no eran los adecuados para la montaña se inquietó al ver que la situación había salido de su control. Intentó compensar el error de arruinar el agua con el azúcar recurriendo nuevamente a sus medios. No obstante, cometió otro error pues quiso aplicar en la montaña algo que había aprendido en las selvas. Para saciar la sed buscó una pequeña vena de agua que bajaba de la montaña y decidió que era una buena idea tomar el agua lodosa. El resultado fue una intoxicación que le provocó vómitos y agravó la deshidratación que ya presentaba desde antes.

Equivocarnos en estimar correctamente nuestros medios puede ser mortal en la montaña y Rambo era consciente de que estaba en peligro. Fue recién en ese momento que obtuvo la consciencia de que estaba en un terreno en el cual no tenía ninguna experiencia. Sus medios no eran los adecuados para el objetivo que se había puesto. Nos dijo que pasó por su mente la idea de que si cometía un error más, podría morir.

Tal vez la inexperiencia en altas montañas impidió que Rambo percibiera que, además, estaba siendo afectado por la altura y que su claridad mental se hallaba disminuida. En esos momentos en que la confusión mental causada por la falta de energía, por la sed, la intoxicación y la altura eran ya grandes Rambo terminó de colapsar cuando creyó escuchar por la radio que su amigo, a quién había convencido a venir a escalar con él, se había perdido. La tormenta mental se agravó con esta nueva mala noticia. Sintiendo en carne propia la dureza de la montaña, se imaginó que su amigo, extraviado y sin una fortaleza física como la suya, ya estaría por morir. Este fue el golpe psicológico que terminó de derribarlo, según nos contó sentado en el taburete y acurrucado con mantas, mientras el médico le tomaba el pulso.

Pero luego de tres horas de retraso, agotado, sufriendo mucho y recriminándose por la posible muerte de su amigo, Rambo logró alcanzar el campamento

Plaza de Mulas casi de noche. Lo más importante en ese momento para él era rescatar a su amigo, pero al llegar se enteró de que, afortunadamente, este se hallaba bien y de que el "perdido en la montaña" había sido él. La altura le había generado mucha confusión.

Al día siguiente, la deshidratación causada por su ingestión de agua lodosa, unida al tremendo golpe psicológico, desencadenaron un edema facial y Rambo fue obligado a abandonar la expedición.

V. Nada en exceso

Todos cometemos errores de estimación. Todos tenemos dificultad en conocernos a nosotros mismos y definir correctamente nuestras fortalezas y debilidades. La principal razón de por qué Rambo y el Maratonista habían llamado mi atención desde el primer día era porque yo mismo había cometido errores similares en el pasado.

Tal vez no había llegado a los extremos sufridos por Rambo, pero sí había sobreestimado mis fuerzas faltando doscientos metros para llegar a la cumbre de otra montaña. Cuando días antes había escuchado a Rambo decir que escalaría el Everest y que iba al Aconcagua nada más para aclimatarse, pero que no tenía experiencia en alta montaña, me fue posible identificar en él los mismos errores que yo había cometido en el pasado. De igual manera con el Maratonista. Todos nosotros en algún momento podemos caer víctimas del temor y de nuestras propias profecías autocumplidas, si no logramos enfocarnos totalmente en nuestras fortalezas.

La *Primera Sabiduría Estratégica* dice *Ajusta tus objetivos a tus medios*, conócete a ti mismo. Cuando ocurre un aumento de la autoconsciencia por medio de la observación imparcial y desapasionada de nuestros propios errores logramos obtener una cierta capacidad de identificar el mismo error en otros.

El Maratonista claramente había subestimado sus medios físicos al punto de permitir que el miedo lo dominara y le hiciera perder la concentración. Debería haber colocado todo su enfoque en su fortaleza, pero esto es más fácil decirlo que hacerlo. Aunque era aquel con mejores condiciones cardiopulmonares y musculares, se vio obligado a ser el primero a abandonar la expedición porque su debilidad estaba en el temor y este lo dominó. El diagnóstico de "mal de altura" lo eliminó porque probablemente no contaba con los medios psicológicos necesarios para llegar al objetivo que se había colocado.

Sin embargo, en algún momento del pasado, antes de venir a la montaña, el Maratonista sí había creído en sus posibilidades, porque de otra manera ni hubiera intentado escalar el Aconcagua. El momento en que creyó que podía lograrlo fue cuando estaba con la concentración puesta en sus fortalezas, en sus recursos físicos y no en su temor.

En el otro extremo encontramos a Rambo, que sobrestimó sus medios y subestimó a la montaña. Había seleccionado al Aconcagua como simple "preparación para escalar el Everest", sin tener experiencia alguna en montañas.

A veces nos sorprende más la caída de aquel que se sobrestima y menos el fracaso de aquel que se subestima, pero en Estrategia evitar ambos errores forma parte de la *Primera Sabiduría Estratégica* (1SE). Tanto la sobrestimación como la subestimación de los medios son errores estratégicos que impiden cumplir el *Principio Estratégico Esencial* (PEE). Si nos excedemos nos dispersaremos, pero si quedamos abajo de nuestro potencial no podremos concentrar nuestras fuerzas de manera óptima y así es probable que terminemos frustrados.

La montaña termina siendo una metáfora para ayudarnos a comprender que el pensamiento estratégico se ubica en el territorio que está entre la temeridad y el temor. "Nada en exceso" es la síntesis de la Sabiduría y es un consejo más difícil de seguir de lo que parece a simple vista.

Esa expedición al Aconcagua en diciembre de 1999 fue particularmente dura. Una tormenta nos sorprendió a seis mil doscientos metros de altura y nos quedamos atrapados por cuarenta y ocho horas en el Campamento Berlín. Pero para colmo, la única persona que pudo continuar luego de la tormenta y alcanzar la cumbre terminó pagando con su vida sus propios errores estratégicos. Esta es tal vez la lección más dramática de la montaña: *Nunca olvides tu Gran Estrategia.*

VI. La montaña y Gran Estrategia

Fatídicamente este hombre que llegó a la cumbre decidió escalar más lejos y por más horas de lo que sería prudente. José Luis, así se llamaba, era un militar argentino que luego de la tormenta tuvo fuerzas para continuar la escalada con un compañero. La montaña te ofrece una "ventana de tiempo" que necesitas respetar para alcanzar la cumbre. Si el montañista no cumple dicha ventana de tiempo podría tener que quedarse varado en la cumbre, algo impensable, o bajar al campamento Berlín en medio de la oscuridad. Si ya han pasado diez o quince días de escalada y has hecho un esfuerzo enorme para llegar a la cumbre y apenas faltan los últimos cincuenta metros, pero ya has excedido el tiempo y la prudencia te dice que retrocedas... ¿qué haces? Es muy difícil, pero la decisión correcta es siempre volver. Es difícil porque hay detrás mucho tiempo de trabajo y con la falta de oxígeno y el cansancio no solamente se dificulta el buen juicio sino también la capacidad de orientarse en el espacio y el tiempo.

Es en momentos así, cuando el no olvidar tu *Gran Estrategia* te puede salvar la vida. Este señor era padre de familia y tenía tres o cuatro hijos, y estoy seguro de que su *Gran Estrategia* no era llegar a la cumbre del Aconcagua. Llegar a esa cumbre era una meta, pero no su *Gran Estrategia*. Tal vez nunca había conocido este concepto y por lo tanto no lo tenía en mente al momento de tomar la decisión continuar escalando o volver atrás. José Luis y su compañero continuaron y llegaron a la cumbre. Al bajar en medio a la oscuridad ambos cayeron a un precipicio. José Luis murió. Su compañero se arrastró toda la noche y la mañana siguiente con la pierna rota hasta que fue visto desde el Campamento Base y rescatado.[123]

¿Era su *Gran Estrategia* (*i.e.* objetivo de vida) llegar a la cumbre del Aconcagua? Claro que no. El fallecido tenía menos de 40 años, era casado y tenía hijos. Mantén siempre en mente, en momentos de peligro, de tensión o grandes decisiones, cuál es tu *Gran Estrategia*.

La *Primera Sabiduría Estratégica "ajusta tus objetivos a tus medios"*, el autoconocimiento y la correcta estimación del desafío que debemos enfrentar, son fundamentales en *Estrategia*. Es de suma importancia comprender y ser conscientes de esto porque nuestros problemas inician cuando ignoramos la *Primera Sabiduría Estratégica*.

Recuerda que las dos palabras claves de la 1SE son *objetivos* y *medios*, y no olvides que el error estratégico se suele dar tanto durante la estimación de los medios como en la colocación del objetivo.

VII. La importancia de la experiencia en la 1SE

El aprendizaje se da por medio a la experiencia observada y analizada, así como explicaba Francis Bacon. El *strategos* debe aprovechar la experiencia para aprender más sobre sí mismo. Porque si olvidas que la esencia de la Estrategia es *concentración en la fortaleza, aplicada sobre una dispersión* y no conoces las

---

[123] *Esto fue lo visto desde el campamento base por el autor y relatado posteriormente por los rescatistas y guías de montaña.*

Cinco Sabidurías Estratégicas que surgen de este *Principio Estratégico Esencial,* entonces el proceso de identificación de los errores se dificultará

Si el *stratego* no ensancha su autoconocimiento, la razón por la que cometió un error permanecerá en el inconsciente y esta misma inconsciencia lo llevará a repetir el error una y otra vez, hasta destruirlo.[124]

La persona que ignora la 1SE no entenderá la razón de su fracaso y de sus problemas. Construirá un enorme castillo de arena que, a pesar de su grandiosidad, o a causa de esta, estará destinado a desmoronarse. La cadena de errores estratégicos se iniciará al momento de ignorar la 1SE, pero de ahí en más y por lógica se seguirán otros errores.

Si además de ser inconsciente de la 1SE el individuo sufre de gran inseguridad y la consecuente necesidad de probarse a si mismo, podrá sufrir de una ambición desmedida. En este caso la persona será fácilmente llevada por su ego y se colocará objetivos irracionales. El ego, que suele ser inconsciente de sí mismo, convencerá al individuo que es poseedor de los medios adecuados para lograr lo que se imagina. Este pensamiento puede ir creciendo gradualmente y la poca consciencia restante se irá obnubilando a medida que el individuo logre obtener sus primeros objetivos.

Si este tipo de pensamiento no es controlado, puede llevar al individuo a sobreextenderse y como toda sobreextensión es efectivamente una *dispersión,* entonces es un error estratégico. Por lo tanto, el ego puede llevar al individuo al punto de subestimar el desafío y a sobrestimar sus propios medios. Si el proceso continúa llegará el punto en que el individuo quedará afuera de la realidad objetiva y estará pasivo de recibir el "ajuste" de la Naturaleza.[125]

Esta combinación de *sobrestimación de los propios medios y subestimación del desafío* crea las condiciones para una caída catastrófica que indefectiblemente terminará ocurriendo.

---

[124] *El ego lleva al individuo a un gradual deterioro en su capacidad de estimación y al punto de que la persona llegará a creer poder controlar el destino y lograr todos sus objetivos y planes. El éxito de ayer se transformará gradualmente en la razón de la caída de mañana.*

[125] *Si la violación de la 1SE es llevada a un extremo podría asociarse a aquello que los griegos llamaban hubris. Existe más de una manera para describir el concepto de hubris, pero una de ellas es asociándolo a la "ambición desmedida". El cometer hubris tiene sus raíces en el ego desmedido e inflamado. En la necesidad de llegar a objetivos cada vez más altos para satisfacer el deseo de reconocimiento y obtener o mantener el poder, incluso a cuesta de dañar las vidas de los más débiles.*

En estos casos se da aquello que dice Carl G. Jung de que "hasta que lo inconsciente no se haga consciente, el subconsciente seguirá dirigiendo la vida del individuo, y este lo llamará destino".

Algo similar, aunque normalmente más rápido, puede ocurrir en el otro extremo donde el individuo se subestima a sí mismo y sobreestima excesivamente el desafío que tiene enfrente. La frustración será el resultado final, pero antes vendrá el temor y la paralización. Este proceso podrá minar aún más la autoestima del individuo y generar un círculo vicioso.

Por otro lado, en un individuo que no es dominado excesivamente por el ego, el autoconocimiento irá en aumento gracias a la observación de sus propias experiencias, de sus errores y de los errores de los otros. El proceso de autoconocimiento llevará al individuo a conocer sus fortalezas y debilidades y a la posibilidad de practicar el Arte de la Estrategia.

> *Los tontos dicen aprender de sus experiencias.*
> *Yo prefiero aprender de ellos.*
>
> Otto von Bismarck

Si el error estratégico es individual y no afecta a otros, el mal es menor. Pero cuando el error estratégico es cometido por los líderes puede resultar en la destrucción y sufrimiento de muchos. Este fue el caso del próximo ejemplo que veremos.

*La montaña Aconcagua, vista desde la entrada del
Parque Provincial Aconcagua, Mendoza, Argentina.*

17. Hubris

I. Marco Licinio Craso y la Primera Sabiduría Estratégica

Hubris es un antiguo concepto griego ligado a la violación de la *Primera Sabiduría Estratégica*. Cometer *hubris* acarreaba indefectiblemente la llegada de *némesis*, la venganza de los dioses.

El concepto de *hubris* se manifiesta en la cultura de casi todos los pueblos del mundo de una manera u otra. Los hebreos enseñaban que la altivez precede a la caída y que Dios ama al humilde y humilla al soberbio.[126] Desde mucho antes Pitágoras (c. 500 a. C) ya había observado la realidad con ojos de matemático y encontrando sentido, razón y equilibrio en las proporciones de la Naturaleza, de donde surgió la esencia de la filosofía griega que dice "nada en exceso" y que evita que el individuo caiga en el error de cometer *hubris*.

Después de conquistar el Imperio Persa Aqueménida, Alejandro llegó a la India en el año 327 a. C. y allá escuchó sobre la Ley del Karma, el ajuste del equilibrio, enseñada por los yoguis.[127] En el Oriente este concepto de equilibrio está contenido en el "camino del medio" del Buda Sidartha Gautama y, no por coincidencia, es también la síntesis de la sabiduría de los filósofos griegos antiguos.[128]

Lo contrario a *hubris* era la moderación del carácter, conocida en Grecia como *sophrosyne* (σωφροσύνη) y era uno de los trazos característicos del *strategos* ideal. Moderación en las emociones, moderación en los deseos, moderación en las comodidades, moderación en todo.[129]

---

[126] *Salmos 138:6.*

[127] *Yoguis. Llamados gymnosofistas por los griegos. Hallándose en Taxila, Alejandro envió a su propio filósofo Onesícrito, adepto cínico de Diógenes, a visitar a un concilio de gimnosofistas que vivían en las selvas cercanas. Allí Onesícrito conoció a Kalanos, quien le recibió con arrogancia, y a Dandamis de Taxila, el mayor y más sabio de ellos, que reprendió a su colega por sus malas maneras y alabó la sabiduría de Alejandro al desear aprender de ellos. Dandamis reveló además que había sido él quien había aconsejado al rey Taxiles recibir pacíficamente a Alejandro para mayor provecho de ambos. Al final Kalanos eligió acompañar a Alejandro y terminó siendo su amigo y aficionándose al joven macedonio. Kalanos enfermó y decidió inmolarse en una pira funeraria. Se cuenta que antes de morir se despidió de su amigo diciendo "Te veré en Babilonia". Alejandro moriría un año después en Babilonia.*

[128] *La moderación era el camino más excelente, aunque practicado por pocos en Grecia.*

[129] *En las palabras de Jesús, que era considerado un radical únicamente por ser un moderado*

Todas estas maneras de expresar el concepto de equilibrio y moderación provienen de la observación de la existencia de una ley natural que el ser humano ha comprobado ser ineludible desde siempre. Es la ley del equilibrio. El equilibrio se manifiesta en lo micro y en lo macro en toda la naturaleza, en todo lo existente. Para que puedas pensar en tener éxito debes obedecer esta ley. Los sabios de todas las épocas apuntaron a este camino. El equilibrio es el estado óptimo y es el único que lleva a la tranquilidad.

Ajusta tus objetivos a tus medios es por lo tanto la expresión de esta ley natural en formato de pensamiento estratégico. Es el primer axioma identificado por Basil Liddell Hart en su estudio sobre las grandes batallas y Grandes Comandantes de la historia.

Así como hemos hecho con la historia de Isoroku Yamamoto este próximo caso nos dará material para observar y pensar. Te propongo otro ejercicio de observación,[130] pues en estos casos de *hubris* es mucho mejor observar desde lejos y aprender del error de otros. Cuando se rompe el equilibrio y nos sobrepasamos en arrogancia y prepotencia entramos a una zona de total falta de autoconocimiento. Las consecuencias suelen ser catastróficas.

Si eres una persona que cree haber logrado mucho en la vida y crees ser muy bueno en lo que haces, si crees ser el campeón y te consideras inamovible e invencible, cuidado: estás en un territorio donde la consciencia de tu propia grandeza puede ser la mayor *dispersión* que tengas.

Observa a este hombre que a causa de su necesidad de grandeza y reconocimiento externo cometió *hubris*. Identifica el acto de *hubris* y cómo lo llevó a encontrarse con su *némesis* a causa de la violación de la *Primera Sabiduría Estratégica: "Ajusta tus objetivos a tus medios"*.

La vida del general romano Marco Licinio Craso, o simplemente Craso como se le conoce en español, es un ejemplo histórico que nos permitirá observar diferentes matices del error estratégico que se comete al no ser capaz de practicar la *Primera Sabiduría Estratégica* (1SE). Observa cómo Craso sufre de

---

en medio a fanáticos religiosos, la moderación está patente en "da a César lo de César y a Dios lo de Dios" (Lucas 20:25) o en la reprimenda a los fanáticos religiosos que habían visto a un profeta ascético (Juan el Bautista) y lo habían criticado, y ahora lo veían a él (Jesús) tomar vino, comer y compartir con todo tipo de gente, y también lo criticaban.

[130] *La observación de la experiencia de los otros es una de las tres fuentes por la cual se puede obtener conocimiento según Francis Bacon.*

una progresiva sobrestimación de sus medios y esto lo lleva a cada vez mayores excesos al plantearse sus objetivos.

La notoriedad de Marco Licinio Craso tiene inicio con la rebelión de esclavos que se inició en el año 73 a. C. en la ciudad de Capua, Italia. Esta rebelión de esclavos fue capitaneada por un tracio llamado Espartaco y causó problemas a Roma por dos años. La revuelta representaba un riesgo político y si no era aplastada inmediatamente más esclavos podrían verse inspirados a agrandar las filas de Espartaco. El senado de Roma convocó al general Marco Licinio Craso para resolver el problema que ya se había extendido más de lo esperado.

El general Craso termina con la rebelión, Espartaco muere con espada en mano y más de seis mil de sus asociados son crucificados en Roma a lo largo de la vía Apia. El mensaje había sido dado y nadie más se atrevería a pensar que una revuelta de esclavos podría terminar bien. Craso había hecho un buen trabajo como general e incluso había arriesgado su vida. Pero esta victoria no le dio el prestigio que esperaba debido a que fue una "guerra contra esclavos", aunque en realidad se trataba de peligrosos gladiadores. Tampoco ayudó el hecho de que otro general, Cneo Pompeyo, había llegado para dar el golpe final a la rebelión. A su vuelta a Roma Craso no se atrevió a solicitar recibir un gran honor (*i.e.* un *triumphus*[131]), pero ni siquiera le dieron un honor menor que sería la llamada ovación.[132]

---

[131] *En la Roma republicana, los logros militares verdaderamente excepcionales merecían los más altos honores posibles. El más importante de estos honores era el triumphus. El triunfo relacionaba al vir triumphalis ("hombre del triunfo", más tarde conocido como triunfador) con el pasado mítico de Roma. En esta ocasión el general era llevado en procesión por la ciudad en un carro de cuatro caballos, bajo la mirada de sus pares y de una multitud que aplaudía, hasta el templo de Júpiter Capitolino. Durante la procesión llevaba los atuendos tradicionalmente asociados a Júpiter Capitolino: la "toga picta" púrpura y dorada, la corona de laurel, las botas rojas y, posiblemente también, el rostro pintado de rojo como la deidad suprema de Roma. El botín y los cautivos de su victoria encabezaban la procesión; luego sus ejércitos lo seguían. Una vez en el templo capitolino, sacrificaba dos bueyes blancos a Júpiter y depositaba a sus pies las muestras de su victoria, dedicando su triunfo al Senado romano, al pueblo y a los dioses. Según historiadores, desde la época de Escipión Africano, el general triunfante estaba vinculado a Alejandro y al semidiós Hércules, que había trabajado desinteresadamente en beneficio de toda la humanidad*

[132] *La ovación (latín ovatio) o pequeño triunfo era otra ceremonia en la que se rendían honores a un general victorioso. Tenía menos protagonismo que el triunfo, aunque no era menos solemne. El origen de la palabra viene de la raíz latina ovis, oveja, el animal de sacrificio al final de la ceremonia..*

Hasta el día de hoy la gente reconoce el nombre de Espartaco y pocos reconocen el de Craso, y sin embargo era este último aquel que deseaba ser reconocido y admirado como ningún otro hombre en Roma.

Los pocos honores y el reconocimiento recibidos luego de sofocar la rebelión de Espartaco no fueron suficientes para este general romano. Craso se puso entonces como objetivo ser más rico. Pensó que siendo más rico sería más poderoso y más admirado. De esta manera recibiría el reconocimiento que tanto ansiaba.

Pero Craso ya era rico. Eran muchas las minas de plata que tenía, propiedades de gran valor en sí mismas. Pero estas minas de plata no eran nada en comparación a la cantidad de esclavos que Craso poseía. Los poseía de todo tipo, nacionalidad y oficio: lectores, plateros, artistas, administradores, mayordomos, arquitectos y fue gracias a estos últimos que pudo implementar una idea de negocios que lo llevaría a ser el hombre más rico de Roma.

Con el objetivo de hacerse aún más rico de lo que ya era, Craso vio una oportunidad de negocios en el hecho de que en la ciudad de Roma gran parte de las casas eran hechas de madera. A menudo las casas se incendiaban causando pérdidas totales a los propietarios. Además, los incendios eran muy peligrosos, pues como muchas casas estaban amontonadas el fuego fácilmente pasaba de una casa a otra.[133] El Senado no se encargaba del tema y en esto Craso vio su oportunidad de negocios.

Entrenó a su batallón de esclavos arquitectos y maestros de obras para apagar los incendios y reconstruir las casas. Llegó a tener un total de quinientos esclavos especializados en extinguir incendios y reparar casas. Pero sus intenciones y *modus operandi* estaban lejos de la caridad, pues su objetivo era hacerse con los edificios quemados y los contiguos a ellos.

El *modus operandi* de su negocio era sencillo. Las cuadrillas de esclavos corrían a la casa que estaba siendo destruida por el fuego y un representante se acercaba al desesperado propietario haciendo una oferta monetaria por la casa. La oferta era siempre apenas una fracción del valor de la casa y esto aseguraba que si Craso la compraba sus ganancias serían grandes después de repararla. Si el propietario no aceptaba la oferta entonces los esclavos quedaban mirando mientras la casa se quemaba. A medida que los minutos pasaban y el propietario dudaba la oferta monetaria de Craso bajaba aún más. El pro-

---

[133] *Por eso Nerón pudo incendiar Roma.*

pietario se encontraba en la situación de que si no aceptaba la oferta tendría una pérdida total.

Pronto este negocio inmobiliario basado en la explotación de los desafortunados y el abuso a las desesperadas familias romanas llevó a Craso a ser el propietario de gran parte de la ciudad y el hombre más rico de Roma. Posiblemente el hombre más rico del mundo.

Luego de llegar a su objetivo de ser el hombre más rico y también siendo reconocido anteriormente como el general que derrotó a Espartaco, Craso percibió que el poder económico no era suficiente para él. Había encontrado que su fortaleza estaba en hacer dinero, pero siendo un general sentía que debería lograr más. Necesitaba más logros para ser reconocido como el hombre más importante de Roma. Percibió que aquello que le daría verdadero reconocimiento sería obtener poder político.

Estimó que ser un famoso general y poseer un genio especial para hacer negocios eran evidencias de que contaba con los medios para plantearse objetivos aún más altos y buscar ser el hombre más admirado y respetado de toda Roma. Se puso entonces como objetivo la obtención del poder político.

Utilizando su prodigiosa riqueza y su facilidad para conquistar a las personas con la oratoria y buscando obtener amigos por medio de regalos y atenciones, fue ganando espacio e influencia en las esferas más altas del poder senatorial de Roma. Craso se autopromovió, aprovechando que en el siglo I a. C., así como ahora, la gente estaba dispuesta a aceptar la idea de que el éxito de un individuo en los negocios y en el mundo empresarial eran pruebas fehacientes de que también podría transferir sus talentos al liderazgo político. Craso promovió su fama de gran empresario y utilizó sus vastísimos medios económicos para comprar votos y favores.

Fue así como en el año 70 a. C. formó una alianza política con Cneo Pompeyo y ambos fueron electos cónsules de Roma. El cargo de cónsul era el más alto de la República y todo el mundo romano estaba ahora a los pies de Craso. Pero como el sistema romano elegía no a uno sino a dos cónsules, Craso tuvo que compartir el poder y el reconocimiento con su par, el general Cneo Pompeyo.

En ese momento Craso, el general que había vencido a Espartaco, el dueño de gran parte de Roma y probablemente el hombre más rico del mundo occidental, era también el más poderoso políticamente en toda Roma. Pero esto no le era suficiente, pues Craso percibió que necesitaba más.

El problema estaba en que su colega Cneo Pompeyo era más joven y más admirado. La admiración del pueblo hacia Pompeyo creció después que este volvió victorioso de las campañas militares a las cuales había sido enviado por el Senado en el año 63 a. C. El victorioso Pompeyo, el subyugador de Mitrídates y de Asia Menor, recibió una entrada triunfal como ningún otro romano había recibido antes, incluido el gran Escipión el Africano, vencedor de Aníbal Barca.

Entre los senadores y el pueblo romano ya estaban aquellos que afirmaban que Cneo Pompeyo era el mayor general desde la época de Alejandro Magno[134] y esto afectaba grandemente al ego de Pompeyo y al de Craso, aunque en manera opuesta.

Mientras Cneo Pompeyo desfilaba en los eventos públicos y banquetes privados con la panoplia de Alejandro Magno que había extraído de la tumba del macedonio en Alejandría, Craso se puso el objetivo de ganarse el apoyo y admiración popular de otra manera. Abrió sus arcas para organizar un banquete de diez mil mesas y distribuyó grano suficiente para cubrir las necesidades de cada familia romana por tres meses. Pero el pueblo continuó favoreciendo a Pompeyo.

Craso entonces se retiró temporalmente de la política, pero pocos años después, en el 59 a. C., llegó nuevamente a la cúspide del poder romano. En esta ocasión gracias a un pacto secreto con Cneo Pompeyo y otro joven político, a quien Craso había apoyado con sus vastos medios económicos: Cayo Julio César. Entre los tres formaron el primer Triunvirato de Roma.

Tal vez pensarías que esto ya sería suficiente para Craso y que en algún momento debería parar y saciar su deseo de "crecimiento". Cuando el miembro más júnior del Triunvirato, Julio César, fue enviado además como procónsul (gobernador) a la distante, indeseada, rebelde y peligrosa provincia de Galia, Craso no tuvo objeciones. Sin embargo, cuando percibió que Julio César supo aprovechar esta situación aparentemente desfavorable y lograr en los años subsecuentes victorias militares que terminarían opacando incluso a aquellas logradas por el gran Cneo Pompeyo, Craso se inquietó.

---

[134] *Cneo Pompeyo es uno de los Grandes Comandantes de la Mesa encomendada por Napoleón Bonaparte.*

Ahora el pueblo admiraba y aclamaba a Pompeyo y a Julio César, pero no a Craso.

Aquí vale la pena empatizar con este hombre, pues estaba literalmente compitiendo con dos de los Grandes Comandantes de la Mesa de Napoleón. Ambos, Cneo Pompeyo y Julio César están entre los doce camafeos que rodeaban a Alejandro en la Mesa encomendada a los artesanos franceses. Los conocimientos de Estrategia de Craso no eran suficientes y ni adecuados para igualarse a Pompeyo y a Julio César.

En el año 56 a. C. fue renovado el Triunvirato, una Magistratura en la que intervenían tres personas. Cneo Pompeyo y Marco Licinio Craso fueron elegidos nuevamente como cónsules del año siguiente. Como Julio César había sido enviado a Galia fue acordado que tanto Pompeyo como Craso tendrían la oportunidad de crear nuevos poderes semejantes a aquellos que habían sido dados a César en Galia (*i.e.* Proconsulado). Así un proyecto de ley presentado y aprobado por el Senado transfirió por un periodo de cinco años la provincia de Hispania a Pompeyo y la de Siria a Craso.

Ya habían pasado más de quince años desde que había puesto fin a la rebelión de Espartaco y era normal que la gente no recordara más las victorias militares de Craso. Su enorme riqueza había sido útil para comprar al Senado y ganarse el máximo cargo de la República de Roma, pero el pueblo continuaba admirando más a sus colegas César y Pompeyo.

Craso percibió que a pesar de su proverbial riqueza y de su enorme poder político, debería obtener también gloria militar. Únicamente siendo aclamado y admirado como general, como *strategos*, sería el hombre más admirado de Roma. De paso, las victorias militares consolidarían su poder político. Fue entonces cuando, casi llegando a los 60 años de edad[135] y asumiendo, una vez más, que sus éxitos del pasado le aseguraban poseer los medios para lograr cualquier cosa que se propusiera, Craso se puso el último y más alto objetivo de su vida.

El general Marco Licinio Craso decidió superar a Cneo Pompeyo y a Julio César en el campo militar y restablecer su reputación de gran estratega. A final de cuentas era el hombre que había derrotado la rebelión de Espartaco, era el hombre más rico del mundo y el más experimentado de los tres hombres más poderosos de Roma. Calculó que podía embarcarse en el objetivo de ser

---

[135] *En el Siglo I a. C. un hombre era considerado anciano a esa edad.*

reconocido como el mayor general y estratega de Roma. Él, y no Pompeyo, sería el "Nuevo Alejandro". Pero para lograr su objetivo necesitaba un enemigo y fue a buscarlo.

II. La Batalla de Carras

"Si te conoces a ti mismo y conoces al otro no debes temer ni cien batallas. Si no te conoces a ti mismo y no conoces al otro serás derrotado siempre".

SUN TZU

Te invito a observar e identificar cuántas veces Craso comete el error estratégico de omitir o no lograr aplicar la 1SE. También te será útil observar y meditar sobre cuáles fueron las causas que llevaron a Craso a sobrestimar sus medios y a subestimar la dificultad del objetivo que se había colocado.

Ten presente los siguientes conceptos ya vistos:

- *Primera Sabiduría Estratégica* (1SE) - *Ajusta tus objetivos a tus medios.*
- *Principio Estratégico Esencial* (PEE): *Concentración en tu fortaleza, aplicada sobre una dispersión.*
- *Gran Estrategia*

En noviembre del año 55 a.C., Craso se dirigió a su nueva provincia, donde prepararía una grandiosa expedición militar contra el Imperio parto para obtener la reputación militar que tanto deseaba.

Sun Tzu, advertía que necesitamos conocer y comprender nuestro desafío y lo expresaba diciendo que es fundamental "conocer al otro". ¿Por qué? Porque únicamente así podrás evitar sus fortalezas y buscar su "dispersión" como nos indica el *Principio Estratégico Esencial*.

III. ¿Quiénes eran estos partos que Craso deseaba derrotar?

Los partos ocupaban gran parte del territorio del antiguo Imperio persa aqueménida luego de que este había sido reconquistado de las manos de los macedonios herederos de Alejandro Magno (*i. e.* los diádocos). La fortaleza de estos pueblos, desde la época del Imperio persa, estaba en su caballería pesada y en sus arqueros que podían disparar desde cualquier posición montados a caballo.

Sus ejércitos estaban acostumbrados a las guerras y habían conquistado grandes territorios, incluyendo la ciudad de Babilonia. Sus generales eran experimentados y buenos estrategas.

Sin embargo, Craso no era consciente de esto. Consideraba que las legiones de Roma no tenían rivales a su altura, menos aún si estaban bajo su mando. De alguna manera se había convencido de que la fama de los ejércitos de Partia estaba sobredimensionada y que estos eran apenas "bárbaros que vestían pantalones". Alejandro los había conquistado aparentemente sin muchas dificultades y para Craso ser el nuevo Alejandro estaba al alcance.

Craso llegó a Siria en abril o mayo del año 54 a. C. y de inmediato utilizó sus riquezas para reunir un gran ejército. Su campaña inició un año después, en el 53 a. C. Rápidamente se apoderó de varias ciudades del norte de Mesopotamia. Esto inquietó a los partos, pero en lugar de continuar su avanzada Craso se tomó un año más para aumentar su riqueza.

El hombre más rico del mundo no pudo resistir a la codicia. Desvió la *atención* de su objetivo principal para enfocarse en la cobranza de impuestos en su nueva provincia. Saqueó todo lo que era de valor, demorándose mucho más de lo necesario. Desde la Antigüedad, esta demora fue considerada un error estratégico porque dio tiempo a los partos para preparar su defensa.

Desconcentrado de su objetivo principal y concentrado en amasar más riquezas, el procónsul no reexaminó el número de tropas que podía necesitar ni entrenó a sus legiones y así la disciplina se relajó. Según su biógrafo Plutarco, Craso se pasaba los días encorvado sobre las balanzas pesando y calculando sus nuevas posesiones monetarias. De paso se ganó el odio de los Sirios por saquear sus templos. Los hebreos tampoco escaparon a su codicia ya que robó diez mil talentos[136] del templo de Jerusalén.

Habiéndose tomado el tiempo para saciar su codicia, Craso se dirigió, por fin, hacia territorios de Partia. Con sus abundantes medios económicos reclutó un ejército verdaderamente grande. La fuerza comandada por Craso estaba

---

[136] *Para tener idea del valor de un talento se estima que la construcción de un barco de guerra (un trirreme) era equivalente a un talento alrededor del siglo quinto antes de Cristo. Diez mil talentos era una fortuna inmensa y significó uno de los saqueos más grandes en la historia de Israel.*

compuesta por siete legiones, una caballería de cuatro mil jinetes liderada por su hijo Publio y muchos auxiliares. Aunque las siete legiones difícilmente podrían ser igualadas por los Partos, la caballería romana era modesta comparada con la principal fortaleza de Partia, la caballería pesada.

El total de la fuerza del procónsul Craso era, por lo tanto, de aproximadamente treinta y cinco mil hombres más la caballería liderada por su hijo Publio.

Poco tiempo después, estando el procónsul y su ejército acampados, arribaron los mensajeros de Orodes II, rey de los partos. Los mensajeros dijeron que si la guerra era por voluntad del pueblo romano, la respuesta de Orodes II sería despiadada, pero si la guerra era únicamente idea de Craso (como ya se habían enterado los partos), los partos tendrían piedad de él por su vejez. Craso se burló y despreció a los embajadores que insistieron en un acuerdo de paz. Estos todavía recordaron a Craso los tratados de paz que habían sido firmados antes con Cneo Pompeyo cuando este había estado en Asia Menor para enfrentar a Mitrídates.

Craso no aceptó los argumentos de los embajadores de Partia, pues su objetivo era conquistar una gran reputación militar y para eso necesitaba una guerra.

Sin embargo, esta no fue la única oportunidad que tuvo Craso para repensar sus objetivos. El procónsul recibió también una oferta de parte del rey de Armenia, Artavasdes II. El rey armenio se presentó ante Craso con una guardia de seis mil jinetes prometiendo otros diez mil catafractos[137] y treinta mil infantes. Artavasdes II explicó que conocía y temía el poder de los partos y ofreció aliarse a Craso.

Armenia aseguraría a los romanos suministros de provisiones y el paso por su terreno montañoso. De esta manera los romanos podrían evitar enfrentarse a la temible caballería parta. La idea presentada por el rey de Armenia consistía en conducir un ataque indirecto hacia las planicies centrales partas y tomar la ciudad de Ecbatana, donde quizás capturarían al rey Orodes y su familia. De esta manera intentarían finalizar el conflicto lo antes posible, evitar enfrentar la caballería parta y vencer con un menor derramamiento de sangre. Artavasdes

---

[137] *El catafracto (del latín cataphractus, y este del griego κατάφρακτος, katáphraktos, de κατά "totalmente" y φρακτός "cubierto, protegido") era una unidad de caballería pesada en la que tanto el jinete como el caballo portaban armadura. Esta era la principal fortaleza de los partos y el rey de Armenia estaba ofreciendo diez mil unidades que podrían enfrentar a los Partos.*

II argumentó que si lograban eliminar a Orodes II harían estallar una guerra civil entre los aspirantes al trono de Partia y todo terminaría beneficiando a Craso y a Armenia.

Craso se sintió ofendido y rechazó la ayuda de Artavasdes II. No necesitaba el apoyo de nadie y no deseaba dividir la gloria ni el botín que esperaba conquistar.

El rechazo de Craso demostró al rey de Armenia que el romano estaba subestimando a los partos y al mismo tiempo sobrestimando su propios medios. Sin escuchar el consejo de nadie, en contra la opinión de los mismos romanos[138] y rechazando ofertas de paz y de alianzas, el hombre más rico de Roma fue en búsqueda de su gran objetivo y cruzó el Éufrates por Zeugma, entrando en territorio enemigo y siguiendo la ruta de Alejandro Magno.

El ejército romano avanzó siguiendo a lo largo el Éufrates y sus exploradores informaron que no encontraban enemigos en las cercanías, pero sí habían visto miles de huellas equinas indicando que habían huido del lugar. Durante su marcha por Mesopotamia siguió exigiendo tesoros y soldados a todos los pueblos.

En un momento apareció en el campamento romano un jefe árabe de nombre Ariamnes. Este había servido a las legiones romanas durante la campaña de Cneo Pompeyo y se consideraba amigo de Roma. Los legionarios lo reconocieron y Ariamnes se presentó ante Craso, pero era, en realidad, un agente de los partos cuya misión era convencer a Craso de que se alejara del río Éufrates y marchara a la planicie donde el terreno favorecería a la caballería parta y los romanos podrían ser rodeados.

Ariamnes se ganó la confianza de Craso por medio a elogios y alabanzas a la genialidad del romano y al constante recuerdo de su antigua lealtad a Roma. Le animó a no perder tiempo y que se desviara del Éufrates adentrándose en el territorio. Le aseguró que con su ejército derrotaría al Imperio parto y volvería victorioso a Roma. Se igualaría al Gran Alejandro y en Roma, con toda certeza, le ofrecerían una gran entrada triunfal.

El jefe árabe aseguró a Craso que el poder del romano era tan grande que el rey Orodes le temía mucho y había permanecido en Babilonia enviando en

---

[138] *Craso invadió Partia en contra de la voluntad del pueblo romano. Algunos de los senadores y tribunos se reunieron en las calles de Roma para maldecir a Craso con maldiciones tan poderosas que, se decía, incluso aquel que la profería también moría como efecto colateral.*

su lugar a un noble inexperto en temas de guerra llamado Surena. Ariamnes convenció a Craso que no debía desaprovechar tal oportunidad brindada por la debilidad y desorganización enemiga.

Pero la única verdad en el relato de Ariamnes era el hecho de que Orodes no esperaba enfrentar a Craso. Orodes, el rey de Partia, ya estaba en Armenia en una campaña de castigo contra Artavasdes II, aquel que había ofrecido su ayuda a Craso. Tampoco el general Surena era inexperto, sino el mejor de los estrategas partos, y estaba a cargo de un ejército relativamente pequeño (comparado con las siete legiones de Craso), pero altamente especializado compuesto por caballería pesada y arqueros montados.

Con sus adulaciones Ariamnes convenció fácilmente a Craso de abandonar el curso del río y seguirlo a la planicie. Guiados por el árabe, los romanos entraron en las llanuras por un camino inicialmente sencillo y apacible, pero que después se volvió gradualmente difícil y árido. El terreno carecía de árboles y agua. Los legionarios empezaron a agotarse y a sentir sed mientras cruzaban el terreno desértico. En un momento de la travesía llegaron los emisarios del rey de Armenia Artavasdes II, para avisar a Craso que Orodes estaba atacando a los armenios. Los emisarios armenios rogaban a Craso que abandonara las planicies y se dirigiera a las montañas donde podrían anular la ventaja de la temible caballería parta y unirse a los armenios para derrotar a Orodes II, el rey de Partia. Craso se molestó una vez más, rechazó la petición y decidió continuar con el plan de Ariamnes.

Poco después de esto Ariamnes pidió permiso para buscar ayuda y Craso le permitió alejarse al tiempo en que enviaba sus exploradores para encontrar el ejército parto liderado por el general Surena.

Algunas horas después los pocos exploradores que lograron volver anunciaron que a duras penas escaparon del enemigo y que estos venían en gran número a su encuentro.

A partir de este momento los errores estratégicos de Craso se hicieron evidentes y el mismo procónsul cayó en la cuenta de que algo estaba muy mal. Craso se asustó y ordenó a sus legiones entrar en formación de cuadrado hueco con doce cohortes por lado. Puso en una de las alas a su segundo al mando, Cayo Casio Longino; en la otra a su hijo Publio y él se puso en el centro. Esta formación era común cuando los romanos se enfrentaban a fuerzas muy superiores numéricamente.

Fueron marchando en formación hasta que encontraron a los partos que a la distancia parecían mucho menos de lo informado: Craso no sabía que en verdad Surena todavía ocultaba al grueso de sus fuerzas. Las tropas partas visibles lucían túnicas y pieles andrajosas y parecían menos preparados y equipados que los romanos.

Esto animó a los romanos nuevamente, pero a una señal de Surena y para sorpresa de los romanos las tropas partas produjeron un rugido aterrador. Sonaron sus tambores y removiendo sus andrajosas prendas mostraron las brillantes armaduras y yelmos que brillaban bajo el sol del desierto. Los romanos quedaron sorprendidos.

Surena no esperó y ordenó rodear al sediento enemigo con la caballería. Craso ordenó a sus auxiliares cargar, pero, apenas iniciaron el avance, una lluvia de flechas los hizo retroceder. Esto causó pánico, pues los proyectiles traspasaban las armaduras de los legionarios. Todos los partos disparaban sus flechas a la vez y la densa formación romana les impedía fallar. Cada vez que los legionarios intentaban atacar, los enemigos huían efectuando el famoso "disparo parto" que consistía en lanzar sus flechas montados en reversa.

Los romanos no sabían qué hacer a causa de esta sorpresiva situación. Era la primera vez que las legiones de Roma enfrentaban arqueros montados y las tácticas partas de disparar desde lejos y evitar el contacto directo no les permitían utilizar su fortaleza, el combate directo cuerpo a cuerpo. La única salida que tuvo el procónsul Craso fue esperar a que las flechas enemigas se agotaran y se iniciara un combate cuerpo a cuerpo donde los romanos saldrían favorecidos. Pero pronto se dio cuenta de que las fechas parecían no terminarse. Le informaron que los partos disponían de camellos cargados con flechas que abastecían a los arqueros montados mientras estos continuaban rodeando y disparando a los romanos desde una distancia segura para ellos, algo no previsto por Craso.

Fue entonces cuando el procónsul ordenó a su hijo Publio atacar con su caballería y el joven y valiente romano tomó trescientos jinetes ligeros, mil celtas montados, quinientos arqueros y ocho cohortes para atacar. Eran unos cuatro mil legionarios y atacaron con valentía y pundonor. Los partos retrocedieron y Publio salió en su persecución con la caballería romana, mientras cerca les seguían los legionarios de la infantería. Pronto Publio entendió que era un ardid, pues los partos dejaron de huir y los encararon mientras las tropas ocultas por Surena aparecían por todas partes para encerrarlos. Los romanos quedaron tan amontonados que las flechas los fueron alcanzando uno por uno sin fallar, dándoles una muerte agónica.

La mayoría de los partos habían ido detrás del hijo de Craso, así que la situación del procónsul mejoró, pero poco tiempo después el hombre más rico de Roma vio la cabeza de su hijo colgando de una pica parta. El guerrero parto que llevaba la cabeza de Publio llegó suficientemente cerca de los romanos para que los legionarios identificaran al decapitado mientras preguntaba burlonamente por el padre del valiente jinete romano. Esto desmoralizó completamente a las legiones.

En seguida Surena ordenó que los arqueros a caballo procedieran a rodear a los romanos mientras los catafractos cargaban contra los desesperados que intentaban abandonar la formación defensiva romana. Estas cargas de caballería pesada tenían la intención de amontonar a los romanos para hacer más certeros aún los tiros de sus arqueros.

Los partos se concentraron en su fortaleza, en sus unidades de caballería pesada en la que tanto el jinete como el caballo portaban armadura. Junto con los arqueros montados formaban una fuerza móvil y letal imposible de contener o alcanzar para los romanos.

Para completar el pandemónium en el cual habían caído las legiones romanas en ese momento, el traidor Ariamnes atacó a las distraídas tropas que formaban la retaguardia del cuadrado romano. Así, las legiones se vieron atacadas de todos los lados y teniendo que voltear constantemente para enfrentar a ambos atacantes, hasta caer en tal confusión que muchos soldados dieron muerte a sus compañeros. Finalmente, estos legionarios fueron completamente rodeados y arrinconados en un perímetro tan estrecho que quedaron inmóviles. Muchos murieron por el calor, la sed o el polvo levantado por los caballos de los ejércitos de Surena que eran menor en número pero altamente especializados en ese tipo de maniobras y combate.

Los partos se retiraron justificándose con que darían a Craso una noche para llorar a su hijo, pero permanecieron en las cercanías. Los romanos no enterraron a sus muertos ni atendieron a sus heridos, pues estaban perdidos y sin saber qué hacer. Todos culpaban al *imperator*[139] Craso de la situación en la cual se encontraban, pero necesitaban sus órdenes. En ese momento,

---

[139] *Apodo asumido por Craso luego de la victoria contra la rebelión de Espartaco.*

según Plutarco, el hombre más rico de Roma estaba sentado en el piso, solo, comprendiendo que su ambición y deseo de superar a César y a Pompeyo le habían hecho perder lo más importante: su hijo Publio.

Recordemos la advertencia que había dado Sun Tzu al rey Helü: "El conocimiento de Estrategia es de vital importancia. Es el camino a la vida o a la muerte. No meditar seriamente en todo lo que le concierne es dar prueba de una culpable indiferencia a la perdida de aquello que nos es más querido".

De mañana el general Surena subió a una colina y ordenó cancelar los ataques enviando invitaciones a Craso para negociar. Los desesperados legionarios romanos estaban felices y le animaron a ir a negociar. Craso intentó convencerlos de aguantar hasta la noche siguiente para poder retirarse a las montañas, pero estos lo amenazaron y Craso fue a rendirse ante el general parto.

Los partos enviaron un caballo con una brida tachonada en oro para ofrecer al romano, pero cuando este se montó el animal se encabritó, y aunque intentaron contenerlo, la montura simplemente empezó a arrastrar al romano. Entonces comenzó una trifulca en la que Craso fue asesinado por un tal Pomaxatres y luego le cortaron la cabeza y la mano derecha.

Según algunas versiones, los partos decidieron verter oro fundido en la boca de Craso cuando este todavía estaba vivo, como castigo a su codicia.

IV. Breve análisis de la 1SE y Craso

El error estratégico de Craso no se resume únicamente a la *Primera Sabiduría Estratégica* (1SE), pero su caso es un buen ejemplo de cómo todo tiene inicio con la incapacidad para estimar adecuadamente los medios[140] y ajustar los objetivos de acuerdo a estos.

La derrota de Craso terminó siendo una de las más aplastantes de la historia romana, pero en su ceguera había rechazado ayuda y consejos durante todo el trayecto que lo llevó a la catástrofe final.

Por otro lado, el general parto Surena se concentró en la tradicional fortaleza parta: en la agilidad de sus jinetes y de sus arquemos montados. No entró en contacto cuerpo a cuerpo con los romanos, evitando así la fortaleza de los ejércitos de Craso, y supo mantener la distancia para mantener impotentes a los legionarios.

---

[140] *Físicos, psicológicos, espirituales.*

Era la primera vez que los romanos enfrentaban un ejército enemigo compuesto únicamente por caballería de arqueros montados y catafractos, cuya característica principal era su movilidad.

Observando este ejemplo y poniéndose metafóricamente en los zapatos de Surena, el general parto, podemos meditar sobre la afirmación del maestro Sun que dice: "Si te conoces a ti mismo y conoces al otro, no debes temer ni cien batallas". Y también ahora es probable que recuerdes para siempre de dónde viene la expresión *un craso error*.

El rey Orodes II de Partia y el rey de Armenia Artavasdes II terminaron firmando la paz. Orodes supo considerar la 1SE y reconoció que el ejército parto sería imbatible en terreno abierto, pero eran mediocres a la hora de sitiar las ciudades armenias y perdería el tiempo tratando de rendirlas por hambre. Entendió que justo después de la enorme victoria contra Roma, era más conveniente negociar con los relativamente más débiles armenios. Una hija del rey de Armenia fue entregada como esposa al primogénito del rey de Partia y así Orodes II y Artavasdes II celebraron banquetes y acudieron a obras de teatro griegas. Cuando juntos veían una obra de Eurípides[141] la cabeza de Craso fue traída y terminó siendo usada como parte de la utilería de la obra. Némesis había cobrado su venganza, los actos de *hubris* de Craso habían tenido su consecuencia natural.

Más de veinte mil soldados romanos perdieron la vida y cerca de diez mil fueron hechos prisioneros. Estos fueron aquellos posteriormente conocidos como la *Legión Perdida*.

Una vez que conozcas las *Cinco Sabidurías Estratégicas* podrás identificar más errores estratégicos por parte de Craso, pero uno de los principales factores que contribuyeron para esta catástrofe fue su incapacidad de seguir la *Primera Sabiduría Estratégica* (1SE) debido a su insaciable ego.

---

[141] *Eurípides, uno de los grandes trágicos griegos. La obra era Las Bacantes.*

Busto de Marcus Licinius Crassus, Museo del Louvre, Paris.

V. Conclusión

Como vimos en el caso de Rambo, del Maratonista y de Craso, la 1SE no tiene su respaldo en el pensamiento subjetivo del individuo, sino en la misma realidad. Un axioma es respaldado por la lógica que vemos en la Naturaleza. La Naturaleza ajusta sus objetivos a sus medios y todas las cosas que hacen parte del universo siguen ese mismo camino. No verás en la Naturaleza algo que se exceda y que permanezca y prospere por mucho tiempo. Todo exceso pasa a ser "un error estratégico" porque todo exceso es una violación al balance, a la armonía y al orden al cual llegan finalmente todas las cosas. Y así como el universo tiende al balance y al orden, así también será favorecido naturalmente aquel que evite los excesos y los extremos.

Ajusta tus objetivos a tus medios es una afirmación lógica del punto de vista de Estrategia pero contracultural en nuestra sociedad y en nuestra manera de pensar en el siglo XXI. Es raro encontrar al individuo que aplica la 1SE con conciencia, pues al momento en que los medios son vistos como obstáculos y limitaciones (en lugar de ser vistos como recursos) toda la lógica estratégica se invierte. El individuo que invierte el proceso estratégico inicia con la colocación de sus objetivos y luego intenta encontrar los recursos necesarios para alcanzarlo. Aquel que ignora u omite la 1SE a menudo se encuentra a mitad de camino con la realización de que su estimación de recursos fue inadecuada. Eso ocurrió en la montaña a Rambo y en Partia a Craso. Así nos ocurre a nosotros como civilización en el siglo XXI.

Es comprensible que muchos crean que el primer paso en Estrategia sea la colocación de los objetivos, pues somos bombardeados frecuentemente con mensajes y ejemplos que nos incentivan a la rotura de la *Primera Sabiduría Estratégica* (1SE). Sin embargo, no te advertirán sobre las consecuencias de este error estratégico. Así se perpetua el mito del pensamiento mágico como base para pensar en el futuro. Son muchos aquellos que alardean de sus visiones y objetivos, pero luego los buscas y ya no están. No están más porque no siguieron la 1SE y consecuentemente no pudieron aplicar el *Principio Estratégico Esencial* (PEE).

Sin embargo, esta misma 1SE es considerada contraintuitiva únicamente en un mundo donde el mito del crecimiento eterno nos lleva a la interminable carrera por obtener más allá de lo prudente y al deseo desmedido de gloria personal que nos incita a excedernos en nuestros objetivos. Pero por medio del trabajo de autoconocimiento y prudencia[142] nuestras estrategias no serán fruto de la manipulación externa sino del conocimiento y ponderación correcta de nuestros medios y talentos.

Conocer nuestros medios de manera realista, sin caer en la sobrestimación o la subestimación, es algo difícil de lograr pues se necesita independencia de pensamiento, autoconocimiento y experiencia. Pero vale la pena intentarlo, pues es el curso de acción que te asegura las mejores oportunidades para vivir bien, hacer buen uso de tu tiempo y llegar a tu *Gran Estrategia*.

¿Cuál es la justa estimación de los medios y cuál es el justo objetivo? La tarea no es sencilla, pero el hecho de ser consciente de cómo debes pensar ya es el primer paso.

Ten en cuenta que Estrategia no se trata de "pensar en grande". Estrategia se trata de *saber pensar*. El saber pensar te ayudará a comprender dónde está el medio, donde está el centro. Porque la excelencia no está en el grado máximo, que por definición es un extremo, sino en lo justo.

---

[142] *Recuerda que la prudencia estaba representada por Metis, la madre de Atenea. La diosa de la Estrategia es hija de la Prudencia.*

Si rechazas los extremos estarás siguiendo la manera de la Naturaleza. Cuando obtengas el conocimiento preciso y equilibrado de tus medios es probable que algunos te dirán que "piensas en grande", pero también estarán aquellos que te dirán que "piensas pequeño". Sin embargo, tú estarás pensando estratégicamente y según tu nivel de autoconocimiento. Ese es el camino más racional y el más auténtico porque es el tuyo y eres el único que puede discernirlo correctamente.

Conócete a ti mismo, conoce tu fortaleza, conoce tus medios y adapta tus objetivos. Si logras hacerlo podrás estar seguro de que estarás pensando estratégicamente y aumentando tus posibilidades de éxito a corto y a largo plazo.

VI. Preguntas para meditar sobre la 1SE y trabajar el autoconocimiento

Ajustando nuestros objetivos a nuestros medios nos aseguraremos la capacidad de concentrarnos en nuestra fortaleza y evitaremos sobreextendernos. Siguiendo la 1SE no nos dispersaremos intentando vivir o actuar más allá de nuestros medios.

Si observamos la primera parte del *Principio Estratégico Esencial, concentración en tus fortalezas* entenderemos que para poder concentrarnos en nuestra fortaleza debemos ajustar nuestros objetivos a nuestros medios.

Está atento al hecho de que sobreextenderse es, por definición, una dispersión y por lo tanto un error estratégico.[143]

Observa la historia y podrás comprobar que en ningún otro momento de la humanidad hemos sido expuestos a una cultura que insistentemente nos incentiva a "pensar en grande" y a "buscar lo máximo", sin tener una base sólida sobre la cual apoyar tal búsqueda. Esto lleva al individuo a la constante insatisfacción (uno de los sinónimos de infelicidad) y a nuestra civilización a una de sus mayores contradicciones, la sobre utilización de los recursos planetarios.

El único crecimiento continuo y sustentable es el de nuestra conciencia y de nuestra comprensión sobre la vida. El crecimiento sin límites en lo material es una locura que deriva de la falta de lógica y de la falta de capacidad de nuestra civilización para aplicar la *Primera Sabiduría Estratégica* (1SE).

---

[143] *A no ser que la sobreextensión sea parte de la Estrategia y de un esquema mayor para buscar cumplir el PEE, por medio a la "variación competitiva del Principio Estratégico Esencial".*

Estrategia se trata de saber cómo pensar correctamente y el hombre racional es el único ser que puede llegar a estar satisfecho y sereno en su camino cuando a su alrededor la cultura le incita a cometer errores estratégicos.

En otros tiempos, *"ajusta tus objetivos a tus medios"* sonaba racional y obvio a los oídos del individuo común. Pero así como el individuo promedio de la Antigüedad se esforzaba por "ser mejor", hoy en día el hombre promedio del siglo XXI se esfuerza en ser "más rico, más poderoso y más conocido", así como Marco Licinio Craso.

Ajusta tus objetivos a tus medios y vivirás en paz y de manera sustentable. Pero recuerda que omitir la *Primera Sabiduría Estratégica* no significa solamente sobreextenderse, significa también subestimarse.

> *La más grande de las sabidurías*
> *es obedecer el infinito plan de las cosas,*
> *las leyes del universo.*
>
> Manly P. Hall

> *Conocer a otros es inteligencia; conocerse a sí mismo es verdadera sabiduría.*
> *Manejar a otros es fuerza; manejarse a si mismo es verdadero poder.*
>
> Lao Tse

18. La Segunda Sabiduría Estratégica

Ningún plan sobrevive al contacto con el enemigo.

Helmuth von Moltke

I. No olvides el objetivo, pero adáptate a las circunstancias

Ahora ya conocemos el *Principio Estratégico Esencial* (PEE), *Gran Estrategia* y la *Primera Sabiduría Estratégica* (1SE). Bajemos más profundo en nuestro metafórico iceberg y conozcamos la *Segunda Sabiduría Estratégica* (2SE).

El aspecto de carácter de los Grandes Comandantes que se destaca con la *Segunda Sabiduría Estratégica es* la resiliencia. Resiliencia es la capacidad que posee un individuo (o un grupo) para pasar por circunstancias difíciles y salir fortalecido. Donde muchos caen y desisten el individuo resiliente se adapta y continúa hacia su objetivo.

El axioma estratégico que dice *"no olvides el objetivo, pero adáptate a las circunstancias"* es una manera de describir la resiliencia y la flexibilidad que caracterizaban a todos los hombres elegidos por Napoleón para hacer parte de la Mesa de los Grandes Comandantes y a todos los buenos líderes y estrategas.

La resiliencia es fundamental en Estrategia y por eso ahora nos enfocaremos en obtener herramientas que te ayudarán a aumentar tu resiliencia. Porque únicamente siendo resiliente podrá una persona seguir su *Gran Estrategia*, independientemente a las circunstancias que se presenten en su camino. Para aumentar tu capacidad de rápida adaptación te será muy útil este conjunto de herramientas mentales que veremos en los próximos capítulos.

II. El iceberg

En la punta de nuestro iceberg hemos explorado el *Principio Estratégico Esencial*, esencia de toda buena y verdadera Estrategia. Vimos que la esencia está en "enfocarse en la fortaleza" y aplicar el producto de este enfoque "sobre una dispersión". Vimos que, por lo tanto, el autoconocimiento es una condición *sine qua non* del pensamiento estratégico, así como también lo es la capacidad de saber estar presente y observar dónde surgirá una *dispersión* (*i.e.* una oportunidad).

Ya hemos explorado el primer nivel subacuático del iceberg que usamos para graficar el *Secreto de la Estrategia*. Ahí descubrimos la *Primera Sabiduría Estratégica* (1SE) y observamos la importancia de la racionalidad que debe caracterizar al *strategos* para evitar sobreextenderse o subestimarse. Con los ejemplos de los escaladores Rambo y el Maratonista en el Aconcagua vimos que la misma falta de autoconocimiento que causa una sobreextensión y la derrota, también puede provocar una subestimación y la pérdida de oportunidades que resultan en frustración.

Ahora estaremos entrando al segundo nivel subacuático de nuestro iceberg para observar la *Segunda Sabiduría Estratégica (2SE)* que dice *"No olvides el objetivo, pero adáptate a las circunstancias."*

Este segundo axioma nos recuerda que el *strategos* debe ser consciente que la realidad no se someterá a sus planes y que en la vida real siempre existirá la necesidad de hacer ajustes. Cuanto más clara y presente sea esta verdad en la mente del *strategos* más rápidamente podrá reponerse ante una sorpresa y reaccionar sin olvidar su objetivo.

III. La realidad y la resiliencia

Aquello que hace difícil pasar por el proceso de resiliencia es la misma realidad. La ineludible realidad suele generar frustraciones, dolor, preocupación y desesperanza, sobre todo en aquellos individuos que necesitan la ilusión de tener todo bajo control para sentirse seguros. Estos van al extremo de creer que pueden prever el futuro y así evitar las desilusiones por medio al análisis de datos casi infinitos y a través de la imaginación de incontables escenarios. Estas prácticas pueden ayudar a comprender tendencias, pero no son infalibles ni prevén el futuro.

Si estuviéramos hablando de aplicar Estrategia sobre un tablero de ajedrez tal vez podría funcionar,[144] pero en la vida real las variables son muchas más que aquellas que podemos controlar y la realidad nos indica que en muchas ocasiones el *strategos* no tendrá toda la información necesaria y no contará con todo el tiempo necesario.

La realidad, con sus cambiantes e imprevisibles circunstancias, dejará a muchos por el camino. Estas mismas circunstancias harán que otros se adap-

---

[144] *Así lo hizo la computadora Deep Blue para derrotar al campeón humano Gary Kasparov.*

ten, pero en el proceso de la adaptación olvidarán su objetivo y terminarán desviándose del camino.

Esto no debe ocurrir al *strategos* pues el Arte de la Estrategia debe ser practicada en la realidad, con las circunstancias cambiantes. El *strategos* por lo tanto no se limita a documentos, mapas, tableros y cálculos. Aunque estos son útiles, el ser resiliente y flexible depende del carácter que el *strategos* haya desarrollado y de la manera en que observa e interpreta la vida.

Pon atención: no estamos diciendo que la planeación y las proyecciones de escenarios no son importantes y que no deban hacerse. Decir que la planeación no es importante sería necio, una afirmación totalmente contraria al conocimiento de Estrategia. Sun Tzu dice que el *strategos* vencedor hace muchos cálculos antes de enfrentar el desafío, primero gana y después lucha. Por otro lado el improvisado va al encuentro del desafío sin hacer cálculos y una vez ahí intenta encontrar una manera de vencer. Los cálculos y análisis son, obviamente, muy importantes en Estrategia, pero con la *Segunda Sabiduría Estratégica* debemos notar que la ilusión de poder controlar el futuro causa una "miopía estratégica" y esta puede debilitar la resiliencia y la creatividad que el individuo necesitará para enfrentar la realidad tal cual es. En otras palabras, en Estrategia la resiliencia, la flexibilidad y la creatividad son trazos fundamentales del carácter del *strategos*, ya que sin estos el individuo terminará frustrado o atrapado en su plan original sin adaptarse a las circunstancias y sin alcanzar el objetivo en el largo plazo.

La historia nos comprueba que el arte de prever el futuro e intentar controlar las variables no hacen parte de las fortalezas del ser humano, mientras que el ser resiliente sí es una característica humana y una fortaleza, de modo que el *strategos* se enfocará siempre en la fortaleza.

Como hemos dicho antes, Estrategia se trata de saber manejar las velas del barco de acuerdo a las circunstancias naturales que el mar, las corrientes y el viento presenten; no se trata de creerse capaz de manipular el océano para que este se adecue a nuestra posición inicial.[145] Planea pues, pero prepárate para adaptarte a las circunstancias.[146] La realidad sobre la cual la Estrategia

---

[145] *En ese sentido el strategos debe observar y estudiar también sus instintos y emociones (autoconocimiento) pues estos afectan su mente y sus decisiones así como el viento a las olas.*
[146] *Aunque el ejercicio de escenarios, proyecciones y soluciones es parte de Estrategia el strategos no debe olvidar que la esencia de todo está en buscar cumplir el Principio Estratégico Esencial (PEE) y para eso dejarse guiar en el proceso por las Cinco Sabidurías Estratégicas (CSE).*

debe funcionar es aquella que fue resumida por el campeón de pesos pesados Mike Tyson cuando le pidieron su opinión con relación a los planes que su adversario decía tener para derrotarlo. Su respuesta fue: "Todos tienen un plan hasta que reciben el primer puñetazo en la cara".

Esta misma realidad era explicada por el Mariscal de Campo Helmuth von Moltke, uno de los grandes estrategas militares del siglo xix, cuando decía que "ningún plan sobrevive al contacto con el enemigo". Si bien Helmuth von Moltke enfatizaba la importancia de considerar diferentes escenarios, era muy consciente de las limitaciones intrínsecas de cualquier plan y de la importancia de la resiliencia, la flexibilidad y la creatividad en Estrategia una vez que los trabajos de análisis y planeamiento habían sido realizados.

Una anécdota cuenta que poco antes de la guerra contra Austria, en junio de 1866, Von Moltke desarrolló una febril actividad planeando y supervisando todos los detalles e diferentes escenarios. Llegado el día del inicio de la operación, su ayudante lo encontró leyendo una novela con toda tranquilidad; al ver su asombro, Von Moltke lo miró y dijo: "Todo lo que podía hacerse ya se ha hecho. Ahora solo queda esperar".

Como los cálculos tienen su limitación intrínseca en el camino existirán circunstancias que nos sorprenderán aunque hayamos considerado diversos escenarios y elaborado planes A, B y C. Si el *strategos* cree que su plan original o sus escenarios son infalibles, entonces su ego lo comprometerá y tendrá menor flexibilidad para ser creativo y resiliente cuando la realidad le propine el proverbial "puñetazo en la cara" que mencionaba Mike Tyson.

Por lo tanto, los grandes estrategas planean cuidadosamente sus acciones, pues el foco de atención siempre está en encontrar la manera de cumplir el *Principio Estratégico Esencial*. Pero no caen en el error de nunca terminar de analizar números, informaciones y escenarios. Porque si no hay claridad estratégica, hasta los muchos cálculos terminarán generando inseguridad.

La proverbial resiliencia de Alejandro Magno no solamente abría las puertas de las ciudades que preferían rendirse sin luchar, sino que también generó diversas leyendas y gran fascinación por milenios. Su capacidad de "no olvidar el objetivo" y adaptarse a las circunstancias llegaba al punto de desesperar a sus enemigos e incluso, al final de su expedición, a sus mismos ejércitos.

IV. Alejandro y la Segunda Sabiduría Estratégica

Encontramos un verdadero manifiesto de resiliencia y de capacidad para "no olvidar el objetivo" en dos famosos discursos de Alejandro a sus ejércitos. El primero cuando estos se negaban a ir más allá de los confines del mundo conocido, luego de diez años ininterrumpidos de conquistas, y el segundo cuando ya estaban de vuelta en Babilonia.

Transcribo abajo fragmentos de ambos discursos sin pretender poner a Alejandro como ejemplo práctico, ya que todos aquellos que intentaron imitarlo fueron acusados justamente de megalómanos.[147] Sin embargo, es útil observar en sus palabras la resiliencia que caracteriza a un gran *strategos* y notar cómo el hecho de tener un objetivo trascendental, una *Gran Estrategia,* puede llevar a cualquier individuo a ser naturalmente más resiliente que aquellas personas que apenas tienen objetivos intrascendentes y transitorios.

Macedonios y aliados griegos: al ver que ya no me seguís en designios arriesgados con una determinación igual a la que antes os animaba, os he reunido a todos en un mismo lugar para ver si os puedo persuadir de continuar adelante conmigo, o si vosotros me persuadís a mí de regresar. Si efectivamente las penalidades a las que se os ha sometido hasta llegar a nuestra posición actual os parecen reprochables, y si no aprobáis mi liderazgo, no puede haber ningún sentido en que siga hablando. Pero considerad que como resultado de tales penalidades es que sois dueños de Jonia, el Helesponto, las dos Frigias, Capadocia, Paflagonia, Lidia, Caria, Licia, Panfilia, Fenicia, Egipto junto con la Libia helénica; así como parte de Arabia, la Celesiria, la Siria entre los ríos, Babilonia, la nación de los susianos, Persia, Media, además de todas las naciones que los persas y los medos gobernaban, y muchas otras que no gobernaban; la tierra más allá de las Puertas Caspias, el país allende el Cáucaso, el Tanais, así como la tierra más allá de este río, Bactria, Hircania y el mar Hircano. Y también hemos sometido a los escitas, incluso a los de las tierras yermas; y, además de eso, el río Indo fluye a través de un territorio que es nuestro, como también lo hacen el Hidaspes, Acesines e Hidraotes.

---

[147] *Este mismo discurso también podría ser una evidencia de la hipótesis que Alejandro finalmente estaba cayendo en el error estratégico de sobreestimarse y subestimar el desafío que tenía por delante (1SE). Pero esto nunca se sabrá, pues sus tropas se negaron a continuar incluso después del apasionado discurso de su comandante.*

¿Qué he reservado, entonces, para mí después de todos estos trabajos, aparte de este manto de púrpura y esta diadema? No me he apropiado de nada para mí mismo, ni tampoco puede alguien señalar qué tesoros tengo, con excepción de vuestras posesiones o las cosas que custodio en vuestro nombre. Mas, personalmente, no tengo motivo alguno para reservarlos para mí, pues me alimento con la misma comida que vosotros consumís, y duermo la misma cantidad de horas que vosotros. No, no creo que mi comida sea tan buena como la de aquellos de vosotros que vivís lujosamente, y, además, a menudo me siento en la noche a velar por vosotros, para que podáis dormir apaciblemente.

¿Quién hay de entre vosotros que presuma de que ha realizado por mí un esfuerzo mayor que yo por él? ¡Que se adelante! Quienquiera de vosotros que tenga heridas, que se descubra y las muestre, y yo mostraré las mías, porque no hay parte de mi cuerpo, la parte delantera en todo caso, que esté libre de heridas, ni hay ningún tipo de arma utilizada sea para el combate cuerpo a cuerpo o para lanzarla al enemigo, de cuyas huellas no lleve recuerdos en mi persona. Porque he sido herido con espada en combate hombre a hombre, me han acribillado a flechazos, y he sido alcanzado por proyectiles lanzados desde las máquinas de guerra. Y, aunque muchas veces he sido golpeado con piedras y trozos de madera por vuestra vida, vuestra gloria y vuestra riqueza, todavía os estoy guiando como conquistadores por toda la tierra y el mar, los ríos todos, y montañas y llanuras.

Yo, por mi parte, creo que para un hombre valiente los trabajos y el esfuerzo no tienen límites; no hay otro fin para él excepto la labor en sí misma, siempre y cuando lleve a resultados gloriosos... . ¡Oh macedonios y aliados griegos, manteneos firmes! Gloriosos son los hechos de los que acometen una grande labor y corren un grande riesgo, y es muy agradable llevar una existencia valiente y morir dejando tras de sí la gloria imperecedera. ¿O no sabéis que nuestro ancestro[148] ha alcanzado tan altas cotas de gloria, pasando de ser un mero mortal a convertirse en un dios, como parece ser, debido a que no permaneció en Tirinto o Argos, o incluso en el Peloponeso o en Tebas?... Vosotros, sin embargo, habéis penetrado en las regiones más allá de Nisa, y aquella Roca de Aornos que Heracles no pudo capturar se encuentra en vuestro poder. ¿Qué memorables y gloriosas

---

[148] *Heracles (Hércules).*

gestas podríamos haber realizado si hubiéramos permanecido sentados a nuestras anchas en Macedonia?[149]

Una *Gran Estrategia* genera mayor resiliencia. Parte de la *Gran Estrategia* de Alejandro, a juzgar por sus propias palabras, era aquella del héroe homérico. El objetivo más fundamental del héroe homérico era hacerse digno de entrar a la eternidad por medio a una vida conducida con tal valentía y tal excelencia que al momento en que el telón caía y su vida terminaba era considerado, por los dioses, digno de habitar el Olimpo. Esto puede sonar raro a nuestros oídos modernos, así como ya había sonado raro también a los romanos, que eran más prácticos y menos místicos que los griegos, pero para entender la resiliencia de Alejandro es necesario pensar como él pensaba.

La *Gran Estrategia* de Alejandro no era conquistar el mundo como si esto fuera un fin valioso en sí mismo. Su *Gran Estrategia* era hacerse más grande que Heracles y que Aquiles. Transcender como el mayor de los héroes griegos era el objetivo lógico de un hombre que dormía con la *Ilíada* de Homero debajo de la almohada, era descendiente de estos dos héroes griegos, había sido educado por la mente más brillante del mundo antiguo, había escuchado los oráculos, y creído, que era invencible.[150] Este objetivo de trascender como héroe es reconocido directa o indirectamente por sus biógrafos antiguos y modernos, particularmente después de su visita al Oráculo de Siwa en Egipto.

Una de las explicaciones a la enorme resiliencia de Alejandro encontramos en el hecho de que se había colocado un objetivo transcendental y en la valentía para buscarlo hasta los últimos días de su vida. Al observar otros personajes históricos que también conquistaron grandes extensiones de tierra, pero no fueron objeto de tanta fascinación, percibimos que aquello que diferenció a Alejandro y que llevó a algunos de sus contemporáneos a la sincera duda de que podría tratarse realmente de un "hijo de Dios", fue este espíritu resiliente y el entusiasmo que lo poseía.[151]

Los Grandes Comandantes desplegados en la Mesa de Napoleón eran antes que nada resilientes. Julio César era resiliente. Aníbal Barca era resiliente, al grado de que cruzó los Alpes en situaciones impensables y luego de superar el

[149] Arriano, *Anábasis de Alejandro Magno, capítulo XXV.*
[150] *Terminó siendo verdad, porque Alejandro fue el único gran comandante en la historia que nunca fue derrotado.*
[151] Arriano, *Op.cit.*

frío, las montañas, los elementos, la muerte de un tercio de sus ejércitos, bajó de los Alpes y todavía cruzó los pantanos del río Arno donde quedó tuerto. Así como Alejandro y Julio César, Aníbal resistía todo tipo de clima, todo tipo de circunstancia e incomodidad, según admitían sus propios enemigos romanos.[152]

V. "Ser como el agua" como analogía para la 2SE

En tanto el *strategos* sea consciente de la *Segunda Sabiduría Estratégica (No olvides tu objetivo, pero adáptate a las circunstancias)* le será más fácil aceptar la realidad rápidamente cuando esta contradiga sus planes iniciales. En cambio, la certeza que surge de la arrogancia pondrá al individuo en posición de ser sorprendido doblemente[153] y la adaptación le tomará más tiempo. Cuando sorprendido el *strategos* debe reconocer la situación, aceptarla y lograr recuperar el enfoque rápidamente.

El *strategos* debe interiorizar la verdad de que la actitud que adopta ante las circunstancias y ante los obstáculos depende de sí mismo y no de lo externo. Una metáfora muy elocuente para entender cómo aplicar la *Segunda Sabiduría Estratégica* está contenida en el consejo de uno de los más grandes maestros de de artes marciales, Bruce Lee, cuando nos aconseja "ser como el agua"[154].

Ser como el agua significa cumplir la *Segunda Sabiduría Estratégica* pues el agua corre por el terreno en forma de rio adaptándose a cada situación, a cada obstáculo, sin olvidar que su objetivo es eventualmente llegar al mar. Cada molécula de agua terminará en el mar más tarde o más temprano, pero durante todo el trayecto el agua se adaptará a las circunstancias del terreno a cada momento y sin demora. Si el terreno le exige hacer una gran curva o una pequeña desviación, el agua hará tanto uno como lo otro sin demora. En las palabras de Bruce Lee, "si pones el agua en un vaso, se hace vaso. Si la pones en una tetera, se hace tetera; si la pones en una botella, se hace botella". Además de adaptarse a las circunstancias el agua nunca "olvida su objetivo" y no pierde su esencia. Aunque la encierres en un estanque se adaptará y luego buscará su objetivo final por medio a la evaporación. Se adaptará siempre,

---

[152] *Tácito.*

[153] *Un buen strategos sabe que puede haber imprevistos. El strategos arrogante se sorprende de haber sido sorprendido.*

[154] *Este concepto del agua como metáfora de adaptación lo expresó primero el mismo Sun Tzu.*

pero nunca perderá su esencia de ser H_2O. El *strategos* debe ser flexible, pero nunca perder su esencia, nunca perder sus principios.

Aquellos que no tienen naturalmente una predisposición a adaptarse y a percibir que la realidad no puede ser sometida a sus planes, y de manera terca siguen sus proyecciones iniciales a rajatabla a pesar de las nuevas e imprevistas circunstancias, terminan abatidos y paralizados.

La adaptabilidad y pureza del agua es una analogía muy apropiada pues nos recuerda que el *strategos* estará pensando correctamente cuando, y solamente cuando, logre pensar de acuerdo a la Naturaleza.

El hombre, siendo el siervo e intérprete de la Naturaleza, puede hacer y entender únicamente hasta el punto en que logró observar, de hecho o en pensamiento, el curso de la Naturaleza; más allá de esto no puede saber nada ni hacer nada... La Naturaleza para ser comandada, debe ser primeramente obedecida.

FRANCIS BACON

VI. El caso de James B. Stockdale

Nunca perdí la fe en el final de la historia, nunca dudé no solo de que saldría, sino también de que al final prevalecería y convertiría la experiencia en el evento definitorio de mi vida, y que, en retrospectiva, no la cambiaría por nada.

JAMES B. STOCKDALE

Tienes que creer en ti mismo.

SUN TZU

Pobre aquel hombre de quien las dificultades se han olvidado porque no tendrá la oportunidad de probarse a sí mismo.

SÉNECA

El *strategos* debe adaptarse a las circunstancias sin olvidar su objetivo, pero ¿cómo hacerlo? ¿Cómo debemos pensar para ser flexibles y resistentes?

El ejemplo de un hombre llamado James Stockdale que veremos ahora nos servirá para extraer las herramientas mentales que nos darán el camino para aplicar la *Segunda Sabiduría Estratégica* en todo momento y con fluidez. Estas herramientas acrecentarán inmediatamente tu capacidad de resiliencia.

James Stockdale fue el prisionero de guerra estadounidense de mayor rango en la historia de las guerras de su país. Debido a las situaciones extremas a las cuales tuvo que adaptarse y considerando su explicación de cómo logró superar circunstancias tan duras, este piloto es una fuente de inspiración que nos puede ayudar a enfrentar cualquier circunstancia mientras vamos en dirección a nuestro objetivo final o *Gran Estrategia*.

James Stockdale además de haber sido el prisionero de guerra de más alto rango capturado, también fue el hombre que *de facto* dio los primeros tiros, o más precisamente lanzó las primeras bombas, en la guerra del Vietnam.

La guerra entre Estados Unidos y las fuerzas del Frente Nacional de Liberación de Vietnam, también conocido como Việt Cộng, inició en 1964, luego de dos incidentes en el Golfo de Tonkin. El primero real, el segundo una fabricación para generar el *casus belli* deseado por el gobierno americano.

El primer incidente se dio el 2 de agosto cuando el destructor *USS Maddox* patrullaba la zona del golfo de Tonkin y fue enfrentado por tres pequeños torpederos de la Armada de Vietnam del Norte. En esta ocasión los estadounidenses dispararon más de doscientos ochenta proyectiles mientras los vietnamitas lanzaron seis torpedos, fallando todos. El evento terminó sin mayores daños y los barcos asiáticos se retiraron y desaparecieron. Sin embargo, el presidente de Estados Unidos, Lyndon Johnson, estaba convencido que una guerra era necesaria para impedir que la influencia comunista creciera en Asia[155] y por lo tanto buscó una causa bélica para iniciar la guerra contra los comunistas de Ho Chi Min. Dos noches después, el 4 de agosto de 1964, los americanos reportaron falsamente un nuevo ataque en el Golfo de Tonkin y el 5 de agosto el presidente Johnson ordenó que se iniciaran bombardeos sobre objetivos militares norvietnamitas como represalias por el presunto segundo incidente.

Esa misma madrugada el piloto de la Fuerza Naval Americana James B. Stockdale fue despertado y recibió la misión de liderar el primer ataque que

---

[155] *Teoría del Efecto Dominó.*

arrojó las primeras bombas sobre los territorios del Việt Cộng, iniciando así la guerra del Vietnam. Tal vez haya sido el *karma* de haber iniciado la guerra, o tal vez no, pero un año después, el 9 de Septiembre de 1965, Stockdale fue convocado para liderar una nueva misión. En esta ocasión despegó desde el *USS Oriskany* en un avión A-4 Skyhawk y no tenía idea que sus circunstancias cambiarían drásticamente y su vida nunca más sería la misma.

Ese día, al sobrevolar territorio enemigo, su avión fue alcanzado por un proyectil y quedó inhabilitado. Mientras la cabina se incendiaba y con el ruido ensordecedor del avión que entraba en picada, Stockdale eyectó el asiento de su *A-4 Skyhawk*. Al momento de ser violentamente expulsado de la cabina, todo a su alrededor giró hasta que su paracaídas se abrió y Stockdale pudo fijar la vista. Vio que caería en el centro de una aldea y que decenas de personas corrían muy excitadas para recibirlo. Allá abajo hombres gritaban, saltaban y disparaban intentando alcanzar a Stockdale. Ciertamente no eran parte de un comité de bienvenida. Eran los enemigos que le darían un durísimo castigo, romperían sus huesos y lo tendrían prisionero bajo torturas por los próximos años.

Mientras todavía estaba en su paracaídas, Stockdale, al ver a estos hombres que se alborotaban, fue consciente de que estaba viviendo sus últimos momentos de libertad. Estaba a punto de dejar su mundo sobre el cual creía tener cierto control para entrar de manera sorpresiva e involuntaria a otro mundo donde sería probado como nunca antes. En pocos segundos más estaría entrando a una realidad donde no controlaba nada. Nada, a no ser sus pensamientos y su actitud.

Antes de tocar tierra Stockdale se dijo a sí mismo que debería prepararse para estar cinco años como prisionero. Pero no fueron cinco, sino siete largos y terribles años en los cuales tuvo que enfrentar torturas, prisión solitaria y condiciones que hubieran destruido a cualquier otro hombre que no llevara en la mente estas herramientas muy específicas que veremos a seguir y que te ayudarán a enfrentar cualquier circunstancia que se presente en tu vida.

Vale la pena mencionar que Stockdale no pasó todos los siete años que duró su pesadilla con los otros cautivos que fueron llegando a medida que la guerra progresaba. Cuando pocos años después de su captura fue identificado como el líder de los prisioneros fue puesto en confinamiento solitario. Durante cuatro años estuvo encerrado en una instalación apodada *Alcatraz*, en el patio trasero del Ministerio de Defensa Nacional de Vietnam del Norte. Fue engrillado en una celda individual de concreto, sin ventanas, de 1 m por 2.7 m, iluminada por una bombilla eléctrica las veinticuatro horas. ¡Imagínate cuatro años encadenado, torturado, sin tener contacto con otros seres humanos[156] y sin saber si era de día o de noche!

No es mi intención describir aquí las de secciones de torturas que sufrió Stockdale (más de una docena) y ni sus cruentos detalles. Creo que es suficiente mencionar que la mayoría de los prisioneros murieron por los maltratos y la depresión.

Pero Stockdale logró superar todo esto, primeramente, gracias a que tenía un objetivo trascendental, un propósito, una *Gran Estrategia* y recurriendo a las herramientas que en las próximas páginas te compartiré. El conjunto de herramientas mentales que salvó a Stockdale te servirá para adaptarte a cualquier circunstancia sin olvidar tu objetivo.[157]

VII. Primer Paso: Poseer un objetivo trascendental - *Summum Bonum*

Como vimos brevemente en el caso de Alejandro, un objetivo trascendental generará mayor capacidad de resiliencia en el individuo.

En el caso de Alejandro, su objetivo personal último era vivir y morir como un héroe homérico; en el caso de Stockdale su objetivo trascendental se había instaurado de manera más clara en su mente a partir del año 1959, cuando se encontraba estudiando filosofía en la Universidad de Stanford. Su profesor le había regalado un libro cuyas enseñanzas le ayudarían a comprender el objetivo trascendental del ser humano y le proveería de las herramientas mentales que terminarían salvando su vida durante la larga y agónica estadía en las prisiones enemigas. Este libro se llamaba *Enquiridión*,[158] o simplemente *Manual*, y contenía las enseñanzas de un esclavo griego que había vivido más de dos mil años atrás. A este esclavo lo llamaban *adquirido* o *Epícteto*.

Las enseñanzas de Epícteto y un fragmento del libro del Génesis inspiraron en James Stockdale un objetivo trascendental. Él había reconocido y aceptado el

---

[156] *Aparte de sus torturadores.*

[157] *Para poder ir expandiendo tu conocimiento sobre "cómo se piensa" Estrategia recuerda que la Segunda Sabiduría Estratégica (2SE) está íntimamente ligada a la Primera Sabiduría Estratégica (1SE), ya que el primer paso de la Segunda Sabiduría Estratégica es no olvidar el objetivo que te has puesto anteriormente con la Primera Sabiduría Estratégica.*

[158] *Un texto clásico del Estoicismo.*

rol de ser el "cuidador de sus hermanos". El piloto americano había encontrado este objetivo trascendental de ser "el cuidador de sus hermanos" cuando años antes había leído un trecho del libro del Génesis. Stockdale había quedado impacto con la respuesta que Caín, hijo de Adán, había dado cuando le preguntaron por su hermano Abel, a quien había matado.[159] Cuando el fratricida Caín es interrogado sobre el paradero de su hermano, niega haberlo visto, pues a final de cuentas él, Caín, según sus propia palabras, no era el "cuidador de su hermano".[160] Esto tocó a James Stockdale y en ese momento decidió que él tomaría el camino opuesto. Él siempre sería el "cuidador de sus hermanos". Así cuando los prisioneros de guerra fueron llegando a la prisión Stockdale naturalmente asumió el rol de servir y ayudar a todos sus compañeros. Esta convicción de que el objetivo de su vida era ser "el cuidador de sus hermanos" le ayudó a dejar de lado todo egocentrismo, todo sentimiento de victimización, toda pérdida de tiempo con preguntas que no tenían respuestas y le permitió enfocarse en su función de ser "el cuidador de sus hermanos" para trascender por medio de sus terribles circunstancias. Con esto en mente, Stockdale entendió que en lugar de ser víctima tenía la opción de reinterpretar la situación como siendo la gran oportunidad que definiría su identidad y su legado.

Luego, gracias a las enseñanzas del Manual de Epícteto entendió que el individuo que logra integrar y asumir con convicción la responsabilidad de siempre buscar su objetivo trascendental[161] se pone a sí mismo un objetivo tan aspiracional y tan despojado del ego que naturalmente se vuelve más resiliente a los golpes que recibe de la vida. Epícteto enseñaba el estoicismo y el filósofo alemán Frederick Niestzche en su propia modalidad de estoicismo afirmaba que "quien tiene un *por qué* para vivir, encontrará casi siempre el *cómo*".

Observa que la importancia de encontrar el sentido y la función trascendental de nuestra vida y ponerse como objetivo cumplirla es la base de toda *Gran Estrategia*. La importancia de esta convicción no puede ser subestimada

---

[159] *Génesis 4.*

[160] *Cuando en el relato del libro del Génesis Caín asesina a su hermano Abel y posteriormente Dios le pregunta sobre el paradero de Abel: "Caín, ¿dónde está tu hermano?". El "asesino de su hermano" se excusa de toda responsabilidad y responde "acaso soy yo el cuidador de mi hermano?". Cuando James Stockdale responde ante sus circunstancias "yo soy el cuidador de mi hermano" está asumiendo un rol filosófico inverso al de Caín y que lo ayudará a evitar todo tipo de victimización.*

[161] *Bien Supremo o Summum Bonum en lenguaje estoico.*

cuando se trata de superar circunstancias muy duras y *adaptarnos a las circunstancias sin olvidar nuestro objetivo.*

En el año 1993, dos décadas después de su liberación, el almirante de la marina de los Estados Unidos James B. Stockdale compartió con la audiencia del King´s College de Londres su historia, su objetivo trascendental y las herramientas estoicas que lo salvaron de enloquecer y morir.

En los próximos dos capítulos te compartiré las principales herramientas estoicas que utilizó Stockdale para no perder de vista su objetivo trascendental y sobrepasar todas las circunstancias. Pero antes, preguntémonos a nosotros mismos: *¿Tengo un objetivo trascendental en la vida? ¿Cuál es?*

Fotografía del capitán James Stockdale tras ser liberado como prisionero de guerra, febrero de 1973. U.S. National Archives and Records Administration.

19 . Herramientas estoicas para cumplir la Segunda Sabiduría Estratégica

Estas herramientas mentales te servirán para adaptarte a cualquier circunstancia de la vida, a desarrollar tu resiliencia y a no olvidar tu objetivo. En otras palabras, te ayudarán a cumplir la *Segunda Sabiduría Estratégica* (2SE).

Recuerda que todas las Sabidurías Estratégicas, los axiomas que regían el pensamiento de Alejandro y de los Grandes Comandantes, pueden ser aplicados tanto a nivel táctico (acciones inmediatas) como en nivel estratégico (largo plazo) y en el nivel de *Gran Estrategia* (la vida misma).

Estas herramientas que veremos tuvieron su origen en la antigua Grecia y fueron perfeccionadas por medio a las enseñanzas de Zenón de Citio, aunque con elementos de filósofos anteriores como Sócrates, Platón y del mismo Aristóteles que había enseñado a Alejandro en la Escuela Real de Pajes de Macedonia.[162]

Para incorporarlas a tu toma de decisiones y a tu manera de pensar deberás meditar en ellas y ver la racionalidad que existe detrás de cada una. Sin embargo, recuerda que la sabiduría no está en conocerlas, sino en aplicarlas.

El general victorioso es aquel que sabe cuándo luchar y cuando no.

SUN TZU

I. Herramienta #1: Enfócate únicamente en aquello que puedes controlar

En los últimos segundos antes de caer en manos de sus enemigos, Stockdale se dijo a si mismo que estaba saliendo de su mundo y literalmente entrando al "mundo de Epícteto". En el mundo de Epícteto tendría la oportunidad de

---

[162] *Tomando en cuenta las evidencias históricas y el carácter de Alejandro es evidente que alguna versión de estas herramientas fue enseñada en la Escuela Real de Pajes. No es coincidencia que prácticamente todos los compañeros y sucesores de Alejandro, así como los Grandes Comandantes que lo emulaban practicaban esta manera de pensar.*

probarse y la herramienta más básica era saber discernir entre aquellas cosas que podía controlar y aquellas que no.

Al usar la razón veremos que las cosas que no podemos controlar son todas aquellas que están más allá de nuestras mentes. Lo único sobre lo cual realmente tenemos control son nuestros pensamientos y sobre el modo en que decidimos interpretar las circunstancias que nos tocan vivir. Por lo tanto, las únicas cosas que realmente controlamos incluyen nuestras opiniones, nuestros juicios, nuestros deseos, nuestra actitud, nuestros actos internos y externos. Estos dependen de nosotros y únicamente sobre estos debemos pensar.

Aquellas cosas que no dependen de nosotros son muchísimo más extensas y engloban prácticamente todas las circunstancias de la vida. No es racional perder tiempo pensando en esas cosas que no controlamos.

Por lo tanto, cuando la *Segunda Sabiduría Estratégica* dice "adáptate a las circunstancias" simplemente nos está diciendo que dejemos de fantasear y seamos racionales. Consecuentemente el enfoque del *strategos* está en adaptarse rápidamente y no en intentar negar la realidad.

El primer paso para adaptarse rápidamente es aceptar que no debemos perder tiempo intentando controlar lo incontrolable. Esto es muy difícil para muchas personas, pues no se conforman cuando surgen imprevistos, intentan rectificar las circunstancias para que estas se adapten a sus planes en vez de adaptar sus planes a las circunstancias y continuar hacia su objetivo.

Sin embargo, el *strategos* no pierde tiempo con aquello que no puede controlar y se adapta sin demora. Este proceso de rápida adaptación exigirá tomar desvíos, pero las idas y vueltas de las circunstancias no detendrán ni borrarán de la mente del *strategos* el objetivo trascendental.

Al momento de enfrentar las circunstancias, la primera batalla se dará siempre en la mente. Entonces para ser victorioso siempre debes primeramente ser invencible en tus pensamientos y para tanto debes evitar pensar en aquello que no controlas.

Ahora, para entender esto, primeramente enfócate en tus propios pensamientos y reconoce que existen cosas que puedes pensar porque son racionales y cosas que no debes pensar porque simplemente son irracionales. El *strategos* debe ser pragmático, racional y no perder tiempo buscando respuestas que no vendrán.

Si James Stockdale hubiera pensado en poder controlar algo más que su mente no habría encontrado más que obstáculos; se habría sentido tan turbado y desesperado que no le restaría nada a no ser colapsar. En cambio, había comprendido que lo único racional era enfocarse en su actitud, en su interpretación de la situación y recordar que su objetivo trascendental era simplemente ser el "cuidador de sus hermanos".

El individuo que no logre discernir entre aquellas cosas que puede controlar y aquellas que no quedará atascado en las circunstancias. Se desgastará intentando controlar aquello que no depende de sí mismo y terminará ansiosos, estresado, frustrado y derrotado.

La primera herramienta es, por lo tanto, discernir y dividir todas las cosas en dos: aquellas que puedes controlar y aquellas que no. Entonces puedes concentrarse únicamente en las que sí controlas, en otras palabras, únicamente en tus pensamientos.

Señor, concédeme serenidad para aceptar todo aquello que no puedo cambiar, valor para cambiar lo que soy capaz de cambiar y sabiduría para entender la diferencia.

PLEGARIA DE LA SERENIDAD, ATRIBUIDA A REINHOLD NIEBUHR

II. Herramienta #2 - El Teatro de la Vida
El Teatro de la Vida es la segunda herramienta y complementa a la primera.

Epícteto nos dice que debemos ver la vida como una gran obra de teatro. El trabajo del actor no es elegir su guion o el papel que tendrá en la obra. Estas no son cosas bajo el control del actor. Tampoco cabe al actor elegir cuándo entrará y cuándo saldrá del escenario. Sin embargo, cabe reconocer que existe "un Director" que está encargado de asignarnos nuestros papeles en la gran obra y que la función del ser humano, en este Teatro de la Vida, consiste en asumir su papel de artista. Lo único que está bajo el control del artista es su desempeño en la obra, sea cual fuera el guion o papel asignado.

Si te cuesta creer en esto considera que no has sido tú el que decidió dónde y cuándo nacer. Tampoco en qué familia, o qué tipo de experiencias te tocarían vivir. Y si somos humildes veremos que prácticamente todo aquello que somos y todo lo que logramos se da por medio a una serie de eventos sobre los cuales no tenemos control. Nos gusta pensar que es por mérito o esfuerzo propio que hemos obtenido lo que poseemos porque esto aumenta nuestra ilusión de control, pero si observas atentamente verás que no fue así.

El trabajo del ser, es decir, el actor detrás de la máscara, consiste en desempeñarse como un gran actor, sea cual sea el papel que la vida le asigna. Epícteto afirma que el trabajo es hacer lo mejor posible, esforzarnos en nuestro papel y desempeñarlo con buena actitud, teniendo en vista que la vida es apenas una gran obra de teatro.

Si en la obra te tocó ser el presidente, sé un buen presidente. Si te tocó ser un músico, sé un buen músico. Si eres un atleta, sé un buen atleta. Si eres un líder de prisioneros en la guerra en Vietnam, sé un buen líder de prisioneros. No importa si te toca el papel de esclavo o de prisionero de guerra; o si el tuyo es el más humilde de los cargos en una organización o si eres el CEO. Todo eso es irrelevante porque aquello que realmente importa es que te desempeñes de la mejor manera posible, pues estarás haciéndolo como el gran artista que eres y para satisfacer al Director del Teatro de la vida.

Una vez que hayas puesto todo de ti y hayas ejecutado tu trabajo con diligencia, enfocándote en la excelencia y evitando juzgar tu papel, tendrás la tranquilidad de haber sido la mejor versión posible de ti mismo.

Una de las líneas del *Enquiridión* que Stockdale habrá recordado centenares de veces en la prisión dice: "Recuerda que no eres aquí sino el actor de un drama, el cual será breve o largo según la voluntad del poeta".

El Teatro de la Vida es una poderosa manera de verte a ti mismo y al mundo que te rodea. Si la integras a tu vida podrás alcanzar la tranquilidad y la paz que caracteriza a aquellos que se enfocan en su valores internos y no en las circunstancia externas. Alcanzarás la libertad de aquellos que se enfocan en su actitud para desempeñar bien su trabajo y no en el papel asignado por el destino.

No olvides que eres actor en una obra, corta o larga, cuyo autor te ha confiado un papel determinado. Y ya sea este papel el de mendigo, príncipe, cojo o de simple particular, procura realizarlo lo mejor que puedas. Porque si, ciertamente, no depende de ti escoger el papel que has de representar, sí el representarlo debidamente…

Pero si el individuo se revela contra el papel que le fue asignado por el destino y ambiciona cada vez más en vez de interesarse en su desempeño, entonces Epícteto tiene la respuesta para esta persona y viene con matices de la *Primera Sabiduría Estratégica:*

"Si intentas desempeñar un papel superior a tus fuerzas, no sólo lo desempeñarás mal, sino que dejarás de representar aquel que hubieras desempeñado bien".

La herramienta del Teatro de la Vida te lleva a responder preguntas como estas:

- ¿Cuáles son tus valores?
- ¿Estás viviendo de acuerdo a tus valores o estás comprometiendo tu alma a causa de las circunstancias externas?
- ¿Estás actuando para el Director de la obra y según su plan?
- ¿Para quién actúas?

III. La gloria no tiene precio.

El buscar la excelencia en tu papel, sea cual fuere, es un trazo de carácter necesario para superar las circunstancias difíciles de la vida y mantener los ojos en el objetivo último que te has propuesto.

Una anécdota antigua nos servirá para ilustrar esta herramienta mental llamada el Teatro de la Vida y la importancia de desempeñar tu papel, tu función, de manera excelente y sin nunca perder tu esencia ni distraerte con cosas que no forman parte de tu objetivo trascendental.

El antiguo boxeo griego, llamado *pugilato* por los romanos, es un deporte que se remonta como mínimo al Siglo VIII a. C. (la época homérica) y fue parte significativa de la antigua cultura atlética griega durante el primer periodo clásico. El ser campeón del boxeo en los Juegos Olímpicos daba enorme prestigio a los atletas y así como ocurre hasta hoy, atraía también a los apostadores.

Entre los antiguos griegos los espartanos eran aquellos considerados los más nobles e íntegros con relación a sus principios de vida y esto quedó demostrado en una final del boxeo en una de las ediciones de los antiguos Juegos Olímpicos. Ese año en particular la ciudad de Corinto tenía un gran campeón y había llegado a la final contra el representante de Esparta. Como ocurría a menudo el representante de Esparta era el favorito.[163] Esa predilección era resultado de La *rhetra*,[164] o la forma de vivir espartana, que además de la resiliencia física enfatizaba el sacrificio por el otro, la vida sencilla y modesta. Un estilo de vida muy diferente al de sus materialistas vecinos de Corinto.

Ocurrió que dos apostadores corintios que asistían a estos juegos olímpicos deseaban hacerse ricos con el combate final entre el espartano y el campeón de su ciudad, quien no era el favorito a pesar de ser un gran campeón. Los apostadores corintios se acercaron al púgil espartano y le ofrecieron una suma de dinero para dejar que el corintio le ganara el combate. El espartano se negó. Los apostadores duplicaron la oferta pensando que el espartano lo pensaría y le recordaron que nada más no debía esforzarse al máximo. Los apostadores le recordaron que si aceptaba la oferta, al terminar el combate él también podría ser un hombre rico. El espartano se negó una vez más y tomó su lugar para el enfrentar al boxeador corintio.

Luego de mucho esfuerzo y de gran sufrimiento en un combate cruento y muy parejo, la victoria y los laureles terminaron siendo entregados al espartano.

Al terminar la pelea el espartano estaba sangrando y muy lastimado. Los apostadores de Corinto se acercaron al púgil espartano y le dijeron:

—¡Que tonto eres! ¿Qué has logrado además de unos dientes rotos y laureles en la cabeza? Si no fueras tan tonto y no te hubieras esforzado tanto no hubieras sufrido estas heridas y en este momento serías un hombre rico!

El espartano miró a los apostadores y respondió:

—Soy espartano. No vengo aquí por tesoros. En Esparta a los campeones olímpicos se les otorga el honor de luchar y morir en las batallas al lado del rey. Mi objetivo no es obtener riquezas, mi objetivo era ganar el derecho y el honor de morir al lado de mi rey ¡y eso he ganado!

Con esta anécdota recordamos que una vez que el individuo encuentra su objetivo trascendental ya no importa cuál es el papel que le ha sido asignado por la vida y ni cuán grandes sean las ofertas que otros le hagan para desviarse de su mejor desempeño posible en el Teatro de la Vida.

---

[163] *Esparta enviaba atletas a competir a los Juegos Olímpicos solamente si tenían oportunidades reales de ser campeones. Únicamente enviaba a aquellos que eran "favoritos" a ganar.*
[164] *La Gran Rhetra (Μεγάλη Ῥήτρα), literalmente "Gran Proclamación" era la Constitución de Esparta que había sido formulada por su gran legislador Licurgo.*

Recuerda que estas son herramientas para cumplir la *Segunda Sabiduría Estratégica* (*Adáptate a las circunstancias, pero no olvides tu objetivo*). En este proceso existe esta paradoja de ser flexible, pero no perderte. De adaptarte, pero nunca vender tu conciencia. De ir a cualquier parte pero no olvidar de dónde vienes y a dónde deseas ir. Recuerda siempre tener tu *Gran Estrategia* clara en la mente y adaptarte a las circunstancias, sin olvidar el objetivo. Stockdale había decidido que su papel bajo cualquier circunstancia era ser el "cuidador de sus hermanos" y las circunstancias no dependían de él sino del Director del Teatro de la Vida.

IV. Herramienta #3: La Andreia - Valentía

Si deseas saber cómo pensaban y cómo actuaban los Grandes Comandantes y cuál es la primera de entre las virtudes que debe ser cultivada, considera la *valentía*.

La tercera herramienta que extraemos del caso de Stockdale y que es fundamental para Estrategia es la valentía. ¿Qué es la valentía? ¿Cómo se desarrolla?

Se necesita valentía más que nada, pues sin esta virtud el individuo quedará paralizado, estancado y confundido. Únicamente con valentía podrás utilizar estas herramientas que estamos viendo y podrás adaptarte, cambiar, innovar, continuar caminando y vivir una vida completa y plena. Sin valentía no podrás cumplir tu rol en el Teatro de la Vida.

Los griegos tenían un nombre para la valentía que no era temeraria. La valentía verdadera que llevaba al hombre a actuar a pesar de sus miedos y a cumplir su papel de manera más excelente. La llamaban *andreia*.[165]

Andreia puede ser interpretada como "hombría", pero aquí la generalizaremos como "valentía", pues es una virtud que no depende del género. Como toda virtud la *andreia* está ubicada en el centro, entre dos extremos. La valentía está entre el temor y la temeridad y cabe al *strategos* saber encontrar este punto medio.

El proceso de construcción gradual de valentía es eso: un proceso. Es sencillo pero debes seguirlo para hacerte valiente. El primer paso se encuentra justo antes de aplicar la valentía. Cuando las circunstancias inesperadas se presentan debes evitar que tu mente esté concentrada en las variables que no controlas. El miedo al futuro próximo o lejano no es racional pues no puedes

---

[165] *Pensemos en andreia no como "hombría", sino como aquello que caracteriza tanto al hombre o la mujer valiente.*

controlarlo. *Valentía* no es la ausencia de temor, pero el primer paso para aplicar la *valentía* está en disminuir el poder del temor.

El segundo paso consiste en comprender que todos los miedos tienen diferentes tamaños y que estos te impactarán de acuerdo a tu propio crecimiento personal. Existen aquellos miedos que sólo de recordarlos te generarán mucha ansiedad. Con estos miedos podrías incluso sentirte mal físicamente. Estos miedos, en este momento, todavía son grandes para ti y no debes pretender enfrentarlos inmediatamente. Debes omitirlos usando la herramienta anterior y no pensar en aquello que no controlas y que, por no estar presente, todavía no necesitas enfrentar. En esto también aplica lo dicho por Sun Tzu :"El comandante vencedor es aquel que sabe cuándo luchar y cuándo no".

Existen otros miedos, sin embargo, que debes enfrentar. Pero estos están a tu altura porque son parte del guion que te fue dado en el Teatro de la Vida. Entre estos también existen aquellos que tú mismo sabes que puedes enfrentar aplicando un poco o mucho de valentía. Exigirá un esfuerzo, pero es posible. Esos miedos son "medianos" y son la clave para desarrollar mayor valentía.

Ahora imagínate que debes "comer" los miedos. Aquellos miedos que debes "comer" o, en otras palabras, enfrentarlos, son aquellos que te causan temor pero que no son tan grandes al punto de paralizarte. Mientras más miedos pequeños y medianos "comas", más crecerá tu valentía. A medida que tu autoconocimiento crezca, menos grandes te parecerán aquellos miedos que no lograbas ni pensar en enfrentarlos. Siguiendo el proceso, paso a paso y según surjan los desafíos, naturalmente llegará el día en que aquel miedo que te parecía insuperable ya no será tan grande y lo podrás "comer" y hacerte aún más valiente.

La valentía y la fe son primas hermanas y ambas crecen a medida que te animas a caminar. A eso se refería Jesús cuando decía que la fe es como una semilla de mostaza. Esta puede ser la más pequeña entre las semillas, pero si la cultivas se transformará en un gran árbol.[166] Tu valentía también nace pequeña, pero se hace grande con el tiempo si la cultivas intencionalmente.

Necesitas valentía para seguir tu propio camino independiente de los otros, independiente del grupo, de la presión, de las circunstancias. En Estrategia necesitas valentía también para ser flexible, para no olvidar tu objetivo y mantener tu esencia intacta. Este tipo de valentía produce libertad. Por último, la

---

[166] *Mateo 13.*

valentía sirve para darte la *libertad* que necesitas para vivir según tu propósito, según el papel que te tocó en el gran Teatro de la Vida". El secreto de la felicidad es la libertad. El secreto de la libertad es la valentía.[167]

En el caso de Stockdale la libertad externa no era posible, pero la valentía le permitía mantener la libertad interna, la libertad de elegir sus pensamientos y actitud ante las circunstancias que no podía controlar.[168]

La *andreia*, la valentía, es una herramienta, un trazo de carácter, que debes desarrollar conscientemente. Si tu objetivo final, más específicamente tu *Gran Estrategia,* es suficientemente noble, te ayudará a desarrollar más valentía. Si tu *Gran Estrategia* está bien definida te impulsará a superar tus miedos poco a poco, iniciando por los más pequeños hasta "comer" a todos al final del proceso.

En el próximo capítulo veremos la cuarta herramienta. Es la herramienta que aglutina todas las anteriores y amerita un capítulo entero porque creo puede ayudarte a salir de lugares profundos y oscuros y llevarte de vuelta a la luz y a la paz que todos anhelan. Por un rato dejaremos a James Stockdale en segundo plano. Estudiaremos a Heracles y a Alejandro, respectivamente el más importante de los héroes griegos y el hombre que estaba en el centro de la Mesa de los Grandes Comandantes de Napoleón Bonaparte.

El conocimiento es una riqueza que no puede ser robada.

SOREN KIERKEGAARD

---

[167] *Tucídides, Op. cit.*
[168] *Si buscas desarrollar tu valentía para enfrentar momentos difíciles te puede ser útil conocer a Viktor Frankl y su trabajo El hombre en busca de sentido.*

20. Amar el destino

Mi fórmula para expresar la grandeza en el hombre es amor fati ["amor al destino]: el no querer que nada sea distinto ni en el pasado ni en el futuro ni por toda la eternidad. No solo soportar lo necesario, y aún menos disimularlo, sino amarlo.

Friedrich Nietzsche

Has de sacar partido de cuanto ocurra. No digas nunca: "¿Qué sucederá?". ¿Qué te importa lo que pueda suceder desde el momento que puedes hacer de ello buen uso y sacar provecho, y puesto que hasta un contratiempo puede convertirse para ti en manantial de felicidad? ¿Acaso Heracles dijo jamás: "Dioses, no permitáis que un león o un jabalí enorme se crucen en mi camino, ni que tenga que combatir con hombres monstruosos y feroces"? No te preocupes, pues. Si un espantoso jabalí se te pone delante, mayor será el combate y más gloriosa la victoria; si te sorprenden hombres descomunales y feroces, mayor será tu mérito si logras librar de ellos al universo. "Pero ¿y si muero en la refriega?". ¿Y qué? ¿No morirás como un héroe? ¿Y se puede desear suerte mejor?

Epícteto

Este no es un libro de filosofía, pero al momento en que hemos definido *Estrategia* en su sentido más fundamental como siendo aquello que *piensa* y hace el *strategos*, nos vemos obligados a considerar también el aspecto filosófico del *strategos*. Porque el pensamiento del *strategos* será consecuencia de sus creencias y de cómo interpreta su experiencia en este mundo.

I. Herramienta #4: Amor Fati

Amor fati es una frase latina que se traduce como "amor al destino". Se utiliza para describir la actitud de quien ve todo cuanto le sucede en la vida, incluidos el sufrimiento y la pérdida, como necesario. Es decir, el individuo considera que todo lo que ocurre forma parte del proceso que da lugar a que su destino personal se cumpla, y así debe ser considerado como bueno.[169] Pero ¿quién es el individuo que piensa que cuando más difíciles son las cosas, mejor es la vida? La respuesta para los griegos era sencilla: un héroe.

¿Quién era el héroe?
El héroe era el hombre o la mujer que lograba superar su naturaleza egocéntrica y por medio del sacrificio personal en favor de la comunidad, o de su prójimo, se hacía más parecido a un dios. El héroe era un ser humano como tú y yo, que pasando por diversas y duras pruebas, y superándolas todas, se hacía como los dioses. Así, al momento de morir, obtenía acceso a la morada celestial para compartir la eternidad con sus colegas, aunque fuera como semidiós. Este proceso de pasar de hombre a semidiós era el objetivo de Alejandro expresado en varias ocasiones y que hemos visto reflejado en su discurso.

La palabra *héroe* (ἥρως) es griega y el más grande de los héroes griegos había sido Heracles, ancestro de los reyes de la dinastía argéada de Macedonia. Alejandro se inspiraba en su heroico antepasado y vestía el mítico "Yelmo de Heracles" que conocerás ahora. El mito de Heracles nos dará el secreto para ser resilientes y valientes.

Para llegar a entender mejor la mente de Alejandro —que era el camino propuesto por Napoleón para aquellos que quisieran comprender el *Secreto de la Estrategia*— necesitamos ir más allá de lo "técnico" y profundizar en algunas de sus creencias espirituales.

Los aspectos "técnicos" o "mentales" están directamente ligados a la puesta en práctica del *Principio Estratégico Esencial* (PEE) y de todos los axiomas estratégicos que estarán explicados en *Las Cinco Sabidurías Estratégicas (CSE)*. Son estos aspectos "técnicos" de Alejandro aquellos que se identifican tradicionalmente como siendo ejemplos de Estrategia y son también los aspectos observados por Basil Liddell Hart al momento de extraer la esencia de *Estrategia* de la mente de los grandes comandantes y estrategas de la historia.

Sin embargo, considera que existen otros aspectos que van más allá de lo "técnico" y estos están directamente ligados al carácter y la "manera de pensar" de Alejandro. Entre estos están su inmensa valentía, su magnanimidad, su

---

[169] *Al individuo que ha comprendido la verdad que está por detrás de esta herramienta llamada Amor Fati le queda claro de que existen dos posibles actitudes antes las circunstancias. La de vivir como si la existencia se tratara de una carga; o aceptar las circunstancias y considerar que la vida es un "Gran Teatro" en el cual el ser humano es un gran actor.*

resiliencia, su liderazgo por medio del ejemplo, su universalidad en la asignación de valor al ser humano.[170]

Una de las principales creencias que guiaban e inspiraban a Alejandro y que hacían parte de su manera de pensar era el "culto al héroe". La vida heroica que se trasluce claramente en su discurso a sus tropas cuando estas ya no deseaban continuar más allá del río Indo. Para Alejandro el único camino al Olimpo, la única manera de tener acceso al cielo griego, era por medio a la vida heroica. Así, el objetivo trascendental de Alejandro no era conquistar el mundo sino hacerse inmortal como Heracles al enfrentar los más grandes desafíos y las más complicadas circunstancias, y al morir ser admitido entre los dioses gracias a su vida heroica. Conquistar el mundo era el medio, no el fin.

Así como cuando estudiamos el mito de la disputa entre Atenea y Poseidón para comprender el concepto de *Gran Estrategia*, ahora veremos el mito de Heracles para comprender cómo podemos llegar a amar nuestras circunstancias, por más duras que estas sean. Con el mito de Heracles estaremos bebiendo de la misma fuente mitológica que alimentó la mente de Alejandro y que lo llevó a enfrentar las dificultades más grandes con gran valentía, hasta el punto de amarlas. Estas creencias le permitieron practicar lo que Nietzsche llamó *Amor fati*, el amor por el destino. Alejandro lo hizo con total convicción y sin querer disminuir o modificar ninguna de las circunstancias las más complicadas o más difíciles de su vida, pues eran estas las que permitirían que llegara a su objetivo trascendental. Así como también lograría hacerlo James Stockdale más de dos mil trescientos años después gracias a las enseñanzas estoicas de Epícteto.

Muchos han oído hablar de Heracles, sobre todo con su nombre romano Hércules, pero menos son aquellos que conocen su historia, y más reducido aún es el número de aquellos que conocen el mensaje oculto por detrás de su mito.[171]

Te podrías estar preguntando ¿qué tiene esto que ver con el axioma estratégico que dice "no olvides tu objetivo, pero adáptate a las circunstancias"?.

En la mente de Alejandro, modelo de los Grandes Comandantes y estrategas, el mito de Heracles tenía todo que ver con la aplicación de la *Segunda Sabiduría Estratégica*. Las circunstancias difíciles, centrales en la narrativa

---

[170] *Alejandro asignaba el mismo valor a sus súbditos, amigos y generales, fueran estos griegos o bárbaros. Alejandro fue el primer rey que considero a la especie humana como un todo. Alejandro poseía otros trazos que eran debilidades, pero en este ejemplo nos estamos enfocando en los aspectos positivos de Alejandro.*

[171] *He aquí la diferencia entre el conocimiento común, exotérico y el esotérico.*

de los doce trabajos de Heracles, daban la oportunidad para diferenciar a los héroes de los hombres mediocres. Por lo tanto, adaptarse a las circunstancias era un privilegio, la oportunidad de ser un héroe era un regalo de la vida que debía ser aprovechado, aunque con esfuerzo.

Si logramos entender cómo pensaba Alejandro al momento de enfrentar y adaptarse a las circunstancias, entonces podríamos también nosotros intentar adoptar algunos elementos específicos de su pensamiento cuando nos enfrentemos a las circunstancias más duras de nuestras vidas.

II. Heracles

Heracles es el arquetipo del ser humano que se hace héroe al enfrentar las circunstancias más difíciles de la vida. Poseedor de gran fuerza física, pero sujeto a una mente por momentos caótica, Heracles había sido alimentado con la leche de Hera, diosa que deseaba matarlo, según el relato mitológico. Pero también con la leche de Atenea, diosa de la Estrategia y la Sabiduría, que deseaba ayudarlo. Esta dicotomía representa la doble naturaleza del ser humano que debemos enfrentar y resolver. Dependería de Heracles decidir cuál de los dos modos prevalecería y si al final de su historia sería un hombre mediocre y violento o un héroe digno de ser amigo de los dioses.

Al inicio de su historia Heracles era un hombre iracundo. Su tremenda fuerza física era su principal característica, pero a causa de su mente inestable su poder era un peligro para él y para su entorno. En una ocasión Hera lo enloquece y Heracles termina matando a su esposa y a sus hijos. Cuando su cólera cesa y recupera el uso de la razón Heracles se encuentra con las consecuencias de sus terribles actos y cae en una gran depresión. En un exilio autoimpuesto se retira de la presencia de los hombres, pues no logra perdonarse por lo ocurrido.

En ese momento un amigo suyo va al Oráculo de Delfos a pedir ayuda y el oráculo le dice que para redimirse de su culpa Heracles debería completar doce trabajos. Al completar el primero de estos trabajos recibiría una poderosa herramienta para lograr cumplir los otros once. Únicamente cumpliendo estas tareas Heracles se redimiría y pasaría de ser un hombre esclavo de sus pasiones a ser un héroe, digno de habitar el Olimpo.

Este primer trabajo consistía en eliminar a un enorme y fiero león que estaba devastando los campos de Nemea y aterrorizando a los habitantes de la región. El león estaba destruyendo los campos, comiendo a las otras bestias y empobreciendo a los ciudadanos que ya no podían salir a trabajar.

El campo se arruinaba y nadie podía entrar o salir de la pequeña Nemea. En consecuencia los ciudadanos pasaban hambre y el territorio se encontraba cada día más desolado.

Comprendiendo que su esperanza para volver a ser un hombre aceptado por la comunidad[172] (y por sí mismo) sería librar a Nemea del león, Heracles agradece la oportunidad de enfrentar a la bestia.

Luego de adentrarse en lo más profundo de los bosques que rodeaban a la ciudad el desgraciado Heracles se encuentra cara a cara con el león.

Efectivamente era una bestia gigantesca y furiosa. Sus garras eran tan poderosas al punto de destrozar árboles, animales e incluso las rocas. Intentando matar al león Heracles recurre a sus armas y le arroja flechas y lanzas. Sin embargo, estas parecen no tener efecto, pues simplemente rebotaban al tocar la piel del león. Entonces Heracles utiliza su enorme maza, pero esta tampoco parece afectar al terrible león. En este momento Heracles se da cuenta de que la piel del animal es tan dura que resulta totalmente impenetrable. No existía arma hecha por el hombre que pudiera herir o matar al león.

Heracles no desistiría y gracias a la ayuda de Atenea comprende que la única manera de lidiar con la bestia sería en un combate cuerpo a cuerpo, matarlo con sus propias manos. Entonces Heracles penetra a la oscura guarida donde el león se escondía. Luego de sorprenderle y después de un terrible y feroz combate "mano a mano" Heracles logra ahogar al león con una llave de brazos.[173]

Heracles completa el primer trabajo y así salva a la comunidad de Nemea, que vuelve a la paz y a la prosperidad.

Antes de retirarse y partir a su segundo trabajo Heracles obtiene de su primera prueba un gran tesoro,[174] pero no sin antes resolver un enigma. Como la piel del león era impenetrable Heracles decide tomarla para sí. Intenta desollar al león y, nuevamente, ninguna de sus armas, ni el cuchillo, ni la espada la lanza o la piedra, logran penetrar el cuero del león muerto. Cuando estaba por desistir surge nuevamente Atenea y le explica que la única manera de despellejar al león sería utilizando las poderosísimas garras del felino. Así

---

[172] *El exilio era una de las condiciones más terribles en el mundo antiguo.*

[173] *Esta llave es conocida hasta el día de hoy en español como mataleones.*

[174] *Como la historia de Sanson que luego de matar a su león encontró posteriormente miel en su cadáver: "Del devorador salió comida, y del fuerte salió dulzura".*

lo hace Heracles y despoja al león de su piel y su cráneo para usarlos a modo de coraza y de yelmo, respectivamente.

A partir de ese momento ya no había armas hechas por hombres, sean flechas, lanzas o espadas capaces de atravesar y afectar a Heracles, pues había hecho que su cuerpo y su mente sean impenetrables vistiendo la piel del León de Nemea vencido.

Tal vez ya hayas identificado algunos de los símbolos en el mito, como el hecho de que el héroe tuvo que enfrentar a la bestia con sus propias manos. O que el objetivo externo del trabajo era ayudar a una comunidad y no a sí mismo. Aunque paradójicamente ayudando a los otros se ayudaba también a sí mismo. En realidad podríamos encontrar varios mensajes simbólicos, pero en este momento estamos buscando cómo cumplir la *Segunda Sabiduría Estratégica* (*i.e. Adáptate a las circunstancias, pero no olvides tu objetivo*) y el punto más interesante podría estar en la simbología de la piel del León de Nemea.

Una vez que Heracles se dispuso a iniciar el primer trabajo y pasó por la primera prueba obtuvo la herramienta que le permitiría enfrentar todas las demás futuras pruebas sin sufrir daño. Esta herramienta es el yelmo hecho con el cráneo del León de Nemea.

Este yelmo es simbólico para nosotros y nos recuerda que el ser humano necesita proteger su mente y hacerse "impenetrable mentalmente". Al momento en que Heracles cubre su cabeza con el yelmo está representando simbólicamente la mente impenetrable, el hombre que ya no se deja llevar por sus arrebatos emocionales o por los pensamientos que lo debilitan.

La mente siendo el centro de los pensamientos racionales e irracionales, debe ser protegida de la irracionalidad con el yelmo del León de Nemea. Cuando el héroe logre evitar que pensamientos debilitantes como el miedo, la ira, la envidia, el odio penetren su mente, podrá adaptarse a cualquier circunstancia. Este símbolo era comprendido por Alejandro, quien vistió el Yelmo de Heracles en todas sus grandes batallas. Esta imagen de Alejandro vistiendo el Yelmo de Heracles se ve en las monedas acuñadas durante gran parte del periodo Helenístico y en gran parte de los bustos y esculturas que lo representan.

Para comprender la relevancia del mito de Heracles en la prodigiosa resiliencia de Alejandro recordemos primeramente que los relatos mitológicos no son "cuentos de niños". Los mitos en esencia son intentos de comunicación de aquello que el Dr. Carl G. Jung llamó el "Inconsciente Colectivo". Según Jung el mito es un intento del Inconsciente de hacernos conscientes de verdades fundamentales que rigen nuestras vidas y que si bien están listas para ser activadas, no las hemos comprendido y por lo tanto no la podemos vivir conscientemente. Pero si logramos comprender el mensaje que viene del Inconsciente lo podremos hacer consciente y esto nos llevará a un mayor empoderamiento y a un natural aumento de consciencia. Eran estos mensajes ocultos los que se enseñaban en las escuelas mistéricas griegas. Es importante tomar en cuenta esto, pues el mensaje oculto detrás del primer trabajo de Heracles es el mismo para ti como fue para Alejandro. Al momento en que el mensaje oculto en el mito sea decodificado hará su trabajo en nosotros. Este proceso de hacernos conscientes de algo de lo cual anteriormente éramos inconscientes solemos llamar "iluminación".

Por lo tanto, en los símbolos del mito de Heracles encontrarás la llave interpretativa para comprender el mensaje más profundo. Como hemos visto antes en el mito de Atenea contra Poseidón, el mensaje proviene directamente de lo más profundo de nuestro ser. Heracles había conquistado al león que era su propio ego. Pues había sido su ego fuera de control aquel que había matado a su familia y asolado su propia vida. Ahora, luego de superar la primera prueba y con el yelmo puesto, Heracles ya no estaría sujeto a los ataques de su ego. El yelmo hecho con el cráneo del impenetrable león simboliza una mente dominada, un cambio de pensamiento y la consecuente invulnerabilidad. Heracles cambiaba su manera de pensar, pasaba de ser una víctima a iniciar su camino de héroe.

De esta manera Heracles completa sus siguientes once trabajos sirviendo a varias comunidades. Hace la transición de ser un hombre dominado por su lado oscuro a un héroe que se había redimido a sí mismo enfrentando con esfuerzo e inteligencia tremendas pruebas en servicio de otros. Heracles jamás hubiera logrado completar su metamorfosis de mediocre a héroe sin la ayuda de las circunstancias tan difíciles que tuvo que enfrentar. Y no hubiera sido victorioso en cada una de ellas si en su primer trabajo no hubiera logrado obtener la herramienta que subsecuentemente protegería su mente de las metafóricas saetas incendiarias que representan los pensamientos de temor y victimización que lo asolaban, así como el mismo león había asolado a los pobladores de Nemea.

He aquí la fuente del amor por las circunstancias difíciles, el *Amor Fati*.

Si comprendes que las circunstancias a la cuales te enfrentas son las que te redimirán y te llevarán a tu destino más excelente, a obtener la vida heroica que te dará acceso a un estado superior, a "los dioses", a la realización de tu obra, entonces podrás amar todas la circunstancias de tu vida. Pues si estas son terribles y difíciles es porque te están dando la oportunidad de ser un héroe, de trascender. El mismo apóstol Pablo, que tenia gran influencia estoica, afirmó su *Amor Fati* al momento en que recordó a los romanos que debían estar seguros que "todas las cosas cooperan para el bien de aquellos que aman a Dios y que son llamados de acuerdo con su propósito."

Amor Fati es una herramienta filosófica que nos obliga a cambiar nuestra perspectiva, nos da la oportunidad de ver las circunstancias desde otro ángulo, no más como víctimas sino como héroes.

James Stockdale no podía amar sus circunstancias en Vietnam, a no ser que las observara desde un contexto más grande donde estas mismas circunstancias eran aquellas que lo llevarían a definirse como héroe y no víctima. Únicamente comprendiendo este mensaje oculto en el mito de Heracles podría alguien como Stockdale amar la historia completa de su vida, sin quitar o agregar. Pero el mito es una verdad comunicada por el Inconsciente Colectivo a todos y este en particular nos asegura que si logramos vencer con nuestras propias manos a nuestro enorme y feroz ego, a nuestro León de Nemea, entonces podremos posteriormente recibir y vestir el Yelmo de Heracles. De esta manera, el individuo en lugar de ver las circunstancias que complican sus planes como siendo enemigos, las verá con entusiasmo, así como lo hacía Alejandro.[175] La palabra *entusiasmo* proviene del griego ἐνθουσιασμος y está compuesta de tres partes: *en*, *theou* y *asthma*, que significan juntas "soplo interior de Dios". Cuando sus biógrafos decían que Alejandro se caracterizaba sobre todo por "entusiasmo" se referían a una fuerza interior que lo poseía y que era independiente a las circunstancias. El *entheosiasmos* griego era un tipo de claridad o percepción espiritual y no una simple excitación emocional momentánea como la entendemos hoy.

Esta percepción, este *entheosiasmos,* permitía a Alejandro ver la realidad más allá de las circunstancias y así genuinamente podía practicar el *Amor Fati.*

---

[175] *Explícitamente los biógrafos de Alejandro mencionan el hecho de que vivía las circunstancias más difíciles con "entusiasmo" (Arriano, Anábasis, capítulo IX).*

Alejandro podía imaginarse las circunstancias más difíciles, incluso la posibilidad de morir, y mantener el entusiasmo.

Yo, por mi parte, creo que para un hombre valiente los trabajos y esfuerzo no tienen límites; no hay otro fin para él excepto la labor en sí misma, siempre y cuando lleve a resultados gloriosos...

¡Oh, macedonios y aliados griegos, manteneos firmes! Gloriosos son los hechos de los que acometen una grande labor y corren un grande riesgo, y es muy agradable llevar una existencia valiente y morir dejando tras de sí la gloria imperecedera. ¿O no sabéis que nuestro ancestro [Heracles] ha alcanzado tan altas cotas de gloria, pasando de ser un mero mortal a convertirse en un dios, como parece ser, debido a que no permaneció en Tirinto o Argos, o incluso en el Peloponeso o en Tebas?... Vosotros, sin embargo, habéis penetrado en las regiones más allá de Nisa, y aquella Roca de Aornos que Heracles no pudo capturar se encuentra en vuestro poder. ¿Qué memorables y gloriosas gestas podríamos haber realizado si (hubiéramos permanecido) sentados a nuestras anchas en Macedonia?

ALEJANDRO MAGNO

Tetradracma de plata con Alejandro Magno vistiendo la piel del León de Nemea (i.e. Yelmo de Herakles) (c. 310 a.C.).

III. La Paradoja Stockdale

Muchos años después de compartir su historia en el King's College James Stockdale fue entrevistado por el consultor de negocios y escritor estadounidense Jim Collins. En su entrevista Collins preguntó al entonces almirante Stockdale:

—¿Cómo has aguantado tanto tiempo? ¿Qué fue aquello que permitió que hayas resistido tanto tiempo?

Stockdale le respondió:

—Puedo decir con seguridad que aquello que me permitió aguantar y enfrentar esa situación tan difícil fue el hecho que nunca perdí la fe en el final de la historia, nunca dudé no solo de que saldría, sino también de que al final prevalecería y convertiría la experiencia en el evento definitorio de mi vida, y que, en retrospectiva, no cambiaría por nada.

Entonces el autor Jim Collins continuó preguntando al veterano Stockdale:

—¿Quiénes fueron los que primero sucumbieron? Quienes fueron aquellos que no aguantaron y murieron primero?
-—Eso es fácil de responder —dijo Stockdale—. Los primeros en sucumbir fueron los optimistas!
—Los optimistas?! —se sorprendió Collins—. Pero usted me acaba de decir que fue su optimismo aquello que lo mantuvo... —continuó el consultor hasta que fue interrumpido por Stockdale.
—¡No! ¡Nunca dije que fui un optimista! ¡He dicho que nunca había perdido la fe! Son cosas diferentes. Los optimistas eran aquellos que decían "nos liberaran para Navidad". Navidad llegaba y continuábamos presos. Luego decían "nos liberaran para Pascua". La Pascua llegaba y continuábamos presos. Luego los optimistas decían "entonces seremos liberados en el Día de Acción de Gracias. Pasaban Navidades, Pascuas y Días de Acción de Gracias y estos optimistas morían con el corazón roto." Debes entender que el líder *(i.e.* el *strategos*) no es un simple optimista. Resiliencia no es optimismo. El líder hace tres cosas —continuó Stockdale—: Primero el líder define la realidad, tal cual es. Luego el líder es aquel que logra mirar hacia el futuro y ver un futuro mejor. Y finalmente el líder es aquel que después de definir la realidad tal cual es y lograr ver un mejor futuro, da los pasos hacia dicho futuro.

Resiliencia no es optimismo. Resiliencia es la capacidad que posee una persona, o un grupo, para superar las circunstancias y periodos difíciles, reponerse y continuar mirando hacia un futuro mejor. Recuerda y medita en la *Segunda Sabiduría Estratégica*: *No olvides tu objetivo, pero adáptate a las circunstancias.*

*Asegúrese de que tanto el plan como las disposiciones sean flexibles,
adaptables a las circunstancias. Su plan debe prever
y proporcionar un próximo paso en caso de éxito o fracaso.*

Basil Liddell Hart

*En la vida es como en el juego de dados.
Si una tirada no cae como la necesitas
el arte debe corregir lo que el azar ofrece.*

Plauto

*En la vida ocurre como en el ajedrez. En ambos hacemos un plan, pero este queda
del todo condicionado por lo que en el ajedrez hará el contrario y en la vida el destino. Las modificaciones que así se producen generalmente son tan importantes que
nuestro plan apenas es reconocible en algunos rasgos básicos cuando lo realizamos.*

Publio Terencio

*Estatuilla de Heracles vistiendo la piel del León de Nemea. Escultura de piedra
Chipriota (c. 500 a.C.). Museo Metropolitano de Arte, The Cesnola Collection.*

21. La Tercera Sabiduría Estratégica

*Lo inesperado no puede garantizar el éxito,
pero garantiza las mejores posibilidades de éxito.*

Basil Liddell Hart

I. Elige el camino menos esperado

Hasta ahora vimos que la esencia de toda Estrategia, según la manera de pensar de los Grandes Comandantes y de acuerdo a la síntesis hecha por Basil Liddell Hart luego de milenios de historia, está en la formula *Concentración* en la *Fortaleza* aplicada sobre la *dispersión* identificada. A esto llamamos el *Principio Estratégico Esencial* y para ponerlo en práctica el *strategos* necesita autoconocimiento. El autoconocimiento necesario para ajustar los objetivos a sus medios sin sobrestimarse o subestimarse, y adaptarse a las circunstancias cambiantes sin olvidar cuál es el objetivo.

Ahora veremos la *Tercera Sabiduría Estratégica* (3SE) que nos dirá cómo encontrar la *dispersión*.

La *Tercera Sabiduría Estratégica* (3SE) es probablemente el axioma estratégico más fácilmente identificable con la segunda parte del *Principio Estratégico Esencial* (PEE), pues nos recuerda indirectamente la necesidad de buscar una *dispersión* sobre la cual aplicaremos el resultado de nuestra *fortaleza* concentrada.

La *Tercera Sabiduría Estratégica* dice: *Elige el camino menos esperado* y es el axioma de la creatividad y de la innovación. Por medio a la innovación el *strategos* podrá encontrar los "caminos menos esperados" y estos lo llevarán a detectar las *dispersiones* o, en otras palabras, las oportunidades.

En el mundo militar este axioma está ligado al factor sorpresa y a aquello que se conoce como "acercamiento indirecto".[176] En este capítulo veremos que elegir el camino menos esperado, el pensar diferente e innovar son elementos necesarios para cumplir el *Principio Estratégico Esencial*.

---

[176] *The Indirect Approach* - *B.Liddell Hart*. Recordemos una vez más que Estrategia no se trata de hacer guerra sino de saber pensar.

El *strategos* debe tomar el camino menos esperado porque si tomara el camino obvio, aquel que todos esperan, encontrará resistencia. Encontrará la fortaleza del opositor y consecuentemente obtener la victoria podría ser casi imposible. El *strategos* que no elige el camino menos esperado no estará cumpliendo la segunda parte del PEE y aunque terminara venciendo sería a un costo muy alto.[177]

Porque si simplemente tomamos lo que obviamente parece la línea de menor resistencia, su obviedad también atraerá al oponente; y esta línea puede que ya no sea la de menor resistencia.

Basil Liddell Hart

Recuerda que luego de haber salvado a Apple de la bancarrota Steve Jobs es entrevistado por el consultor Richard Rumelt. Este le pregunta al nuevo CEO qué haría ahora y la respuesta de Jobs fue:

"Esperaré. Esperaré la próxima gran oportunidad".

Doce años después de la entrevista dada a Richard Rumelt estaba claro que Steve Jobs había elegido el camino menos esperado, uno que solamente él había visto. No compitió de frente contra las máquinas de IBM o contra el Sistema Operativo Windows de Microsoft.

Cuando el *strategos* comprende que la esencia de la Estrategia está en *concentrarse en su fortaleza* y buscar una *dispersión* pasa a ser obvio que es necesario pensar diferente e ir por el camino menos esperado. El ejemplo de Apple es sencillo y claro para observar la *Tercera Sabiduría Estratégica*. La claridad de Steve Jobs con relación a este axioma estratégico era tanta que agregó a la marca Apple el *slogan* "Piensa Diferente".

Este axioma se aplica en todos los escenarios, ya sea en una empresa, un equipo de futbol, una campaña militar o incluso para llegar a la felicidad.

Te invito a observar uno de los ejemplos históricos más conocidos de la aplicación de la *Tercera Sabiduría Estratégica*.

---

[177] *Una victoria pírrica.*

II. Aníbal Barca - El camino menos esperado

Entre todos los comandantes elegidos por Napoleón para hacer parte de la *Mesa* en homenaje a Alejandro, Aníbal Barca, el comandante cartaginés conquistador de Roma, fue probablemente aquel que más se igualó al genio estratégico de Alejandro. El cartaginés lo emuló en todo y su vida tuvo varias coincidencias con la del macedonio. Aníbal emuló a Alejandro en lo estratégico, en lo táctico, en la mentalidad, en cómo enfrentar las circunstancias y en su grandísima resiliencia y creatividad. Incluso compartió con Alejandro el hecho de tener un padre que le había enseñado el Arte de la Estrategia y proveído de profesores griegos para que Aníbal aprendiera a saber pensar como un *strategos*. La educación de Aníbal fue excepcional y a pesar de que los únicos documentos que tenemos sobre él fueron escritos por sus enemigos, estos lo reconocen como un hombre de vasto conocimiento y de un carácter de enorme resiliencia.

> Era de lo más audaz para afrontar peligros, y de lo más prudente en medio del peligro. No había tarea capaz de fatigar su cuerpo o doblegar su moral. Presentaba el mismo aguante para el calor y el frío; su manera de comer y beber estaba atemperada por las necesidades de la naturaleza, no por el placer; el tiempo que le quedaba libre de actividad era el que dedicaba al descanso, para el cual no buscaba ni un cómodo lecho ni silencio: muchos lo vieron a menudo echado por el suelo, tapado con el capote militar, en medio de los puestos de guardia o de vigilancia militar. No se distinguía en absoluto entre los de su edad por la indumentaria, aunque sí llamaban la atención sus armas y sus caballos. Era por mucho, el mejor soldado de caballería y de infantería a un mismo tiempo; el primero en marchar al combate, el último en retirarse una vez trabada la pelea.

Tito Livio XXI

Los profesores griegos de Aníbal le enseñaron todo lo que conocían sobre la manera de pensar y actuar de Alejandro. La fascinación que el cartaginés tenía por Alejandro sobrepasaba la de Napoleón al punto de desear imitarlo incluso con su caballo. Aníbal trajo de la región griega de Tesalia, origen de

Bucéfalo, su principal caballo de batalla, un corcel negro llamado *Strategos*. La similitud física con el mítico caballo de Alejandro era evidente según se decía.

Aníbal Barca, hijo de Amílcar, *strategos autokrator* de Cartago, fue uno de los más grandes estrategas de la historia, en la opinión de algunos incluso más grande que Alejandro ya que la fortuna no le favorecía tanto como al joven macedonio. Aníbal venció a todos los generales romanos que salieron a su encuentro y colocó a la invencible Roma al borde de la desaparición. Este personaje histórico es un excelente ejemplo para observar el cumplimiento de todos estos principios y axiomas que estamos viendo. Pero como todos nosotros Aníbal también tenía una gran debilidad y esta era la notable ausencia de una *Gran Estrategia*.

Para apreciar la complejidad que existe en el Arte de la Estrategia, en cómo piensa y cómo actúa el *strategos*, permíteme compartirte brevemente el contexto histórico, pues nos será útil para entender la aplicación de la *Tercera Sabiduría Estratégica* por parte de los cartagineses.

III. Contexto histórico - Cartago y Roma

Dos generaciones después de la muerte de Alejandro el mundo mediterráneo era dominado por Roma en tierra y por Cartago en el mar. La ciudad de Cartago, al norte de África, era la más importante colonia surgida de la potente y antiquísima ciudad fenicia de Tiro. Los cartagineses eran un pueblo de navegantes y comerciantes que habían heredado el espíritu emprendedor, la audacia y la valentía (además de la violenta religión) que habían hecho de Tiro una ciudad prácticamente inconquistable.[178]

Cartago fue fundada en el año 814 a.C. por una princesa fenicia y con el tiempo se hizo más grande y poderosa que Tiro. Cartago llegó a controlar y dominar las rutas marítimas del Mediterráneo en el siglo III a.C. con una superioridad y autoridad como no se veía desde la época del imperio ateniense de Temístocles y Pericles dos siglos antes.

Cuando Roma terminó su conquista de la península Itálica, Cartago ya era un poder comercial y militar que dominaba los mares desde el Levante hasta las columnas de Heracles (*i.e.* Gibraltar). El poder de Roma se limitaba a la

---

[178] *Heródoto había estado en Tiro en el año 450.a. C., y en aquella época la ciudad tendría ya dos mil cuatrocients años. Tiro no se había doblegado ante ningún imperio hasta caer por primera vez en su historia bajo la perseverancia y creatividad de Alejandro en el año 332 a. C.*

tierra firme, pero los romanos nunca habían tolerado rivales y se vieron forzados a iniciar una guerra contra Cartago. A pesar de contar con oportunidades limitadas, Roma logró hacerse con la victoria en la Primera Guerra Púnica.[179]

Luego de la Primera Guerra los victoriosos romanos forzaron a los cartagineses a aceptar condiciones injustas e humillantes. Además de confiscar y destruir todos los barcos cartagineses, los romanos tomaron control de las rutas comerciales. Obligaron a los vencidos a pagar una enorme suma en compensación por la guerra y a abandonar territorios previamente conquistados. Además desmantelaron su fuerza naval y les prohibieron reconstruir los barcos.

Las condiciones impuestas por Roma fueron tan humillantes que más de dos mil años después, cuando los alemanes se encontraron en una situación similar al término de la Primera Guerra Mundial (1918) protestaron en contra el Tratado de Versalles refiriéndose a este como siendo un "tratado púnico". La historia se repite, pues así como la dureza del Tratado de Versalles fue una de las causas del ascenso de Hitler, de igual manera el Tratado Púnico fue la causa del enorme rencor que surgió entre los generales cartagineses en contra de Roma y una de las causas de la Segunda Guerra Púnica.

Este rencor y odio era más grande en el general Amílcar Barca, padre de Aníbal, patriarca de los Barcas, una de las familias más nobles e importantes de Cartago. Amílcar había sido el único *strategos* que los romanos no habían podido derrotar en la Primera Guerra y su odio a Roma estaba además exacerbado por la convicción de que Cartago se había rendido de manera precipitada en la Primera Guerra Púnica.[180] Amílcar juró continuar luchando contra Roma hasta destruirla.

Así como Filipo II había inculcado a su hijo Alejandro la idea de conquistar el Imperio persa y lo preparó con todos los conocimientos para ser un gran *strategos*, así también la conquista y destrucción de Roma fue un objetivo inculcado por Amílcar Barca en sus hijos desde que estos eran pequeños. En sus hijos Hanno, Magón, Asdrúbal y Aníbal, el patriarca Amílcar creó cuatro "cachorros de león para la destrucción de Roma" según sus propias palabras.

---

[179] *La palabra* punicus *era usada por los romanos para referirse a los cartagineses y a sus ancestros fenicios (de las formas más antiguas lat. arc.* Poenicī *< gr.* Phoinicoi*). Los cartagineses llamaron a estos conflictos "Guerras Romanas".*
[180] *Los paralelos con la Primera y Segunda Guerras Mundiales del siglo XX son conocidos. La historia se repite porque los seres humanos somos iguales.*

Como parte de este plan de venganza y destrucción, el joven Aníbal recibió la mejor educación cartaginesa y griega desde muy joven. Amílcar contrató a profesores griegos para que complementaran su educación en "la manera griega de pensar", lo instruyeran sobre el Arte de la Estrategia y sobre la vida de Alejandro (que para entonces ya era considerado un semidiós). Amílcar, además, contrató a un profesor espartano y a otro macedonio que instruyeron al niño para que este se transformara en el "nuevo Alejandro" cartaginés; el *strategos* que conquistaría Roma. Este papel de "conquistador de Roma" Aníbal lo asumió conscientemente y para terminar de identificarse con Alejandro se asoció con el dios principal de Tiro, Melkart. Melkart era la versión cartaginesa de Heracles, cuyo mito vimos en el capítulo anterior, y que Alejandro había adoptado como modelo por superar. Aníbal se asoció con el Heracles fenicio y aprendió a considerar las circunstancias más difíciles como oportunidades.

Te invito a observar la importancia que tiene en el *strategos* la manera en que define las circunstancias más difíciles. Como hemos visto anteriormente, para Heracles los trabajos duros que se presentaron en su camino fueron considerados como oportunidades de redención y no como un castigo o peso. De igual manera pensaba Aníbal, y los historiadores nos cuentan que llevaba consigo una estatuilla de Heracles que había pertenecido a Alejandro.[181]

Sobre la educación y la habilidad de Aníbal Barca, el historiador romano Dion Casio observa que "[Aníbal] debía estas ventajas no solo a la naturaleza, que le había dotado de sus dones, sino también a una amplia instrucción. Iniciado […] en el conocimiento de los Cartagineses, añadió a esto la luz de los griegos".[182] Aníbal había sido creado con todos los ingredientes que lo hacían pensar como el más grande de los *strategos* de la historia. Aunque todo lo que tenemos sobre Aníbal son los relatos escritos por sus enemigos su perfil es el de un hombre excepcional, así como dice el historiador Theodore Ayrault Dodge: "la suma de todo lo que los autores antiguos nos dicen describe a un hombre y un capitán en quienes no se desperdicia el culto al héroe".

Esta convicción y la educación que poseía Aníbal no nos deben pasar desapercibidas, pues si bien estaremos hablando de la *Tercera Sabiduría Estrategia*, debemos tener muy presente que Estrategia es el arte completo que abarca las

---

181 *El Herakles Epitrapezios que se encuentra hoy en día en el Museo de Pompeya*
182 *Dion Casio, Op. cit.*

cinco dimensiones que la componen: *Liderazgo, Principios Estratégicos, Sistemas Estratégicos, Innovación y Propósito.*

Fue justamente este último, el *Propósito*, donde Aníbal fallaría, pues a pesar de su genialidad en el manejo de los *Principios Estratégicos*, su resiliencia, su capacidad de innovación y su legendario liderazgo, Aníbal no tenía una *Gran Estrategia*. El propósito de Aníbal no era la "paz y prosperidad" que vimos antes con Atenea enfrentando a Poseidón. Aníbal, así como su padre Amílcar y toda la familia Barca, hizo del odio a Roma su propósito de vida. Pocas anécdotas son más elocuentes para recordar este hecho que la del juramento que hizo Aníbal cuando tenía apenas 9 años de edad.

Tito Livio y Plutarco nos cuentan que luego de la Primera Guerra Púnica, Roma había desmantelado la marina de Cartago y prohibido el libre tránsito por las aguas del Mediterráneo. Debido a esta restricción Amílcar tomó la decisión de cruzar el desierto del norte de África, llegar a las columnas de Hércules (Gibraltar) y cruzar con sus ejércitos hasta Hispania (España). El objetivo era establecer colonias para revitalizar a Cartago y hacer de Hispania una base desde donde preparar su plan de venganza contra Roma. Tito Livio relata que cuando Amílcar estaba a punto de partir, su hijo Aníbal, que para entonces tenía apenas nueve años, pidió acompañarlo. Amílcar consideraba a Aníbal aún muy joven para la vida militar y dijo que podría esperar algunos años más para sumarse al proyecto. Pero el niño insistió. Entonces Amílcar tomó al niño Aníbal y lo llevó al templo del dios Baal Hammon. El dios Baal Hammon era la versión cartaginesa del dios fenicio Moloch, en cuyo seno metálico, y enrojecido por el fuego, los cartagineses sacrificaban a los niños de las familias nobles. El sacrificio de quemar niños era la manera cartaginesa de invocar el favor de Baal/Moloch. Amílcar llevó a Aníbal al fuego de Moloch y le pidió que jurara que sería enemigo de Roma eternamente. El niño Aníbal juró ante el dios Baal odiar a Roma toda su vida.[183] Así padre e hijo partieron a Hispania para ejecutar un plan a largo plazo. Las circunstancias cambiarían una y otra vez, pero Aníbal jamás olvidaría su objetivo de destruir Roma.[184]

---

[183] *El significado del nombre Aníbal en fenicio, Hanni-ba´al, significa "quien goza del favor de Baal".*
[184] *Recuerda esto, pues terminará siendo la principal razón de por qué Aníbal no pudo vencer y terminar su vida como un victorioso.*

Aunque el personaje de Aníbal sería útil para estudiar todos los principios de *Estrategia,* en este capítulo lo observaremos únicamente como ejemplo de la *Tercera Sabiduría Estratégica* que dice *"elige el camino menos esperado".*

IV. Amílcar elige el camino menos esperado

La ciudad de Cartago propiamente dicha estaba a tan solo un día de navegación de la isla de Sicilia (para entonces territorio romano) y a pocos días de viaje de la ciudad de Roma. Cuando en lugar de intentar atacar a Roma por el mar Amílcar Barca y su hijo Aníbal toman la larga ruta por el desierto del norte de África estaban siguiendo la *Tercera Sabiduría Estratégica.* El primer paso de su estrategia consistía en enfocarse en conquistar territorios muy lejanos de Roma. Hispania era prácticamente "el fin del mundo" desde la perspectiva romana.185

La estrategia de Amílcar era a largo plazo y se basaba en buscar el camino menos esperado. Primeramente se enfocaría en conquistar un territorio lejano, luego cruzaría los Pirineos y los Alpes, sorprendería a Roma, vencería las batallas iniciales y así provocaría un levantamiento de los pueblos de la península Itálica que habían sido conquistados por Roma. De esta manera Cartago y los pueblos conquistados por Roma lucharían contra los romanos y terminarían con su poder para siempre.

Algunos años después, luego de conquistar grandes partes de Hispania, Amílcar murió. Su yerno Asdrúbal asumió el liderazgo de los ejércitos cartagineses y los aliados de Hispania, pero dos años después, también falleció. Para entonces aquel niño que había jurado odio eterno a Roma ya era un joven de 28 años y fue elegido por el ejército como el nuevo *strategos autokrator.* En el año 218 a. C. tiene inicio la Segunda Guerra Púnica y si bien Amílcar ya no estaba, ahora sus cuatro leones, entre ellos el más grande *strategos* desde Alejandro, enfrentarían y derrotarían a la invencible Roma. Aníbal sería el ejecutor de la estrategia de Amílcar y vencería a los romanos una y otra vez, siempre de la manera menos esperada y por el camino menos esperado.

---

[185] *En el siglo II a.C. estas distancias y los obstáculos naturales que separaban España de Italia eran mucho más desafiantes e impensables que aquellos que podemos entender o concebir hoy en día. Cuando Cartago conquistó los territorios del sur de España los romanos jamás se imaginaron que esto era parte de un plan para invadir Roma.*

El comandante cartaginés sería, *de facto*, no solamente el conquistador de Roma sino su gran profesor de Estrategia.[186]

Son dos los eventos históricos que me gustaría destacar para que recordemos que para cumplir el *Principio Estratégico Esencial* es necesario encontrar la *dispersión* y para tanto debes necesariamente "elegir el camino menos esperado". Estos eventos son el cruce de los Pirineos y de los Alpes y posteriormente el cruce de los Apeninos y de los pantanos del Arno.

Cuando se inició la Segunda Guerra Púnica los romanos consideraron que lo más lógico sería enviar parte de sus legiones a Sicilia para defenderse de una obvia invasión cartaginesa por mar y a España donde el cónsul Publio Cornelio Escipión se encargaría de enfrentar a Aníbal en su propia base.

En ningún momento se les ocurrió a los romanos que Aníbal podría intentar cruzar los Pirineos, pasar por territorio hostil, combatir las tribus galas y luego cruzar los Alpes. La ruta para cruzar los Pirineos era prácticamente imposible, pero el cruce de los Alpes era tan desconocido para el ser humano en aquella época como seria el océano Atlántico para Cristóbal Colón muchos siglos después. Estos cruces eran simplemente inconcebibles y los romanos jamás consideraron como una posibilidad real que Aníbal eligiera esas rutas para cruzar con su ejército.

Pero Aníbal eligió el camino menos esperado y marchó con un ejército compuesto por un grupo heterogéneo de casi cien mil hombres. Hispanos, galos aliados, numidios, cartagineses, todos hombres de lenguas diferentes y costumbres diversas. Los distintos pueblos que componían su ejército no tenían nada en común a no ser la admiración y fidelidad a Aníbal. También llevaban consigo treinta y ocho elefantes (animales que los legionarios romanos jamás habían visto), y caballos, pues así como en el caso de Alejandro, la caballería era la gran *fortaleza* del ejército del *strategos* cartaginés.

A finales de la primavera del año 218 a. C., veintitrés años después del humillante Tratado Púnico de la Primera Guerra, Aníbal partió de la ciudad de Cartago Nova[187] (actual Cartagena, España) y eligió el camino que nadie esperaba, el trayecto que los romanos consideraban imposible.

---

[186] *Los romanos, notablemente Publio Cornelio Escipión, reconocen a Aníbal como el enemigo que les enseñó a pensar de manera diferente, a adquirir el arte de los griegos, Estrategia.*
[187] *Cartago Nova fue fundada alrededor del año 227 a. C. con el nombre de Qart Hadasht (Ciudad Nueva) por el general cartaginés Asdrúbal el Bello, yerno y sucesor del general Amílcar Barca, padre de Aníbal.*

Aníbal cruzó territorio hostil, subió por los peligrosos pasos de los Pirineos, enfrentó varias emboscadas y venció a los galos hostiles. Mientras tanto, el cónsul romano Escipión, considerando que Aníbal ya había sufrido muchas bajas y ahora intentaría ir por el mar (la ruta más segura), llevó a sus legiones al otro lado de los Pirineos para enfrentarlo y bloquear cualquier intento de paso marítimo. Pero cuando Escipión intentó alcanzar a Aníbal, este ya había partido hacia los Alpes, tomando el camino inimaginable, el menos esperado. Ahora lo acompañaban treinta y cinco mil hombres de la infantería compuesta por hispanos, galos y cartagineses, cuatro mil caballeros numidios y treinta y ocho elefantes.

Aníbal inició el cruce más dramático y espectacular de la historia de los Grandes Comandantes. Su objetivo era evitar a las legiones de Roma cruzando los Alpes y luego bajar al valle del Po, al norte de Italia, donde habitaban las tribus galas hostiles a Roma. Esta región era una de las más inestables y representaba una potencial debilidad romana. Siguiendo el plan de su padre Amílcar, Aníbal apostaba a que estos galos se aliarían al ejército cartaginés para iniciar la liberación de todos los pueblos de Italia previamente conquistados por Roma.

Se desconoce hasta el día de hoy el itinerario exacto emprendido por Aníbal en octubre del 218 a. C., pero, sin duda, pasaron por grandísimas pruebas y Aníbal alentó a sus hambrientos y desesperanzados soldados con la certeza de encontrarse pronto en el Valle del Po, donde serían recibidos por tribus amigas:

> Los soldados, consternados por el recuerdo del dolor que habían sufrido, y sin saber a qué deberían enfrentarse cuando siguieran avanzando, parecieron perder el coraje. Aníbal los reunió, y, como desde la cima de los Alpes, que parecían ser la entrada a la ciudadela de Italia, se divisaban las vastas llanuras que regaba el Po con sus aguas, Aníbal se sirvió de este bello espectáculo, único recurso que le quedaba, para quitar el miedo a los soldados. Al mismo tiempo, les señaló con el dedo el punto donde estaba situada Roma, y les recordó que gozaban de la buena voluntad de los pueblos que habitaban el país que tenían ante sus ojos [188]

---

[188] *Tito Livio, "Ab Urbe Condita"- La Historia de Roma.*

Aunque los costos en sufrimiento y pérdida de vidas durante la travesía de las montañas fueron enormes[189] este durísimo camino era el único que permitiría a Aníbal cumplir la *Tercera Sabiduría Estratégica*. Él buscó la *dispersión* eligiendo el camino menos esperado y así avanzó por donde podría atacar la debilidad de Roma.[190]

A pesar de su genialidad y osadía logística Aníbal, debía demostrar su capacidad como *strategos* también por medio a victorias en batallas. Durante todos los años en que estuvo enfrentando a las legiones romanas en la península Itálica Aníbal recurrió a estratagemas, a marchas rápidas y secretas, tomó caminos inesperados y recurrió a emboscadas para aplicar el *Principio Estratégico Esencial*. Los romanos, desconocedores de Estrategia, siempre atacaban de manera previsible, de frente e intentando ganar por medio a la gran eficiencia operativa de sus hasta entonces invencibles legiones.[191]

El historiador Polibio[192] decía que Aníbal le parecía ser "un gran comandante bajo todas las circunstancias. Pero aquello que lo hace especialmente superior es que durante varios años en que hizo guerra a los romanos y enfrentando todos los caprichos del destino, siempre tuvo la inteligencia para confundir a los comandantes enemigos, sin que estos jamás lograran confundirlo a él."

Como veremos más adelante cruzar los Pirineos y los Alpes no fueron las únicas ocasiones en que Aníbal tomó el camino menos esperado y es importante notar que "elegir el camino menos esperado" no se refiere únicamente a un movimiento geográfico, sino a cómo se piensa y a cómo se hace. Pensar "fuera de la caja", innovar, pensar diferente, son otras maneras de decir que representan la idea y el principio que está por detrás del axioma "elige el camino menos esperado".

---

[189] *Aníbal perdió casi la mitad de su ejército en emboscadas de tribus alpinas, a causa del tremendo frío, los oscuros precipicios y lo imponderable. En quince días que duró la travesía dieciséis mil hombres murieron.*

[190] *Esta era la única manera de sorprender a los romanos, que eran en aquella época excelentes tácticos, pero todavía ignorantes del arte griego de la Estrategia.*

[191] *Podemos hacer un paralelo entre los generales romanos y los empresarios modernos que, desconociendo el Arte de la Estrategia se disponen a competir intentando ser "el mejor", cuando en realidad Estrategia se trata de ser diferente, de ser único.*

[192] *Polibio era un esclavo griego que trabajaba como historiador de la familia patricia de los Escipiones. Fue testigo ocular de las guerras con Aníbal y por lo tanto una de las fuentes más confiables aunque simpatizante de Roma.*

Al bajar de los Alpes Aníbal fue recibido por los galos cisalpinos que le proveyeron de descanso, comida, provisiones y nuevos guerreros. Cuando el cónsul Tiberio Sempronio Longo llegó con sus legiones desde Sicilia para enfrentar a Aníbal, el *stratego* cartaginés les infringió una terrible y sorpresiva derrota en la batalla de Trebia. En ese momento las tribus galas que todavía habían estado esperando para definir su apoyo se terminaron de convencer y se juntaron en masa a las filas de Aníbal, así como había planeado Amílcar.

Los romanos estaban sorprendidos y horrorizados con lo ocurrido. Se dispusieron a despachar más legiones para cerrar todos los dos pasos posibles hacia Roma.

El enorme esfuerzo y el grandísimo precio que Aníbal estaba dispuesto a pagar para siempre seguir la *Tercera Sabiduría Estratégica* es un elocuente testimonio sobre la importancia de seguir este axioma si realmente deseas cumplir el *Principio Estratégico Esencial*.

Ejemplos militares sobre la necesidad de "elegir el camino menos esperado" abundan y podríamos citar la mayoría de las batallas de los Grandes Comandantes, como la genialidad estratégica de Alejandro en Gaugamela y en el Hidaspes, Aníbal en el Trasemino, en Cannas, Napoleón en Austerlitz. La *Tercera Sabiduría Estratégica* se aplica tanto en lo estratégico como en lo táctico. La aplicación de la *Tercera Sabiduría Estratégica* (3SE) es necesaria en todos los ámbitos y va mucho más allá de ser un axioma de estrategia militar.

Recuerda que *elegir el camino menos esperado* no se limita a lo geográfico. Como vimos en el caso de Steve Jobs y Apple incluye también la manera de ser, la manera de pensar y de hacer. Sin innovar no podrás ser diferente y si no eres diferente serás igual y si eres igual, entonces lo único que puedes esperar es competir por medio de "choques frontales" (fortaleza contra fortaleza) con el competidor. La razón de porque debes elegir el camino menos esperado está en el hecho de que debes siempre buscar cumplir el *Principio Estratégico Esencial* (PEE), en otras palabras, buscar encontrar la dispersión.

V. Gran Estrategia y la Tercera Sabiduría Estratégica (3SE)

Pero ¿cuál sería la aplicación de la 3SE al concepto de *Gran Estrategia*? *Gran Estrategia* es la vida misma y si quieres aplicar el pensamiento estratégico al arte de vivir, que es la mayor de todas las artes, entonces debes considerar que todos desean vidas felices, pero la mayoría busca la felicidad de manera directa, siguiendo el camino más transitado y así no obtienen el resultado deseado. El camino más transitado es aquel que ya conoces y muchos lo siguen pensando que si logran obtener suficientes riquezas materiales, fama, posiciones y poder podrán llegar a ser felices. La realidad comprueba que esto no es así porque las leyes universales no premian el egocentrismo.

Si deseas la paz, la prosperidad y la tranquilidad del alma entonces sigue la 3SE y toma el camino menos esperado, el menos transitado, y la paz, la prosperidad y la tranquilidad vendrán a tu vida por medios indirectos. El camino menos esperado está en buscar la felicidad por medio a primeramente buscar la felicidad de los otros.

> *Estrecha es la puerta,*
> *y angosto el camino que lleva a la vida,*
> *y raros los que la hallan.*
>
> JESÚS CRISTO

> *Seguramente esto lo diré entre suspiros en algún momento*
> *dentro de años y años,*
> *dos caminos se abrían en un bosque,*
> *elegí... elegí el menos transitado de ambos,*
> *y eso supuso toda la diferencia.*
>
> ROBERT FROST

Moneda en la que aparece Aníbal Barca

22. La Cuarta Sabiduría Estratégica

I. Ataques frontales no deben ser intentados

Basil Liddell Hart tenía una prueba contundente y por eso había tomado la decisión de criticar abiertamente a los líderes ingleses luego de la Primera Guerra Mundial, afirmando que estos no habían demostrado comprensión sobre el Arte de la Estrategia. Luego de estudiar a todos los Grandes Comandantes y analizar las batallas más conocidas y determinantes de la historia, Liddell Hart podía afirmar que no había mayor prueba de la ausencia de Estrategia que el hecho de recurrir a ataques frontales. El no respetar la *Cuarta Sabiduría Estratégica* resultó en el día más catastrófico de la historia del ejercito inglés, en la más sangrienta de toda las guerras y en millones de vidas perdidas inútilmente.

La *Cuarta Sabiduría Estratégica* (4SE) dice: *Ataques frontales no deben ser intentados.* Esto es obvio por el simple hecho que si intentas un ataque frontal estarás yendo en contra la concentración del otro y no estarás cumpliendo el *Principio Estratégico Esencial* (PEE). El negarse a intentar ataques frontales pasa a ser lógico cuando la esencia de toda Estrategia está, primeramente, en conocer tus fortalezas, concentrarlas y posteriormente buscar una dispersión donde aplicarlas.

Si Steve Jobs hubiera atacado de frente al sistema operativo Windows de Microsoft Apple simplemente no hubiera sobrevivido. Hubiera sido aplastada antes de crecer. Si David, se hubiera enfrascado en un batalla directa con Goliat, con las mismas armas del paladín filisteo, David hubiera muerto. Según Liddell Hart los generales ingleses no tenían excusa, pues detrás de ellos había miles de años de historia.[193]

Pero cuando en el siglo II a. C. Aníbal, uno de los leones de Amílcar, siguió la estrategia de su padre y aplicó las tácticas de Alejandro y derrotó a

---

[193] *También T.E. Lawrence (i.e. Lawrence de Arabia) había advertido lo mismo cuando dijo: "Con dos mil años de ejemplos a nuestras espaldas, no tenemos excusa, cuando luchamos, si luchamos mal".*

todos los generales romanos que se le interpusieron, los romanos todavía no conocían el Arte de la Estrategia.[194]

A pesar de la tradicional valentía, resiliencia y eficiencia de las legiones romanas, sus generales necesitaron pasar por tremendas derrotas a mano del comandante cartaginés antes de cambiar la manera de pensar. Hay que dar mérito a los romanos porque fueron capaces de adaptarse luego de observar la manera de pensar de Aníbal, pero la adaptación no fue rápida. O por lo menos no tan rápida para evitar que Roma estuviera al borde de la desaparición. Aunque el romano que lograría finalmente vencer a Aníbal todavía era apenas un adolescente y no estaba listo, fue gracias a un líder con experiencia, convocado con urgencia en el momento de mayor angustia, que Roma se pudo salvar. Este líder se llamaba Fabio Máximo, pero los romanos tuvieron que ser derrotados tres veces antes de aceptar sus ideas.

Para estudiar la *Cuarta Sabiduría Estratégica* (4SE) te invito a que continuemos con la historia de la Segunda Guerra Púnica y conoceremos personajes como el cónsul Flaminio, el jefe de caballería Marco Minucio y el dictador Fabio Máximo. Estos hombres nos servirán de ejemplos para observar tanto el cumplimiento como la violación de la *Cuarta Sabiduría Estratégica*.

Los romanos siempre habían sido excelentes en lo táctico y su eficacia y carácter los llevaron a creer que Roma era invencible (*Roma aeterna est*).[195] La fuente de su invencibilidad, según ellos, estaba en el carácter irreductible del romano y en el método disciplinado y eficiente de las legiones. Las ingeniosas formaciones de *hastatii, princeps y triarii* eran tácticamente excelentes. Los romanos atacaban de frente como una máquina bien coordinada y jamás se rendían o desistían de la lucha. Varias historias y mitos romanos perpetuaban la fama y la convicción de ser un pueblo inconquistable. Esta eficacia se apoyaba además en los hombres más estoicos de toda la historia clásica.

El ideal del romano clásico era un hombre tan tozudo y resiliente al punto de ser la inspiración y modelo para Epícteto, aquel esclavo griego que escribió

---

[194] *Hasta entonces los tradicionalmente conservadores romanos no habían dado valor a las ideas y maneras de pensar y actuar de otros pueblos. Si bien existían poblaciones griegas en el sur de la península itálica, los romanos —un pueblo orgulloso y autosuficiente— no habían demostrado interés en aprender de los griegos. Sabían quién había sido Alejandro, pero no lo estudiaban. Antes de conocer a Aníbal a los romanos les gustaba entretener la fantasía que sus legiones hubieran vencido a las falanges de Alejandro Magno.*

[195] *"Roma es eterna" era la conclusión del romano.*

el *Manual* que ayudó a James Stockdale en las prisiones de Viet Nam. Mientras la cultura griega era aquella de filósofos, sofistas, simpatizantes de las ideas, las artes, el teatro y la Estrategia, la cultura romana era aquella del noble y rudo agricultor y soldado que había jurado jamás aceptar el dominio de un rey o de extranjeros sobre la tierra que le pertenecía, la República. Pero contra un *strategos* como Aníbal, poseedor de aquel conocimiento esotérico enseñado a Alejandro y a sus compañeros en la Escuela Real de Pajes de Macedonia, toda esta valentía y eficacia no eran suficientes. Así, y para gran sorpresa de los romanos, todas sus legiones sufrieron catastróficas derrotas en manos del *strategos* cartaginés. Estas derrotas fueron tan dramáticas y completas que marcaron la *psique* de los romanos para siempre.

Luego de haber sido sorprendidos por Aníbal en varias ocasiones, el Senado romano aún no lograba comprender cómo el cartaginés había derrotado al cónsul Escipión en el río Tesinio o cómo las legiones del cónsul Longo habían sido derrotadas en el río Trebia. Los romanos simplemente no comprendían cómo estas derrotas podrían haber acontecido y por lo tanto inicialmente consideraron que habían sido "accidentes", "cosas del destino". El pueblo se convenció que ya era hora de que un general demostrara a Aníbal que Roma jamás era derrotada y que las legiones eran verdaderamente invencibles.

II. Cayo Flaminio, "el campeón del pueblo".

Al inicio del invierno del año 218 a. C. las seguidas derrotas habían dejado a los romanos sorprendidos y asustados. Los galos del valle del Po se habían unido a los ejércitos de Aníbal que comandaba desde entonces cuarenta mil hombres y diez mil unidades de caballería. Un número no tan significativo si se lleva en cuenta las fuerzas que podían reunir los romanos que, al final del siglo III a. C., ascendía a aproximadamente setecientos mil legionarios. A pesar de esta superioridad numérica, Roma ya había perdido el control de todo el territorio de la Galia Cisalpina, varias de sus legiones habían sido vencidas y sus cónsules muertos y heridos.

Todo esto era inaceptable y al inicio del año 217 a. C., el Senado y el pueblo de Roma estaban determinados a destruir a Aníbal y restablecer el orden de las cosas. Dos nuevos cónsules fueron elegidos, Cneo Servilio Gémino y Cayo Flaminio, este último el "campeón del pueblo".

Cayo Flaminio era un hombre explosivo, valiente, audaz y decidido. Nada lo intimidaba y recientemente había ganado su reputación al derrotar de manera sorprendente a los fieros galos del norte, los mismos que ahora se habían aliado a Aníbal. Flaminio era amado por el pueblo por ser frontal, agresivo, por decir las cosas como son, por representar el carácter romano, orgulloso por naturaleza e historia. Sin embargo, él no era querido por los senadores pues había decidido atacar a los galos en contra un dictamen del Senado, que concluía que un ataque sería muy arriesgado y no debería ser intentado.[196] A pesar del dictamen, Flaminio atacó y venció contradiciendo las expectativas negativas de los senadores y posteriormente propuso dar las tierras a colonos romanos, en contra a los intereses económicos y políticos de las familias tradicionales.

Consecuentemente, cuando Flaminio fue confirmado como cónsul inmediatamente convocó a las legiones que le correspondía y de una vez fue a buscar a Aníbal para atacarlo y vencerlo. El pueblo lo aclamó. Por fin un verdadero general romano vengaría a las legiones derrotadas.

El único que se le opuso abiertamente fue el senador Fabio Máximo que estaba informado del número relativamente pequeño de las tropas de Aníbal y de su falta de medios. Fabio Máximo "exhortaba a los Romanos a que aguantasen y no entraran en contienda con un hombre que comandaba tropas con experiencia y cuyo objetivo era justamente entablar combates". Fabio Máximo recomendó que en vez de atacar, Roma debería enviar socorros a sus aliados, fortificar las ciudades y luego "dejar que por sí mismas se deshicieran las fuerzas de Aníbal. Como una llama"[197] que se extingue por falta de recursos. Estos consejos eran totalmente nuevos a los oídos de los romanos. ¿Cuándo antes los romanos adoptaron una actitud defensiva y temerosa? Nunca. Los consejos de Fabio Máximo eran prácticamente heréticos para la cultura romana.

Flaminio se marchó con sus legiones. Así como ya había ocurrido antes en el caso de los galos, Flaminio una vez más desconsideraría cualquier consejo, demostraría quiénes eran los romanos y daría término a la invasión cartaginesa.

El cónsul partió con dirección al norte, sabiendo que luego de las derrotas sufridas en Trebia existían apenas dos caminos posibles para Aníbal. El cartaginés tendría que marchar hacia el sur y cruzar al centro de la península Itálica por Areminium o por Arretium. De esta manera el cónsul Gémino,

---

[196] *El hecho de ser un homo nuovis (un hombre cuyo descendientes no fueron cónsules y no son patricios) tal vez generaba en Flaminio resentimiento y desprecio por los aristocráticos senadores.*

[197] *Plutarco, Op. Cit.*

elegido por el Senado, y sus legiones marcharon a la costa del mar Adriático para cerrar el paso en Areminium y el cónsul Flaminio, elegido por el Pueblo, y sus legiones marcharon a Arretium, al sur de los Apeninos. Si Aníbal tomara una de estas dos únicas y posibles rutas tendría que enfrentar a los romanos de frente y en ese momento ambos cónsules unirían sus fuerzas.

Sin embargo, siendo un gran *strategos* el comandante cartaginés una vez más eligió el camino no esperado. En vez de tomar el camino previsto por Flaminio, Aníbal marchó con sus ejércitos por los pasos de montañas de los Apeninos y bajó directamente a los pantanos del río Arno. El camino era impensable, pues era primavera y el río, desbordado después del deshielo, no había dejado terreno seco hasta donde la vista podía llegar. Así todo el ejército de Aníbal, cartagineses, hispanos, galos, los numidios con sus caballos, las mulas y un elefante[198] marcharon por cuatro días cruzando los pantanos del río Arno.

Una vez más Aníbal sorprendió a los generales romanos tomando un camino que era simplemente impensable. El cruce por los pantanos exigió que sus ejércitos marcharan en un terreno insalubre y con agua hasta la cintura por varios días. Muchos hombres y animales murieron ahogados, otros cayeron enfermos. Varios se ahogaban al no encontrar lugar dónde dormir después de días marchando en terreno inundado. Algunos se salvaron durmiendo sobre los cuerpos de los animales muertos. La travesía fue tan dura que a Aníbal le costó literalmente un ojo de la cara.[199]

De esta manera, Aníbal logró flanquear a Flaminio y penetró al centro de Italia.

Gracias a sus informantes Aníbal sabía que Flaminio era un hombre orgulloso y audaz y por lo tanto caería en su trampa si provocado. Aníbal ordenó entonces quemar los campos que estaban bajo la protección del cónsul.

Al verse flanqueado y burlado, Flaminio se enfureció. Aunque sus consejeros le solicitaron esperar al cónsul Gémino para unir las legiones y concentrar las fuerzas, Flaminio no esperó. Siguiendo su naturaleza impetuosa, fue atrás de Aníbal para encontrarlo y destruirlo.

Con un día de ventaja, el *strategos* cartaginés tomó el camino que rodeaba la parte norte del lago Trasimeno. Observó que las colinas caían prácticamente

[198] *El único que estaba vivo después de la batalla de Trebia. Probablemente Sirus, el elefante insignia de Aníbal.*
[199] *Aníbal sufrió una infección ocular cruzando los pantanos y esto lo dejo tuerto.*

sobre el lago y que en algunos trechos el camino no era suficiente para marchar más de dos o tres hombres lado a lado. Aníbal entonces cruzó con su ejército de oeste a este, estableció su campamento, prendió fogatas y esperó. Desde muy temprano su padre Amílcar le había enseñado a ser consciente de la actitud proactiva de los romanos y del carácter irreductible del cual se enorgullecían. Aníbal analizaba cómo usar estas características en contra de los romanos. Aquello que los romanos juzgaban ser su gran fortaleza, Aníbal consideraba una debilidad, ya que el comandante cartaginés comprendía los *Principios de Estrategia*. En el lago Trasimeno Aníbal usaría la falta de autoconocimiento y la ignorancia estratégica de los romanos para derrotarlos una vez más, y nuevamente de manera calamitosa.

Al día siguiente, el 24 de Junio de 217 a.C., Flaminio, excitado y ávido de combate, se entera de la ubicación de Aníbal y ordena a sus legiones marchar por el camino del lago, cruzarlo y enfrentar al cartaginés en el lado Este a la manera romana: un choque frontal de fuerzas.

El cónsul Flaminio colocó a los legionarios sobrevivientes de la última batalla adelante. Estos veteranos estaban ansiosos de vengar la derrota pasada y las muertes de sus compañeros. Ávidos de combate los romanos aceleraron el paso al entrar al estrecho camino. Era temprano y una niebla cubría toda la región. Teniendo las montañas a la izquierda y el lago a la derecha las legiones que venían atrás con Flaminio intentaron acelerar el paso para unirse a los veteranos que iban adelante. Los demás, que venían más atrás, apenas estaban entrando al camino cuando los veteranos que iban adelante llegaron al otro lado del lago donde se encontraron con la infantería pesada de Aníbal.

Apenas terminaron de salir del estrecho camino que bordeaba el lago los veteranos se formaron para combate. Estaban listos para enfrentar a los cartagineses y esperaban el resto de las legiones. Los legionarios que venían a mitad de camino con Flaminio cayeron en cuenta que era una trampa cuando escucharon trompetas y rugidos a lo largo de todo el camino del lago. El aterrador ruido venia de los diecisiete mil galos que Aníbal había escondido la noche anterior en los bosques montañosos a lo largo de todo el camino. Ahora los galos tendrían la oportunidad de vengarse de Flaminio, a quien odiaban visceralmente. Con gritos de furia descendieron de las colinas como una avalancha sobre los romanos que estaban dispersos por el camino del lago. Al momento en que los feroces guerreros galos descendían de las colinas la infantería pesada cartaginesa enfrentaba a los veteranos en el lado Este. La caballería numídica, que se había escondido en el Oeste, atacó la retaguardia romana que acababa de entrar al camino del lago. Los guerreros galos enloquecidos por la adrenalina, el odio y la sed de venganza, destrozaron las delgadas líneas romanas a lo largo de toda la orilla norte del lago Trasimeno.

El historiador Polibio cuenta que muchos romanos murieron ahogados intentando escapar de los galos que degollaban a los desprotegidos, desorganizados y dispersos legionarios. La derrota romana fue una catástrofe aún más sorpresiva y más dolorosa que la ocurrida anteriormente en Trebia. En menos de tres horas el ejército consular completo de Flaminio había sido aniquilado. Quince mil legionarios fueron muertos y otros tantos hechos prisioneros. El cónsul demostró gran valentía y pundonor dirigiendo a sus legionarios sin desfallecer y luchó como un león. Pero en medio a la batalla los galos lo reconocieron rápidamente. A pesar de las expresas órdenes de Aníbal de recuperar el cuerpo del cónsul, los restos de Flaminio nunca fueron encontrados o reconocidos.

En Roma todos esperaban ansiosamente tener noticias. Cuando el primer mensajero llegó galopando a Roma todos los miembros del Senado se reunieron para escuchar el resultado de la empresa de Flaminio. El mensajero dijo lacónicamente: "Romanos, gran batalla. Hemos sido derrotados. El cónsul Flaminio murió. Ahora piensen bien qué hacer."

La *Cuarta Sabiduría Estratégica* (4SE) dice *Ataques frontales no deben ser intentados*, y es el axioma de la razón y del equilibrio emocional. Si el *strategos* puede mantener la calma, ser prudente y pensar bien en cualquier circunstancia, entonces podrá poner en práctica este axioma. Porque si el *strategos* ya es consciente de este axioma será su equilibrio emocional la clave para no caer en el error. Si el estratega es consciente de la 4SE, entonces únicamente si perdiera el equilibrio emocional atacaría de frente. Flaminio era intempestivo y su carácter lo llevaba a aplicar la manera tradicional de los romanos: ir de frente y atacar con el sistema tradicional de la legión. Sin embargo, nunca antes los frontales romanos se habían encontrado con un enemigo que supiera pensar de manera estratégica.

Recuerda que la *Cuarta Sabiduría Estratégica* es un axioma estratégico y debes considerar su aplicación en todos los ámbitos. La interpretación práctica que das al axioma *Ataques frontales no deben ser intentados* dependerá de ti mismo. Nada más recuerda que así como todos las otras *Sabidurías Estratégicas* esta también debe ser interpretada y aplicada según tu autoconocimiento. Estrategia no es el arte de la guerra, es el arte de saber pensar.

Aunque los romanos eran orgullosos y autosuficientes, el impacto de esta nueva derrota en el lago Trasimeno fue tan grande que el Senado concluyó que deberían tomar una decisión extrema y elegir un dictador. Roma estaba en gran peligro y únicamente en momentos de grandísima necesidad como esta los romanos abandonaban su sistema biconsular y elegían a un individuo que los guiara en el cargo de dictador por seis meses.

El senador Quinto Fabio Máximo, aquel que había tenido la fuerza de carácter para ir en contra de la opinión de la mayoría de los romanos y recomendar no enfrentar a Aníbal, era ahora el único que podía mantener la cabeza despejada en medio a tanta angustia. Era el único que había recomendado pensar diferente y por lo tanto era el único que por experiencia (63 años) podría decir a los romanos cómo y qué hacer con Aníbal.

Ducarius decapita a Flaminio en la batalla del lago Trasimeno, por Joseph-Noël Sylvestre. Béziers (Languedoc-Rosellón), Museo de Bellas Artes, 1822.

23. Estrategia Fabiana y La Cuarta Sabiduría Estratégica

I. Fabio Máximo

En las próximas páginas observa a Fabio Máximo como ejemplo de la *Cuarta Sabiduría Estratégica* y recuerda que conducir ataques frontales no es parte de la mente de los Grandes Comandantes.

Quinto Fabio Máximo provenía de la familia patricia de los Fabios que se decían descendientes de una mujer que había dado un hijo a Hércules en la orilla del río Tíber. Este varón fue el *pater familias* del gran e ilustre linaje de los Fabios. Desde pequeño Fabio había sido reconocido como un niño muy pensativo y prudente, incluso a punto de ser categorizado como muy dócil y hasta tonto. Cuando chico lo llamaban *ovicola*, "la oveja". En la cultura romana esta manera de ser pensativa y prudente no era bien vista, pero Fabio creció y se hizo un hombre de gran equilibrio emocional y racionalidad.

La primera acción de Fabio como dictador de Roma fue explicar a los romanos que se habían equivocado por despreciar la prudencia. El nuevo líder de Roma buscó el favor de los dioses con el objetivo de restaurar la mermada confianza del pueblo romano. Una vez resueltos los trámites legales y cumplidas las tradiciones religiosas, Fabio tomó a sus legiones y fue a buscar a Aníbal. No para atacarlo, sino con la determinación de quebrantar y aniquilar su poder con el tiempo.

Fabio interpretó que la fortaleza de los romanos con relación a Aníbal no estaba en el método de las legiones (*i.e. hastatii, princeps y triarii*) o en el carácter tradicionalmente agresivo del romano, sino en la superioridad numérica y en el hecho de estar luchando en Italia. El cartaginés no contaba con los medios necesarios para permanecer en Italia por tiempo indefinido y si Roma se aprovechase de esta debilidad de Aníbal y además se le negaba batalla y la posibilidad de utilizar la caballería (la fortaleza cartaginesa), Roma finalmente sería victoriosa con el tiempo.

De esta manera y teniendo en mente esta estrategia, Fabio ordenó a sus legiones siempre acampar en lugares altos donde la caballería enemiga no podía ser utilizada. Si Aníbal no movía sus tropas Fabio estaba quieto, y si aquel se movía, entonces Fabio lo seguía desde lejos, siempre amenazando atacar pero nunca atacando y tampoco dando oportunidad a que Aníbal lo hiciera.

Fabio había comprendido que Aníbal necesitaba de las batallas para mantener unido a su heterogéneo ejército. También había comprendido que la caballería era la gran fortaleza de los ejércitos cartagineses y el "martillo" con el cual siempre Aníbal golpeaba por los flancos o la retaguardia. En las anteriores derrotas los cónsules Escipión, Longo y Flaminio habían atacado a Aníbal de frente, ofreciéndole así la oportunidad de sorprenderlos y provocar una dispersión donde el cartaginés enfocó el ataque de su caballería. En otras palabras, la estrategia de Fabio consistía en atacar la estrategia de Aníbal y no dar más oportunidades para que el *strategos* cartaginés cumpliera el *Principio Estratégico Esencial*[200]. Sin poder aplicar el *Principio Estratégico Esencial* Aníbal se vería obligado a dar vueltas por Italia y, más tarde o más temprano, sus suministros se agotarían, sus aliados se cansarían y su ejército se desesperaría.

Efectivamente, Fabio Máximo fue el primer romano que comprendió cómo pensar Estrategia y tuvo la valentía, la autoridad y el equilibrio emocional para cambiar totalmente la manera de actuar de los romanos. Eso no fue sencillo, pues estas ideas eran totalmente contrarias a la tradición romana y prácticamente todos, senadores y pueblo, estaban en contra de las ideas del dictador. Pero Fabio era consciente de la superioridad de Aníbal y supo usar la autoridad de su cargo para dar un paso muy doloroso para el orgullo romano. Aceptó que ningún general romano podía vencerlo en un campo de batalla, y que Roma debería ajustar sus objetivos a sus medios. No a sus medios físicos, que eran abundantes, sino a sus medios intelectuales que por el momento eran inferiores[201]. Así, Fabio ajustó el objetivo y evitó intentar vencer a Aníbal en una batalla; se concentró en derrotarlo sin luchar.

Sun Tzu había escrito en sus tablillas: "La invencibilidad está en la defensa" y por primera vez desde el inicio de la Segunda Guerra Púnica Aníbal se vio sorprendido. Conocía a los enemigos y sabía que la manera de pensar de Fabio Máximo no era la del típico romano. Intentó provocarlo por todos los medios. Quemó los campos, como había hecho con Flaminio, pero dejando

---

[200] *A esto Sun Tzu se refería cuando afirmaba que "lo que es de máxima importancia en la guerra es atacar la estrategia del enemigo; lo segundo mejor es romper sus alianzas mediante la diplomacia; recién en tercer lugar viene atacar a su ejército"*
[201] *A esto Sun Tzu se refería cuando afirmaba que "si no puedes ser fuerte, pero tampoco sabes ser débil, serás derrotado."*

intacto los campos pertenecientes a Fabio Máximo. Esto levantó sospechas y acusaciones de los enemigos políticos de Fabio en el Senado romano. Pero el dictador era inamovible en su convicción. Nada de lo que Aníbal intentaba lo movía de su estrategia y nada afectaba su equilibrio emocional. Fabio no abandonaba su lógica, incluso teniendo a sus enemigos políticos acusándolo de todo tipo de faltas. El pueblo, impaciente, lo llamaba despectivamente de *cunctator*, "el que retarda", o "el retardado".

Si bien las provocaciones de Aníbal y de los soldados cartagineses no movían a Fabio Máximo, lo mismo no ocurría con los legionarios romanos. Las burlas y provocaciones de Aníbal tenían gran efecto sobre el romano común e incluso sobre los oficiales de las legiones. La impaciencia romana llegó al punto en que el segundo al mando, el *magister equitum* Marco Minucio Rufo, se burlaba del *dictator* Fabio afirmando que era un cobarde o un desinteresado. El mismo ejército romano empezaba a burlarse y a impacientarse con la manera de pensar y actuar de Fabio, con su "estrategia Fabiana".

Pero Fabio Máximo, en todo momento y bajo todo tipo de presión inimaginable, incluso con amenazas de muerte y contra su integridad física, mantenía su equilibrio emocional, sin olvidar el objetivo. Cuando sus amigos más cercanos o intentaron convencerlo de atacar, argumentando que si no lo hacía continuarían llamándolo pusilánime, su respuesta fue esta:

Entonces sería yo más pusilánime que ahora si por miedo a las críticas y a ser escarnecido me apartara de mis determinaciones. El ser prudente y temeroso por la seguridad de nuestra patria no es vergonzoso, mientras que el perder el equilibrio a causa de las opiniones de los otros, a causa de sus calumnias y parodias, no es digno de un hombre de tanta autoridad como yo [*dictator*]. Si cediera me esclavizaría a aquellos a quienes debo mandar, y aun dominar, cuando piensan desacertadamente.

A pesar de las críticas, Fabio mantenía su temple y la frialdad emocional. Se aferraba a su estrategia porque esta era lógica y racional. Aníbal fue el único que percibió que finalmente estaba enfrentando a un romano que pensaba como un *strategos* y así pronto cometió su primer error y dio la oportunidad a Fabio. Este error llegó a causa de un malentendido con los guías locales que ayudaban a Aníbal, y tuvo como consecuencia el que se viera arrinconado con su ejército en uno de los altos valles entre Cales y el Volturno. Sin embargo, una vez más el cartaginés utilizó la creatividad y la innovación para compensar su error y escapó de la posición desfavorable.

Cuando los romanos se enteraron de esto perdieron la poca paciencia que le tenían a Fabio Máximo. Sus detractores dijeron que lo ocurrido demostraba que, además de cobarde, el dictador era inferior en el "pensamiento", aquello que se suponía sería la fuente de su victoria contra Aníbal. Pero la verdad era que los romanos juzgaban equivocadamente el carácter de Fabio y al mismo tiempo continuaban subestimando la excelencia del conocimiento de Estrategia que Aníbal poseía.

No obstante, luego que Fabio perdió la oportunidad de forzar a Aníbal a una batalla en posición desfavorable[202] el Senado romano decidió dar al *magister equitum*[203] Marco Minucio Rufo, lugarteniente del dictador, poderes iguales a los de Fabio. Esto implicaba que Minucio ahora también tomaría decisiones y ya había prometido al ejército que bajo su mando los romanos volverían a atacar.

Así como había sido el caso con Flaminio, el ahora empoderado lugarteniente Minucio estaba ansioso para atacar y por medio de arengas llevó a sus soldados a ser poseídos de un espíritu temerario y a creer que derrotarían a Aníbal si lo atacaran con decisión. Las dos legiones bajo su mando se enardecieron y no pensaban otra cosa que dar batalla a Aníbal y vengar todas las derrotas e humillaciones que Roma venía sufriendo desde hacía dos años. Pero Minucio no era un *strategos* y no tenía la templanza y el equilibrio emocional de Fabio Máximo para aplicar la *Cuarta Sabiduría Estratégica* y, como era de esperar, cayó en una trampa tendida por Aníbal.

Debido al ardiente deseo de atacar que prevalecía en las legiones de Minucio, Aníbal no tuvo dificultad en provocar una batalla e infligir una nueva derrota a Roma. El comandante cartaginés logró hacerle creer a Minucio que estaba ganando la batalla cuando en realidad lo estaba posicionando para poder concentrar un ataque de caballería (fortaleza de Aníbal) sobre la retaguardia de Minucio (dispersión romana). Cuando Fabio Máximo desde su campamento observó lo que estaba aconteciendo dio un gran suspiro y dijo: "Por Hércules, Minucio se autodestruirá antes de lo que yo pensaba, pero ciertamente más

---

[202] *"La invencibilidad está en la defensa; la posibilidad de la victoria, en el ataque."* Sun-Tzu
[203] *El magister equitum (traducido como "jefe de caballería" o "mariscal de la caballería") fue un cargo político y militar de la antigua Roma.*

tarde de lo que él deseaba". La caballería de Aníbal ya estaba destruyendo a los legionarios de Minucio cuando intervino Fabio Máximo con sus legiones.

El dictador había previsto que su lugarteniente y mariscal de caballería atacaría y que sería sorprendido por Aníbal. Anticipándose a los hechos, Fabio mantuvo sus legiones preparadas para intervenir y ocurrió que si no fuera por su oportuna acción los romanos hubieran sufrido una nueva derrota. Bajando de los lugares altos Fabio comandó sus legiones contra la caballería cartaginesa y demostrando grandísima valentía personal, a pesar de su avanzada edad, entró en combate cuerpo a cuerpo contra las fuerzas de Aníbal. Primeramente salvó a Minucio y a aquellos que estaban siendo masacrados en el centro. Seguidamente logró provocar la retirada de los cartagineses que atacaban la retaguardia y que estaban a punto de infligir otra enorme derrota a Roma.

Cuando Aníbal vio a Fabio Máximo bajar de las colinas para atacar con gran valentía personal y percibiendo que su caballería era atacada por la retaguardia y las legiones romanas empezaban a prevalecer sobre su ejército, ordenó la retirada inmediata. Luego, en medio de bromas dijo a su entorno: "¿No les había dicho que en algún momento esa nube que nos sigue a todas partes nos caería encima con una tormenta?".

Aníbal sabía que el único romano que pensaba como un *strategos* era Fabio Máximo y que además el viejo dictador nunca había dejado de poseer lo mejor del carácter romano: la valentía y la disposición a sacrificarse por el otro.

Plutarco relata lo ocurrido con Marcus Minucio después de esta terrible experiencia:

Retirose Fabio después de la acción sin hacer otra cosa que despojar a los enemigos que habían muerto, no profiriendo expresión ninguna de arrogancia o de ofensa acerca de su colega Minucio; pero este, juntando a sus legiones, les dijo: "Camaradas, no cometer yerros en los grandes negocios es cosa muy superior a las humanas fuerzas; pero que el que erró aproveche la lección de sus errores para lo sucesivo, es de hombre recto y que escucha la razón. Yo, si tengo que culpar en algo a la fortuna, mucho más es lo que tengo que agradecerle, porque lo que hasta ahora no había comprendido en tanto tiempo acabo de aprenderlo en menos de un día, quedando convencido de que no soy apto para liderar a otros, sino que necesito de un jefe, y no ponerme a querer vencer a aquellos de quienes me está mejor ser vencido. En las demás cosas será ya el dictador Fabio Máximo quien os mande; pero en gratitud hacia él, yo he de ser todavía vuestro general, poniéndome en su presencia obediente y dispuesto a ser el primero en obedecer su mando".

Habiendo admitido su error ante sus tropas Minucio llamó a todos para que lo acompañaran al campamento de Fabio Máximo. Una vez allí fue recibido por Fabio y ante él depuso Minucio sus insignias, llamándole *padre* en voz alta, y de la misma manera llamaban sus soldados *patrón* a los soldados de Fabio, que es la palabra que utilizan los que reciben la libertad con aquellos que se la dan. Cuando ya hubo silencio, dijo Minucio: "Dos victorias ¡oh dictador! has alcanzado en el día de hoy, venciendo con el valor a Aníbal y con la prudencia y la generosidad a tu colega: [...] Te llamo *padre*, porque no encuentro nombre más honroso que darte, debiéndote mayor agradecimiento que al que me dio la vida, porque aquel me engendró a mí solo y tú me has salvado con todos estos". Al acabar este discurso, abrazó y saludó con un beso a Fabio, siendo cosa de ver que otro tanto ejecutaban sus soldados, porque se abrazaban y besaban unos a otros, inundando el campamento de alegría y de lágrimas.

La Cuarta Sabiduría Estratégica (*Ataques frontales no deben ser intentados*) presenta un desafío intrínseco, así como todos los demás axiomas. Es el desafío del autoconocimiento y del autoliderazgo. Estos son efectivamente los principales desafíos del *strategos* una vez que haya obtenido el conocimiento de Estrategia. Porque cuando ya somos conscientes que en el Arte de la Estrategia los ataques frontales no deben ser intentados, entonces ya serán únicamente el autoconocimiento y el autocontrol las características que permitirán al *strategos* no equivocarse.

Porque al observar la historia vemos que fue el carácter de Flaminio lo que lo llevó a violar la *Cuarta Sabiduría Estratégica,* a sufrir una catastrófica derrota y la muerte en el lago Trasimeno. Su derrota tuvo lugar a pesar de su gran valentía. De igual manera, como hemos visto antes, fueron el deseo de grandeza personal y la falta de autoconocimiento los errores que llevaron a Craso a no ser capaz de ajustar sus objetivos a sus medios y morir con su hijo y sus siete legiones en medio a un desierto en Partia.

Como ya hemos dicho antes Estrategia y Liderazgo no están disociados, ya que Estrategia es, en su definición más original y pura, aquello que piensa y hace el *strategos*, el líder.

Por otro lado, fue el carácter de Fabio Máximo, conocido desde su juventud como un hombre comedido, prudente y racional, aquello que lo llevó a ser el único que pudo desestabilizar a Aníbal y proponer una verdadera estrategia a los romanos.

Si observas con atención la historia de las batallas de la Segunda Guerra Púnica verás que Fabio Máximo siguió los mismos conceptos, principios y axiomas que estamos viendo en este libro. No porque Fabio hubiera tenido acceso al conocimiento esotérico de los griegos como había sido el caso de Aníbal Barca, sino porque los principios y axiomas de Estrategia son racionales y están a disposición de todo aquel que observe las cosas con atención. Fabio tuvo la capacidad intelectual de observar y aprender, además de demostrar poseer el carácter necesario para cambiar la manera tradicional de pensar romana y seguir el camino correcto.

Quinto Fabio Máximo incorporaba el carácter romano de firmeza, de convicción intelectual y capacidad de adaptación. Como dijimos antes, los romanos no conocían el arte griego de la Estrategia y necesitaron ser derrotados varias veces de manera absoluta y completa por Aníbal para aprender de sus propias experiencias. A los cónsules romanos que intentaron derrotar a Aníbal en su propio juego les ocurrió aquello que decía Bismarck que "los tontos dicen aprender de sus experiencias". Sin embargo Fabio, un hombre sabio y decidido, prefirió observar y aprender de la experiencia de sus antecesores. El ejemplo de humildad de Marco Minucio es también notable, pues entendió su necesidad de aprender y de reconocer a Fabio Máximo como su superior en conocimiento.

Aunque los enemigos de Fabio Máximo lo consideraban un transgresor de la tradición romana, el dictador también podía evocar antiquísimas lecciones de la historia romana para respaldar su estrategia, su manera de pensar. Así como Alejandro Magno y Aníbal Barca se habían inspirado en las historias de Heracles y otros héroes griegos, Fabio también contaba con héroes romanos en quién inspirarse.

Observa la siguiente historia que con certeza Fabio Máximo había escuchado muchas veces desde niño y que nos es transmitida por la pluma del historiador Tito Livio. Es la historia de la mítica disputa entre los Horacios y los Curiacios que nos lleva nuevamente a meditar sobre la importancia de la *Cuarta Sabiduría Estratégica*.

II. Horacios vs. Curiacios

El historiador Tito Livio relata esta historia con tonos legendarios en el primer libro de su *Historia de Roma*. En algún momento del siglo vii a. C. (cinco siglos antes de Aníbal) los romanos se encontraron en gran conflicto con la ciudad vecina de Alba Longa. Como ambas comunidades eran equivalentes en fuerza, sus reyes comprendieron que no podían enfrentarse, pues si se atacaran, enfrascándose en una guerra, posteriormente ambas ciudades quedarían en riesgo de ser invadidos y conquistados por los etruscos.

De esta manera el líder de Alba Longa apeló al líder de los romanos, Tulio Hostilio, para que el conflicto se resolviera mediante la práctica común de seleccionar héroes de cada ciudad para combatir por sus pueblos. Así en vez de arriesgar a todos en una batalla campal, se acordó que la disputa seria entre los campeones romanos, los trillizos Horacios, y sus homólogos albaneses, los trillizos Curiacios.

Como en casi todas las guerras antiguas la libertad de todos era aquello que estaba en juego. Los dos grupos de trillizos antagónicos se aprestaron para entrar en un combate de vida o muerte con convicción y gran valentía.

Los trillizos romanos, los Horacios, lograron herir a los trillizos de Alba Longa al inicio de la lucha. Sin embargo, los Curiacios eran terriblemente fieros y lograron matar a dos de los trillizos romanos.

Con la muerte de sus dos hermanos la situación del único romano sobreviviente, Publio Horacio, era apremiante. Ahora el romano se encontraba solo contra los tres hermanos Curiacios. La única buena noticia para los romanos parecía ser que el hermano sobreviviente no estaba herido. Por otro lado los trillizos de Alba Longa sí lo estaban y cada uno con diferente grados de gravedad.

Estando claramente en desventaja el romano Publio Horacio en lugar de intentar atacar frontalmente a los tres enemigos, optó por salir corriendo. Publio corrió por su vida y por Roma. Gracias a que estaba intacto logró abrir distancia entre los tres hermanos que lo perseguían. Como las heridas de los guerreros de Alba Longa eran de diferentes grados estos se terminaron dispersando durante la persecución. Aquel que estaba menos herido casi alcanzaba a Publio, pero el más herido venía rezagado muy atrás. A medio camino venía el Curiacio cuya herida era de gravedad media.

De repente, Publio disminuyó su velocidad y vio que los tres guerreros enemigos ya se habían dispersado a causa de sus diversas heridas. Publio se volvió y lanzó un ataque furioso contra el primer de los hermanos Curiacios que venía detrás suyo. Como Publio no estaba herido y su adversario sí, logró matarlo. Los espectadores romanos, que momentos antes estaban seguros de la derrota, empezaron a vitorear frenéticamente mientras que los ciudadanos de Alba Longa empezaron a gritar a los dos Curiacios restantes que se reagruparan. Pero antes que estos pudieran unirse y así concentrar su ataque, Publio aprovechó la dispersión de los dos hermanos restantes y alcanzó al segundo. Como el guerrero romano no estaba herido logró matar al segundo de los Curiacios, mientras el tercero y último de los guerreros de Alba Longa apenas se aproximaba.

Publio todavía tuvo tiempo de descansar algunos minutos mientras el último Curiacio llegaba agotado a causa de sus heridas y de la persecución. El último de los trillizos de Alba Longa se había ya descorazonado al ver morir a sus dos hermanos, pero herido y agotado enfrentó al romano con gran pundonor. Publio Horacio todavía estaba fuerte, y ahora con más confianza, mató al último de los hermanos Curiacios. Esta sorpresiva victoria dio a Roma el dominio sobre Alba Longa.

Medita en esta historia, pues con el conocimiento de Estrategia que ya tienes podrás fácilmente identificar el *Principio Estratégico Esencial* y los cuatro axiomas que ya hemos visto hasta este momento. Estrategia no se trata de atacar de frente o de "pensar en grande". Estrategia se trata de *saber pensar y saber actuar*.

Los romanos necesitaron pagar un precio muy alto para aprender las lecciones de Estrategia de Aníbal. Porque justo después de las lecciones y los consejos de Fabio Máximo, después de las derrotas[204] infligidas a Escipión, Longo y Flaminio, y después de la experiencia de Minucio, los romanos volvieron a elegir nuevos cónsules y uno de estos continuaba pensando a la antigua manera romana. En Agosto de 216 a. C. el cónsul Cayo Terencio Varrón atacó a Aníbal de frente con el mayor ejército romano que se había visto desde la fundación de Roma y una vez más fueron derrotados. Esta vez en la Batalla de Cannas[205] donde prácticamente dieciséis legiones fueron rodeadas y aniquiladas. Pero así como había ocurrido también a James Stockdale, los romanos, nuevamente

---

[204] *Fabio Máximo se retiró de la posición de dictador después de seis meses, como establecían las leyes de Roma.*
[205] *La batalla más genial de Aníbal y la mayor derrota de toda la historia de Roma.*

con la ayuda de Fabio Máximo, se convencieron de que podrían ser invencibles a largo plazo si apenas lograran utilizar la razón. Finalmente supieron transformar sus mayores tragedias en su mayor aprendizaje y posteriormente, poseyendo el conocimiento de Estrategia, llegaron a ser un imperio.

No pretendamos que las cosas cambien si siempre hacemos lo mismo. La crisis es la mejor bendición que puede sucederle a personas y países porque la crisis trae progresos. La creatividad nace de la angustia como el día nace de la noche oscura. Es en la crisis que nacen la inventiva, los descubrimientos y las grandes estrategias. Quien supera la crisis se supera a si mismo sin quedar "superado". Quien atribuye a la crisis sus fracasos y penurias violenta su propio talento y respeta más a los problemas que a las soluciones. La verdadera crisis es la crisis de la incompetencia. El problema de las personas y los países es la pereza para encontrar las salidas y soluciones. Sin crisis no hay desafíos, sin desafíos la vida es una rutina, una lenta agonía. Sin crisis no hay méritos. Es en la crisis donde aflora lo mejor de cada uno, porque sin crisis todo viento es caricia. Hablar de crisis es promoverla, y callar en la crisis es exaltar el conformismo. En vez de esto trabajemos duro. Acabemos de una vez con la única crisis amenazadora que es la tragedia de no querer luchar por superarla.

ALBERT EINSTEIN

Conócete a ti mismo, enfócate en tus fortalezas, ajusta tus objetivos a tus medios, adáptate a las circunstancias, elige el camino menos esperado, busca la dispersión y no intentes ataques frontales. A esto los griegos llamaban Estrategia y así pensaban Alejandro, Aníbal, Julio Cesar y los otros grandes estrategas elegidos por Napoleón para hacer parte de la Mesa de los Grandes Comandantes.

La invencibilidad está en la defensa;
la posibilidad de la victoria, en el ataque.

SUN TZU

III. Dos motivos de por qué Alejandro reclamó a Aristóteles

En el capítulo 9 hemos visto la advertencia con relación a la obtención y al uso del conocimiento de Estrategia. Léelo otra vez, pues habiendo ya recorrido gran parte del camino y habiendo conocido tantos personajes, algunos de los cuales se autodestruyeron por medio al mal uso de Estrategia, podríamos comprender mejor los motivos de por qué Alejandro había reclamado a Aristóteles la decisión de enseñar abiertamente en Atenas el conocimiento que él y sus compañeros habían aprendido de manera esotérica en la Escuela Real de Pajes de Macedonia.

Aunque existe más de un motivo para reclamar a Aristóteles, es probable que las preocupaciones de Alejandro en ese momento fueran de carácter geopolítico y geoestratégico. Su reclamo se divide en dos motivos, pero el primero está manifiesto en la pregunta retórica de "¿cómo podremos diferenciarnos de los demás en algún conocimiento si éstos que hemos recibido de ti se hacen de ahora en adelante exotéricos, materia común de todos?". Está claro que sería mejor evitar enfrentarse a muchos adversarios que conozcan los principios que él conocía y dominaba, porque con tal conocimiento daría a sus adversarios acceso a su mente y por lo tanto a la posibilidad de "conocerlo".

Cuando Memnón de Rodas,[206] un *strategos* griego que servía a los persas y conocía a Filipo II y a Alejandro, aconsejó a los sátrapas al inicio de la invasión macedonia, estos tendrían que haberle prestado más atención. Pero cuando los sátrapas escucharon el consejo de Memnón de que deberían evitar el enfrentamiento directo con Alejandro porque este no era un "muchacho presuntuoso", como ellos querían creer, sino un genial y valiente joven *strategos,* los orgullos persas lo rechazaron y lo acusaron de temeroso y cobarde.

En el texto de Valerio Massimo Manfredi el *strategos* Memnón ofrece su consejo a los persas y claramente podemos identificar la misma racionalidad, inteligencia y valentía que hemos observado en Fabio Máximo. Podríamos decir que, en este caso, Memnón sería el precursor de Fabio Máximo, los sátrapas persas de los senadores romanos y Alejandro obviamente era el modelo de Aníbal. En la pluma de Valerio Massimo Memnón de Rodas dice:

---

[206] *Memnón de Rodas (380 a. C.-333 a. C.), strategos griego al servicio primero del sátrapa persa de la Frigia Helespóntica Artabazo II, y posteriormente adversario de Alejandro Magno.*

Alejandro está tratando de provocarnos, pero yo creo que sería mejor evitar un enfrentamiento frontal. Mi plan es el siguiente. Deberíamos [...] desaparecer de su presencia poniendo tierra quemada de por medio, sin dejar un solo grano de trigo o sorbo de agua potable. Escuadrones de caballería ligera tendrían que efectuar continuas incursiones contra los destacamentos que él mande en busca de víveres o forraje para los animales. Cuando el enemigo se halle extenuado por el hambre y el cansancio, atacaremos nosotros con todas nuestras fuerzas, mientras un cuerpo expedicionario naval desembarca en territorio macedonio.

Los sátrapas rechazaron la estrategia de Memnón pues implicaba un costo muy alto y el sacrificio de quemar sus campos, sus riquezas materiales. El sátrapa de la Frigia decidió partir y enfrentar a Alejandro: "Nos enfrentaremos a él y lo rechazaremos. Ese Alejandro no es más que un muchacho presuntuoso que se merece que se le dé una dura lección."[207]

Si Memnón hubiera tenido más influencia sobre las decisiones de los sátrapas Alejandro hubiera tenido mucho más dificultades para vencer. Por lo tanto, el primer motivo para que Alejandro enviara la carta de protesta a Aristóteles era el hecho que sería más difícil vencer a adversarios que conocieran los *Principios de Estrategia*.

Sin embargo, existe otra razón por la cual Alejandro podría, o tal vez debería, haber reclamado a Aristóteles la apertura del conocimiento esotérico.

Esta segunda razón es la misma que ha existido desde siempre para explicar por qué algunos conocimientos eran enseñados únicamente de manera esotérica. La segunda razón está ligada al concepto mencionado por Jesús en la pluma de Mateo: "No deis lo sagrado a los perros, no sea que se vuelvan contra vosotros y os despedacen; ni echéis vuestras perlas a los cerdos, no sea que las pisoteen". No tirar perlas a los cerdos siempre fue un motivo para reclamar la apertura de un conocimiento esotérico.

Este segundo motivo es mucho más relevante para nosotros, pues así como este libro ha llegado a tus manos y estás obteniendo el *Conocimiento Secreto de Alejandro Magno* y estás aprendiendo a cómo utilizar estos principios y axiomas para tu progreso personal, es también cierto que existen otros textos que afirman enseñar Estrategia, pero sin considerar las advertencias que has visto

---

[207] *Valerio Massimo Manfredi, Alexandros.*

aquí y tampoco las enseñanzas finales que nos dejaron los personajes reales e históricos que hemos observado. En ese sentido lo más determinante no es conocer "la manera de actuar para vencer", sino comprender los resultados que se generan a mediano y a largo plazo cuando te dejas guiar por las fórmulas e ideas egocéntricas propugnadas por esos textos.

Sin la adecuada consideración de las leyes universales que rigen a la Naturaleza el conocimiento de Estrategia es parcial, incompleto y antiético. El más conocido entre estos textos oscuros es probablemente *El Príncipe* de Nicolás Maquiavelo. Pero existen muchos textos modernos derivados de *El Príncipe* y que son escritos con el mismo espíritu amoral, o incluso directamente inmoral, que ha llevado a tantos a la autodestrucción[208].

Es importante que seas consciente de que existe una interpretación oscura de Estrategia y que esta es miope porque está basada en el interés del practicante de obtener ganancias egocéntricas y dominio sobre otros. Dicha interpretación oscura omite totalmente la más importante de las dimensiones de Estrategia, el *Propósito*, y no considera el más fundamental de los conceptos estratégicos, la *Gran Estrategia*.

Como hemos visto en el caso de Marco Licinio Craso, el mal uso de Estrategia, la ignorancia y el desprecio hacia la *Gran Estrategia* llevan a la autodestrucción. Primeramente llega la debacle del incauto practicante del lado oscuro y posteriormente, por éste ser el *strategos*, el líder, también llega la destrucción a su entorno.

A causa de que esta dinámica tan conocida desde hace milenios por todos los pueblos, los tribunos de Roma conscientes del "craso error" que estaba cometiendo el arrogante Craso y de las consecuencias que su acto de *hubris* desencadenaría sobre todas las familias romanas que habían cedido sus hijos, maridos y padres para servir en las legiones del cónsul, salieron a las calles a maldecirlo. Mientras el cónsul marchaba hacia su aventura de intentar conquistar Partia, grandes y potentes maldiciones fueron proferidas a su paso. Tan potentes eran estas maldiciones que se decía eran fatídicas, incluso para aquellos que las lanzaban. Sin embargo, la provocación a Némesis por parte de Craso que buscaba una guerra únicamente para agrandar su gloria personal,

---

[208] *Considera dos ejemplos históricos mencionados anteriormente, el Tratado de Versailles y la Primera Guerra Púnica. Ambos fueron victorias a corto plazo pero un gran fracaso a mediano plazo.*

tendría consecuencias tan graves, y al mismo tiempo tan previsibles, que los tribunos se animaron a proferir estas maldiciones a su paso como verdaderos *kamikazes* metafísicos.

El *Conocimiento Secreto de Alejandro Magno*, así como muchos otros considerados esotéricos por los griegos, demanda gran autoconocimiento y requiere mucho del practicante para que no lo malinterprete, no lo use de manera parcial y termine causando una autodestrucción.

Este tal vez sea el motivo más importante y relevante para entender por qué Alejandro podría reclamar a Aristóteles la apertura de un conocimiento esotérico.

IV. Aníbal y la ausencia de una Gran Estrategia

Aníbal Barca utilizó el *Principio Estratégico Esencial*, las *Cinco Sabidurías Estratégicas*, su creatividad, su valentía, su prudencia, su liderazgo y su enorme resiliencia para vengarse de Roma. Pero así como su padre Amílcar, que había criado sus cuatro cachorros de león para destruir a Roma, su vástago, el "nuevo Alejandro cartaginés", había basado su empresa y su objetivo de vida en el odio jurado a Roma. Tanto Amílcar como Aníbal estaban muy lejos de considerar la paz y la prosperidad como objetivos finales de sus empresas. En otras palabras, Aníbal Barca no consideró una *Gran Estrategia* porque el odio lo cegaba. El gran punto ciego de Aníbal no era su ojo izquierdo infectado y arruinado durante la travesía de los pantanos del Arno, sino el no comprender que la ausencia de una *Gran Estrategia* causaría consecuencias impensadas para Cartago.

Aníbal fue inicialmente el Némesis de Roma, pues estos habían cometido *hubris* al humillar a Cartago luego de la Primera Guerra Púnica. Pero al final Aníbal terminó fracasando porque Fabio Máximo tenía razón: los planes de Aníbal no eran sustentables a largo plazo y el propósito del cartaginés era simplemente destruir Roma.

La omisión de una *Gran Estrategia* por parte de Amílcar y Aníbal fue, en esencia, similar a la omisión de Japón durante su momento de locura nacionalista antes y durante la Segunda Guerra Mundial. La ausencia de una *Gran Estrategia* terminó provocando la destrucción de Japón y también la de Cartago. *Carthago delenda est*. "Además opino que Cartago debe ser destruida" decía un famoso senador romano más de setenta años después cada vez que terminaba un discurso en el Senado[209]. Más de siete décadas habían transcurrido desde la decisión de Aníbal de atacar a Roma, pero los romanos no se olvidaban.

Creo importante terminar la historia de Amílcar y Aníbal Barca enfatizando que a pesar de la genialidad estratégica de ambos en lo que se refiere a cuatro dimensiones de Estrategia —*Principios Estratégicos, Innovación, Liderazgo y Sistemas Estratégicos*— el simple hecho de que no tuvieran un propósito transcendental, un propósito noble o un propósito "según la Naturaleza" (equilibrado) significó, a largo plazo, la pérdida de todo aquello que les era más querido. No es coincidencia que algo similar haya ocurrido a Craso. No te equivoques, recuerda que el *strategos* es una potente mezcla de *saber pensar* y buenos valores y si debes elegir uno quédate siempre con los buenos valores.

Porque luego de que Roma haya vencido en la Segunda Guerra Púnica, a pesar de las increíbles proezas de Aníbal, las legiones fueron a Cartago varios años después para destruirla completamente. En el año 149 a. C. un ejército romano bajo el mando del cónsul Manio Manilio desembarcó en el norte de África con intenciones de venganza. Los cartagineses, cansados de guerras, se rindieron y entregaron rehenes y sus armas. Sin embargo, los romanos no habían aprendido su lección y nuevamente estaban dispuestos a ser intolerantes y cometer hubris, así como ya lo habían hecho al término de la Primera Guerra Púnica en el tiempo de Amílcar Barca. Manilio exigió que la ciudad fuera totalmente destruida y abandonada. Era nuevamente un ataque frontal.

Los cartagineses, en esa situación, no tuvieron otro camino que defenderse a ultranza.

¿Qué hubiera hecho Filipo II? ¿Hubiera perdonado a Cartago y ofrecido una alianza comercial? No es difícil imaginar que esta sería una posibilidad para Filipo, que se enorgullecía más por sus conocimientos de Estrategia que por su valor en la batalla.[210] ¿Qué hubiera hecho Alejandro?[211] Incluso siendo muy joven, era capaz de hacer la paz con todos sus enemigos al punto de que estos llegaron a amarlo. Para ejemplificar esta magnanimidad, fundamental

---

[209] *Catón el Viejo*

[210] *Esta afirmación, ya citada anteriormente, demuestra una similitud de pensamiento y apreciación entre el padre Filipo II y su hijo Alejandro. La frase que reiteradamente hemos citado de Alejandro diciendo a Aristóteles que prefería destacarse antes por el conocimiento de lo excelente que por la grandiosidad de sus conquistas y poderes imperiales tiene la misma connotación.*

[211] *Sus críticos tal vez apuntarían a que el palacio de Persépolis fue quemado a causa de su negligencia, pero en realidad una borrachera que termina con las cortinas incendiándose no se compara con la exigencia de destruir la ciudad que los romanos estaban presentando a los cartagineses.*

para la *Gran Estrategia*, no podríamos olvidar que la reina madre de Persia llegó a amar a Alejandro como si fuera su propio hijo y cuando este murió ella dejó de comer de tanta tristeza y también murió. En 326 a. C. el rey indio Poros se vio vencido por Alejandro en las selvas del Punjab para luego recibir una oferta de amistad, sus tierras devueltas (y extendidas) y un trato de rey. Pero los romanos no eran así. La cultura romana admiraba al hombre terco, irreductible y guerrero. Al momento de escuchar la exigencia del cónsul Manilio los cartagineses mataron a todos los itálicos presentes en la ciudad, ofrecieron libertad a todos sus esclavos a cambio de que estos lucharan para defender la ciudad, llamaron a sus mejores estrategas y pidieron enviar una embajada a Roma para ganarse algunos días más de tiempo. Trancaron las puertas de la ciudad, reforzaron los muros, se prepararon para resistir y se rearmaron con todo lo que pudieron encontrar o producir.

El enfrentamiento que se siguió fue de fortaleza contra fortaleza, de los romanos contra la amurallada Cartago y se prolongó por dos años. Finalmente los romanos rompieron las murallas de la ciudad y luego de una lucha encarnizada y de horas de combates casa por casa, los cartagineses se rindieron. Los quinientos mil supervivientes fueron vendidos como esclavos. Posteriormente, se destruyó y niveló la ciudad. El incendio y la destrucción de la ciudad duraron diecisiete días. Solo quedaron ruinas y su territorio fue declarado maldito.

Hemos visto que varios personajes históricos que poseían parte, o incluso la totalidad del *Conocimiento Secreto de Alejandro*, desearon usarlo para obtener más poder, fama, reconocimiento o simplemente para vengarse. Todos terminaron sus vidas de manera triste, derrotados y destruidos, por un motivo u otro. El mismo Napoleón, aquel que con tanto orgullo homenajeó a los Grandes Comandantes de la Antigüedad, terminó derrotado por su propio ego y exiliado en una isla en medio al océano Atlántico y enterándose de que su querida *Mesa* había sido regalada al rey Jorge de Inglaterra. Los sucesores de Alejandro, con excepción de Ptolomeo, todos murieron de manera violenta o traicionados.

Ptolomeo, uno de aquellos chicos que estudiaron con Alejandro en la Escuela Real de Pajes de Macedonia, fue el único de los sucesores que supo ajustar sus objetivos a sus medios, ser moderado y no pretender quedarse con todo el poder que había sido conquistado por Alejandro.[212] Ptolomeo fue el único que murió en su lecho y viejo.

---

[212] *Cuando se le preguntó quién debería sucederle, Alejandro aparentemente respondió "el*

Tal vez ahora comprendemos mejor porqué Sun Tzu escribió sus tablillas recurriendo a un lenguaje metafórico y claramente esotérico y con gran sabiduría afirmaba que lo supremo del Arte, lo mas excelente de su Método, era ganar sin luchar.

Pero estamos en el Siglo XXI y hoy en día todos los conocimientos están disponibles de alguna manera u otra. Todo es "exotérico" y muy pocos conocimientos se mantienen ocultos. A pesar de que existían motivos muy válidos para que Alejandro reclamara a Aristóteles más de dos mil años atrás, hoy con la revolución digital y en la era de la información ya no se trata de ocultar conocimientos, sino de exponerlos y explicarlos con toda claridad posible y con todas las advertencias necesarias.

Porque mientras algunos desean confundir y promueven falacias, medias verdades, recetas mágicas o píldoras doradas, y otros promueven versiones oscuras de Estrategia bajo el nombre de "Arte de la Guerra", "Leyes del poder", maquiavelismo amoral y similares, para vender y hacerse ricos, es fundamental que se exponga entonces el verdadero significado holístico de Estrategia y *Gran Estrategia*. Lo que no cuentan los promotores de estas versiones oscuras, parciales, mal entendidas o simplemente maquiavélicas, es que siempre han fallado a largo plazo.

Ninguna de esas versiones llega a ser Sabiduría. Si miras a tu alrededor es probable que percibas que hombres ambiciosos y egocéntricos se valen del conocimiento de aquello que llaman de "estrategia" para buscar sus beneficios en el corto y el mediano plazos. No los imites, sé consciente que la única buena Estrategia, aquella que te servirá para ser feliz y obtener la experiencia plena de la vida, es aquella que como resultado final busca la paz, la prosperidad y la plenitud de tu propósito personal.

La afirmación de Sun Tzu de que lo máximo del Arte de la Estrategia es ganar sin luchar es pura Sabiduría.

Así, la conclusión más sabia es que la Naturaleza no premia el mal. La Naturaleza no favorece y no recompensa el egocentrismo y mucho menos el odio. La Naturaleza tiende al equilibrio, a la cooperación y también al necesario ajuste para llegar a la justicia. Porque la Sabiduría es el medio entre dos extremos y "nada en exceso" es la síntesis de todo.

---

más fuerte", respuesta homérica que llevó a su imperio a ser dividido y disputado por sus generales conocidos como los diádocos o "sucesores".

Recuerda la paráfrasis a Schwarzkopf, "El strategos es una potente mezcla de 'saber pensar' y 'buenos valores'. Pero si debes elegir uno quédate siempre con los buenos valores". Utiliza el conocimiento que estás adquiriendo para hacer el bien, para equilibrar tu vida, para llegar a tus objetivos nobles, para estimular tu innovación, para extender tu resiliencia, para ayudar a otros, para elevar tu comunidad y te irá mejor de lo que te imaginas.

El rey Ciro el Grande, fundador del Imperio persa, fue uno de los pocos emperadores de la antigüedad amado y respetado por todos. Incluso sus enemigos, los griegos, lo admiraban y ciertamente Alejandro, así como muchos reyes lo tomaron como ejemplo. Ciro decía que el "mayor conocimiento debe causar una expansión en generosidad, amabilidad y justicia. Únicamente aquellos perdidos en la oscuridad ven el aumento en conocimiento como una oportunidad para aumentar su codicia".[213]

En eso el gran Aníbal Barca falló.

V. Una conocida anécdota

No podríamos dejar pasar la oportunidad de reflejar un encuentro personal final entre dos de los Grandes Comandantes de la Mesa de Napoleón, aún más porque estos fueron grandes antagonistas y hacen parte de nuestro viaje.

Al final de su vida Aníbal vuelve a encontrarse en la ciudad de Éfeso con el único romano que lo había derrotado. La anécdota fue registrada por Tito Livio, Apiano Alejandrino y Plutarco. Se trata de un diálogo que mantienen Escipión el Africano, el mayor *strategos* de Roma, y Aníbal, sobre quién había sido el mejor estratega de la Historia.

Abajo, en el diálogo, conjugo las versiones de los historiadores mencionados:[214]

En la reunión que mantuvieron en un *gymnasium* Escipión pregunta a Aníbal quién, en su opinión, había sido el mayor estratega de todos los tiempos. Aníbal le dijo:

—Alejandro de Macedonia.

---

[213] *Jenofonte Ciropedia.*
[214] *Apiano Alejandrino fue un historiador grecorromano natural de Alejandría, autor de una obra titulada Historia Romana, cuyo undécimo volumen, uno de los pocos que se conservan completos, relata la anécdota entre Aníbal y Escipión.*

Escipión asintió al respecto, al considerar también el mejor a Alejandro, y le volvió a preguntar quién sería el segundo, después del macedonio. Aníbal respondió:

—Pirro de Epiro, pues no es posible encontrar a nadie más sumamente valeroso que estos dos reyes.

Aunque a Escipión esto ya le molestó, aun así volvió a preguntar a quién le concedería la tercera posición, esperando con certeza que al menos le eligiese en tercer lugar. Pero Aníbal dijo:

—A mí mismo, pues siendo todavía un jovenzuelo conquisté Iberia y fui el primero, después de Hércules, en cruzar los Alpes con un ejército. Y tras invadir Italia, sin que ninguno de vosotros tuviese valor para impedírmelo, arrasé cuatrocientas ciudades y, en numerosas, os coloqué la lucha a las puertas de la misma capital, sin recibir ayuda económica ni militar de Cartago.

Como Escipión veía que Aníbal se elogiaba solo, dijo riéndose:

—¿Dónde te pondrías a ti mismo, Aníbal, si no hubieras sido derrotado por mí?
Aníbal al percibir que el romano estaba casi ofendido dijo:
—Yo por mi parte me pondría a mí mismo por delante de Alejandro.
Al decir esto, Aníbal honró a Escipión ya que el romano había derrotado a un *stratteggos* que se consideraba casi superior a Alejandro.

Si existiera un consejo inspirado en el de Memnón de Rodas, en el de Fabio Máximo y que nos hable de *Gran Estrategia* sería este:
No te equivoques. Estrategia no es el arte de la guerra, Estrategia es el arte de pensar bien. Considera el bien. Si no consideras la *Gran Estrategia*, la naturaleza misma se encargará de destruir tus planes. La Naturaleza no se apura, pero todo lo logra. Piensa y pondera correctamente tu destino.

*Estatua de Fabio Máximo de Baptist Hagenauer
en el Gran Parterre de Schönbrunn, Viena.*

24. La *Quinta Sabiduría Estratégica*

I. Si ha fallado, no reinicie la acción de la misma manera

Si no funciona, se aprende de los errores y se vuelve a intentar.

Para poner en práctica los cinco axiomas que se encuentran en el área subacuática de nuestro iceberg, el *strategos* necesita usar la razón, desarrollar autoconocimiento (1SE), resiliencia (2SE), innovación (3SE), desarrollar control emocional (4SE) y, como veremos ahora, adoptar una mentalidad de crecimiento (5SE).

La *Quinta Sabiduría Estratégica* (5SE) completará el sistema de pensamiento que sintetiza la manera de pensar y actuar de Alejandro y los Grandes Comandantes de la historia.

Recuerda que Estrategia es un arte racional y los axiomas son obvios porque reflejan la realidad y la naturaleza de las cosas. Por lo tanto, siendo así, no se necesita ser un Aníbal, un Alejandro o un Napoleón para pensar de manera estratégica y seguir la lógica de la *Quinta Sabiduría Estratégica* (5SE) que dice: *"Si ha fallado, no reinicie la acción de la misma manera"*.

En este capítulo compartiremos un análisis un poco más profundo de este quinto axioma ya que será la comprensión de aquello que está "oculto" lo que podrá darte mayor posibilidad de crecimiento y transformación.

Cuando Basil Liddell Hart analizó las batallas más grandes y significativas de la historia occidental no se preocupó en profundizar a fondo las creencias que determinaban el pensamiento de Alejandro y de los Grandes Comandantes que Napoleón había recomendado estudiar para descubrir el *Secreto de la Estrategia*. El trabajo del estratega inglés se enfocó más bien en notar, identificar y aprender cómo habían pensado y actuado en el campo de batalla, y de ahí extraer las conclusiones sobre qué es y cómo se piensa Estrategia.

No obstante, en este capítulo veremos una manera muy específica de pensar y que necesariamente debes comprender y adoptar si deseas tener éxito. Porque ninguno de los Grandes Comandantes, y ningún buen *strategos* de la historia, fue un terco testarudo que vencía por medio a la llana repetición de sus acciones. Al contrario, los grandes estrategas son individuos que agregan innovación y creatividad a la resiliencia.

Albert Einstein había definido la locura como siendo el acto de "hacer lo mismo una y otra vez esperando obtener resultados diferentes". Esta definición es importante porque nos ayudará a recordar la racionalidad de la *Quinta Sabiduría Estratégica* (5SE).

Como hemos visto la *Segunda Sabiduría Estratégica* recuerda al *strategos* que ningún plan resistirá al contacto con el enemigo y que, por lo tanto, será necesaria la adaptación a las circunstancias. Sin embargo, es la *Quinta Sabiduría Estratégica* aquella que indica al *strategos* cómo continuar en caso de que la acción haya fallado.

Cuando el plan "no haya resistido el contacto con el enemigo" el *strategos* logrará reiniciar las acciones haciendo algún cambio, porque de lo contrario estaría actuando como el loco que repite la misma acción esperando un resultado diferente. Infelizmente este comportamiento repetitivo no es tan raro y no es exclusivo de personas con serios problemas psicológicos. El psiquiatra y experto en liderazgo Manfred Kets de Vries afirma que en sus largos años de práctica ha tratado a muchas personas inteligentes, incluso ejecutivos brillantes, que sin ser conscientes se encuentran atascados en sus viejas formas de interactuar y pasan a incurrir en una forma de pensamiento mágico: creen que haciendo lo mismo una y otra vez, obtendrán un resultado diferente[215]. Una vez más será el autoconocimiento lo único que podrá ayudar al individuo a identificar este tipo de comportamiento en si mismo y recién entonces tendrá la posibilidad de intentar modificarlo.

Podríamos ilustrar la *Quinta Sabiduría Estratégica* con la clásica historia del inventor estadounidense Thomas Alva Edison. Raramente solemos notar que el primer paso de este inventor, científico y empresario había sido concebir la idea de producir luz sin provocar una combustión. Esta idea por sí misma representaba un enorme cambio de paradigma debido a que hasta ese momento (c. 1879) únicamente se había logrado producir luz por medio a la combustión de madera, fósiles y aceites. El simple hecho de pensar producir luz sin combustión ya era algo aparentemente absurdo y evidentemente imposible para los contemporáneos de Thomas Edison.

Sin embargo, el profesor Edison estaba seguro de que su idea era factible e inició las pruebas. El proceso fue largo y todas las pruebas iniciales fallaron. Edison ya había intentado cincuenta veces y había fracasado en cada opor-

---

[215] *Esto ocurrió a los romanos y nos puede ocurrir a nosotros también.*

tunidad, pero no se desanimó. Sin embargo, después de quinientas pruebas fracasadas, el profesor Edison, que ya era conocido aunque todavía no tan famoso, llamó la atención del público. La curiosidad de la gente por sus ideas no era tan grande como el morbo que despertaba el hecho que Thomas Edison aparentaba ser un loco que estaba intentando algo imposible y que ya había fallado centenares de veces. Cuando hoy en día recordamos a este inventor lo solemos asociar con la perseverancia, pero en su época muchos lo consideraron un excéntrico o simplemente un loco. Pero Edison entendía que en cualquier proceso de innovación se necesitan tener muchas ideas y que la mayoría de estas no serían "buenas ideas". Como inventor sabía que ninguna gran idea jamás había nacido lista o completa.

En aquellos tiempos en que Thomas Edison estaba aplicando la *Quinta Sabiduría Estratégica* en su gran proyecto, un reportero de un conocido diario lo entrevistó y le preguntó si luego de quinientos intentos y quinientos fracasos no se sentía desanimado. El reportero parecía insinuar que tantas fallas indicarían que el proceso se debería dar por terminado.

El reportero se vio sorprendido cuando Edison le explicó que él no etiquetaba las pruebas fallidas como fracasos. Desde su punto de vista las quinientas fallas le proveían de valiosa información y cada una de ellas cumplía su función en el largo proceso de innovación. El inventor dijo que ahora ya conocía quinientas maneras de cómo no hacer y, por lo tanto, cada día que pasaba estaba más cerca de descubrir la manera correcta.

Esta es una historia conocida y ciertamente inspiradora, pero me gustaría invitarte a observar la manera muy específica de pensar que está por detrás de lo dicho por Thomas Edison. Porque aquellos que observen únicamente lo "visible" no siempre podrán percibir cuando el *strategos* esté en el proceso de aplicar la *Quinta Sabiduría Estratégica*. Lejos de desanimarse con los aparentes fracasos, el estratega estará siguiendo el natural proceso de creatividad e innovación que cualquier estrategia demanda. Será este proceso de creatividad que le permitirá tener muchas ideas, buenas y malas, y eventualmente llegar a la innovación.

Existen dos maneras de ver el mundo y solamente una es aquella adoptada por los Grandes Comandantes, los grandes científicos, inventores y personajes positivos de la humanidad. Estas dos diferentes maneras de ver el mundo fueron identificadas y conceptualizadas por la doctora Carol Dweck, profesora de psicología de la universidad de Stanford.

II. Mentalidad de Crecimiento vs. Mentalidad Fija

Existen dos tipos de mentalidades y podemos adoptar únicamente una de ellas en un dado momento. O tenemos Mentalidad de Crecimiento o Mentalidad Fija.

Esta distinción fue hecha por la doctora Dweck para explicar por qué algunas personas logran crecer, superar sus desafíos y salir transformados de sus experiencias, mientras que otras, en similares circunstancias quedan frustradas, no crecen y permanecen sin cambios a lo largo de los años. Este estudio es muy relevante para comprender la *Quinta Sabiduría Estratégica* porque nos dará la clave para comprender cómo algunas personas logran perseverar de manera creativa ante la prueba y porque la mayoría suele desistir luego de pocas fallas. Todo dependerá de la mentalidad que adoptes.

La *Quinta Sabiduría Estratégica, Si ha fallado no reinicie de la misma manera,* lidia primeramente con el hecho que el *strategos* ha intentado y ha fallado. A menudo un intento fallido es interpretado como un fracaso y fue esta interpretación, que además era compartida por la doctora Dweck, que inicialmente la estimuló a iniciar su trabajo de investigación sobre cómo los seres humanos enfrentan y lidian con el fracaso.

Al inicio de su investigación la Dra. Dweck interpretaba las fallas como fracasos y en ningún momento se le había ocurrido que existía otra manera de interpretar una falla. Esto cambió cuando a mitad del trabajo de investigación se encontró con personas que pensaban muy diferente.

Al momento de establecer grupos de prueba donde sometía a los participantes a situaciones difíciles, y que necesariamente llevaban a la experiencia de fallar, la investigadora no observó nada inesperado. Gran parte del grupo reaccionaba evadiendo los desafíos o simplemente negándose a seguirlos después de un tiempo. Para estos individuos había un límite para sentirse humillados, pues cada prueba era un riesgo de humillación, cada falla era un fracaso. Cada falla marcaba el límite de la capacidad personal del individuo. Consecuentemente después de fallar algunas veces los participantes presentaban la tendencia a desistir y de esta manera evitaban exponerse a más fracasos. Esto no sorprendió a la investigadora porque ya había observado el mismo sentimiento y reacción en sí misma y en otros de sus colegas.

Pero la sorpresa vino al momento en que identificó a otro grupo de personas que no reaccionaban al fracaso de la misma manera. Este grupo del cual no había sido consciente anteriormente simplemente no consideraba las fallas como fracasos.[216] En vez de abandonar las pruebas y desalentarse este grupo de personas se veían estimulados, incluso entusiasmados, con el proceso de intentar y fallar. Estos individuos no tenían problemas con el hecho de no lograr el objetivo a la primera e incluso parecían no esperar lograr con el primer o segundo intento. En lugar de interpretar las experiencias como fallas las consideraban como lecciones. La doctora quedó más sorprendida aún al constatar que ¡estas personas parecían disfrutar y amar el proceso de fallar varias veces! Esto llamó mucho la atención de la científica y de su equipo en Stanford porque los participantes eran niños pequeños y no habían tenido tiempo para adoptar conscientemente una manera específica de ver el mundo.

Luego de años haciendo pruebas de todo tipo, psicológicas y físicas, la doctora Carol S. Dweck llegó a la conclusión de que existen dos tipos de mentalidades. Sintetizó estas dos "maneras de ver el mundo" y las llamó de Mentalidad Fija y Mentalidad de Crecimiento.

Las personas con Mentalidad de Crecimiento que habían sorprendido a la investigadora son aquellas que creen que es natural que la inteligencia y las habilidades deban expandirse y mejorar por medio al esfuerzo. Para las personas con Mentalidad de Crecimiento las fallas son bienvenidas porque son consideradas parte de un proceso natural y esperado de aprendizaje.

Por otro lado, las personas con Mentalidad Fija creen que su inteligencia y sus habilidades son permanentes, inamovibles, fijas, y no pueden ser mejoradas significativamente. Con esta manera de pensar es natural que consideren cada prueba como siendo una situación estresante, donde lo único que les preocupa es mantener su autoimagen y evitar la sensación de humillación que surge con la comprobación que su nivel de inteligencia o habilidad son limitados. Las fallas son temidas y es natural que las personas de *Mentalidad Fija* las eviten. Recuerda que gran parte de las personas además suelen pensar que necesitan enfocarse en sus debilidades para intentar mejorarlas (en lugar de enfocarse en sus fortalezas). Si además de este error estratégico (véase el *Principio Estratégico Esencial*) agregamos el hecho que muchos también adoptan una Mentalidad Fija, entonces te podrás imaginar que son muchos aquellos que viven enfocados en sus debilidades, fallando, desistiendo de intentar y luego sintiéndose fracasados.

---

[216] *La doctora Carol Dweck siendo inicialmente de Mentalidad Fija durante las primeras fases del estudio pensaba que las personas sufrían el fracaso y lo procesaban de una u otra manera. Simplemente no se imaginaba que alguien podría ver el fracaso, o por lo menos aquello que ella llamaba de "fracaso", como siendo algo positivo y tomarlo con entusiasmo.*

III. Las dos maneras de verse a sí mismo

Luego de comprobar la existencia de estas dos mentalidades, la Dra. Dweck observó a lo largo de años que las personas con Mentalidad de Crecimiento tenían alta autoestima, a pesar de las fallas y fracasos. Por otro lado, aquellas personas que habían adoptado una Mentalidad Fija tenían baja autoestima, incluso con menos fallas. Con cada falla las personas de Mentalidad Fija se sentían menos y para no sentirse juzgados desistían del proceso. Esta específica manera de pensar las llevaba a creer que si fallaban eran unos inútiles, si fallaban no eran inteligentes. Es previsible que una persona que piense de esta manera no tenga el carácter para reiniciar un nuevo intento una vez que haya fallado. Seria simplemente muy pesado, muy humillante y una carga negativa innecesaria para la autoestima.

Si observamos con atención la *Quinta Sabiduría Estratégica* (5SE) podemos ver que con una *Mentalidad Fija* difícilmente alguien podría ser un buen *strategos*, pues no podría cumplir ni siquiera aquello que ya está asumido en la 5SE: que el *strategos* no desistirá ante una falla.

Para cumplir la primera parte de la 5SE, la parte que implícitamente afirma que el *strategos* volverá a actuar después de haber fallado anteriormente, el individuo debe creer en sí mismo, debe comprender que la expansión de la inteligencia y de las habilidades personales es parte de un proceso natural.[217]

Debes creer en ti mismo.

Sun Tzu

Pero creer en uno mismo no será suficiente. Porque el individuo puede ser valiente para reponerse luego de fallar, pero si al momento de reiniciar la acción el *strategos* volviera a intentar de la mismísima manera con la cual ya ha fallado anteriormente, entonces eso no es Estrategia, es la definición de locura que propuso Einstein.

Esta anécdota de valentía y carácter, pero de total omisión de la *Quinta Sabiduría Estratégica* nos puede ser útil:

---

[217] *En las últimas décadas los científicos han descubierto que el cerebro humano tiene mucha mayor capacidad de desarrollo continuo que lo imaginado. El desarrollo de la inteligencia depende más de la intención y esfuerzo que de algún tipo de base fija con la cual se nace.*

En 1999 se disputó la Copa América de futbol en Paraguay. En una fría noche del 4 de Julio, en la pequeña ciudad de Luque, disputaban un partido de la fase de grupos las selecciones de Argentina y de Colombia. Esa noche el jugador argentino Martín Palermo demostraría que se puede ser valiente y creer en sí mismo, pero que siempre es necesario considerar y seguir la *Quinta Sabiduría Estratégica*: *Si ha fallado no reinicies de la misma manera.*

Apenas iniciado el partido, al minuto 5, el árbitro marcó una falta penal a favor de Argentina. Martín Palermo, centro delantero de la selección albiceleste, tomó el balón y se encargó de ejecutar el tiro penal. Palermo colocó la pelota sobre el punto blanco a doce pasos del arco, tomó distancia y esperó. Cuando el árbitro autorizó la cobranza con un pitido corto Palermo corrió y metió un zapatazo fuerte al balón con dirección al centro del arco arriba. La pelota subió, raspó el travesaño y voló para afuera. No es tan común, pero son cosas que pasan en el fútbol.

Al inicio del segundo tiempo Argentina perdía el partido 1 a 0 y no lograba marcar goles hasta que a los treinta minutos el árbitro marcó otra falta penal a favor de Argentina. En esta ocasión el director técnico Marcelo Bielsa indicó que otro que no fuera Palermo ejecutara el penal. Bielsa quiso aplicar la *Quinta Sabiduría Estratégica*, pero Palermo con mucha valentía y confianza en sí mismo tomó el balón y se encargó de ejecutar el tiro penal. Palermo colocó la pelota sobre el punto blanco a doce pasos del arco, tomó distancia y esperó. Cuando el árbitro autorizó la cobranza con un pitido corto Palermo corrió y metió un zapatazo fuerte al balón con dirección al centro del arco arriba. La pelota subió, en esta ocasión ni raspó el travesaño y voló hacia afuera... Es muy poco común, pero son cosas que pasan en el fútbol.

Imagínate la sensación de ser un jugador profesional seleccionado como el más adecuado para anotar los goles para tu equipo nacional ¡y fallas dos penales seguidos en un partido de Copa América! Tres minutos después Argentina estaba perdiendo 2 a 0.

Menos de quince minutos más tarde, cuando el partido ya estaba por terminar, el árbitro marcó una tercera falta penal a favor de Argentina. En esta tercera ocasión el director técnico ni tuvo tiempo de intervenir e indicar que otro jugador ejecute el penal. Martín Palermo con mucha valentía y confianza en sí mismo tomó el balón y se encargó de ejecutar el tiro penal. Palermo colocó la pelota sobre el punto blanco a doce pasos del arco, tomó distancia y esperó. Cuando el árbitro autorizó la cobranza con un pitido corto Palermo corrió y metió un zapatazo fuerte al balón con dirección al centro del arco arriba. La pelota subió, el portero colombiano pareció adivinar dónde iría la pelota y la desvió sin mucha dificultad. Argentina perdió el partido 3 a 0.[218]

Recuerda que es fundamental para el *strategos* creer en sí mismo y que con una Mentalidad de Crecimiento podrá interpretar las fallas como lecciones y no como fracasos. Sin embargo, al momento de reiniciar la acción no debe hacerlo de la mismísima manera.

Conócete a ti mismo, conoce tus fortalezas y debilidades. Enfócate en tus fortalezas, ajusta tus objetivos a tus medios y busca la oportunidad (la dispersión). Adáptate a las circunstancias, pero no olvides tu objetivo. Elige el camino menos esperado, mantén el control emocional y no intentes ataques frontales. Busca el camino de menor resistencia y si fallas, reanuda la acción intentando nuevamente de otra manera.

Con sus años de investigación la doctora Carol S. Dweck demostró que cuando adoptamos la Mentalidad de Crecimiento no solamente cambiamos el significado del fracaso sino consecuentemente también cambiamos la interpretación que damos al esfuerzo. Para aplicar la *Quinta Sabiduría Estratégica* necesariamente debes adoptar una Mentalidad de Crecimiento y comprender que el camino para adelante es un proceso que demandará paciencia y esfuerzo, pero también creatividad. Roma no se construyó en un día y los romanos necesitaron, así como Palermo, tres derrotas antes de pensar en cambiar.

Soy el maestro de mil derrotas.
Bob Fisher, legendario campeón mundial de ajedrez

IV. De Mente Fija a Mente de Crecimiento - ¿una transición posible?

Si ya posees una Mentalidad de Crecimiento, la *Quinta Sabiduría Estratégica* te será clara e incluso obvia (como corresponde a un axioma). Sin embargo, si tienes una Mentalidad Fija esto te podría parecer menos intuitivo e incluso podrías dudar que un ser humano pueda cambiar y progresar más allá de su

---

[218] *A Martín Palermo le ocurrió algo similar a lo ocurrido a Roma (guardando las debidas proporciones) contra Aníbal. Tres veces, Escipión, Longo y Flaminio, atacaron a Aníbal de la misma manera y tres veces fueron derrotados.*

capacidad presente o innata. Sea cual fuera tu mentalidad será natural para ti creer lo que crees. Personalmente creo que cambiar de mentalidad también es un proceso, pero para que este cambio ocurra es fundamental que el individuo primeramente responda a dos preguntas:

La primera es: ¿Crees que se nace con Mentalidad de Crecimiento o crees que esta se adopta? Esta pregunta es similar a la segunda y más conocida: ¿Crees que una persona nace líder o se hace líder? Aunque ambas preguntas son personales y por lo tanto cada individuo tendrá su propia opinión, existe apenas una respuesta que podríamos considerar correcta en cualquier situación.

Me imagino que si estás leyendo este libro y has llegado hasta aquí, serías de aquellos que creen que el ser humano puede aprender, cambiar y evolucionar. Sin embargo, esa no es la respuesta más correcta, porque la realidad es que existen muchos casos de personas que parecen no evolucionar. Para meditar en la única respuesta correcta a esta pregunta arriba te invito a conocer el mito de la Esfinge. Este mito nos develará cuál es la respuesta más adecuada a estas dos preguntas muy similares.

En el mundo antiguo la Esfinge era una criatura mitológica con cabeza de humano y cuerpo de león que guardaba los caminos y las entradas a los templos. La versión griega llamada *Sphinx* (Σφίγξ), más malévola que su contraparte egipcia, poseía cabeza de mujer y alas. Como todo relato mitológico este también está repleto de símbolos y arquetipos. Si observas con atención el mensaje oculto por detrás del relato, pronto percibirás cuál es la respuesta correcta para las dos preguntas. La esfinge era un ser de gran violencia y tremenda fuerza. Según cuenta Hesíodo, uno de estos animales mitológicos había llegado a la ciudad de Tebas y decidió sentarse a la entrada de la conocida *polis* beocia. Desde entonces las personas ya no querían más pasar por el camino que llevaba a la ciudad porque la esfinge seleccionaba aleatoriamente a los viajantes y les proponía un terrible desafío.

—Descíframe o mueres! —amenazaba la Esfinge al desafortunado viajante seleccionado y que ya no podía entrar a la ciudad y tampoco volver atrás sin antes responder al monstruo.

Imagínate en los zapatos de uno de estos viajantes. Al llegar enfrente a las puertas de la ciudad amurallada ves a la enorme *Sphinx* griega y la reconoces como aquella que Hesíodo llamaba la "ruina de los cadmeos". Había llegado "desde la parte más lejana de Etiopía" para causar el terror en Tebas y sus alrededores.

En ese momento te enteras de que la esfinge además había sido enviada por Hera, la misma diosa que había enloquecido a Heracles[219] para que matara a su propia familia.

Tú ya vienes cansado del camino y al ver la esfinge caes en cuenta que es exactamente como cuenta Apolodoro, un monstruo con rostro y busto de mujer, patas de león, cuerpo de perro, cola de dragón y alas de pájaro. Su rostro es pálido, la boca llena de veneno, los ojos parecen brasas encendidas y las alas están manchadas de sangre. Crees escuchar alguien diciendo que evidentemente ésta no es una esfinge egipcia, pues las esfinges faraónicas son más benignas y no lucen tan aterradoras. Efectivamente la esfinge que debes enfrentar es una *sphinx* griega bien tremenda. Pero como vienes de lejos y has caminado varias semanas para llegar a Tebas ya no podrás volver atrás. Lo único que deseas es llegar a la ciudad y descansar. Sin embargo, entre tu descanso y el momento presente están las puertas de la ciudad y al lado de estas se encuentra la enorme *sphinx* de titánica fuerza y complicados acertijos. Parece dormida y crees que eso es bueno.

Ahora, presta atención a la Esfinge y a su acertijo, pues es una analogía que nos revelará la respuesta que buscamos.

Si estuvieras en esa situación, a punto de entrar a Tebas pero con la posibilidad de ser seleccionado por la esfinge, la primera pregunta para ti sería:

¿Eres de aquellos que se animarían a tomar el riesgo e intentar pasar?

Si la respuesta es no. Ahí quedas, afuera de Tebas y sin llegar a tu destino. Si la respuesta es sí, entonces ya has demostrado gran valentía porque el riesgo es grande y puedes morir al intentar entrar a la ciudad. O tal vez eres simplemente temerario, pues no conoces a la *sphinx*. Pero en fin, ahí vas, valiente o temerario.

Al momento en que te vas acercando a las puertas disminuyes el paso e intentas pasar silenciosamente para no despertar a la Esfinge. Sin embargo, ella abre uno de sus ojos y te ve. El monstruo se incorpora, abre sus alas y con una sonrisa de satisfacción te dice:

---

[219] *Heracles significa "Gloria de Hera", o tal vez más precisamente "La gloria obtenida por medio de Hera".*

—¡Descíframe o mueres!

En ese momento ya no tienes elección. La esfinge te seleccionó. Debes responder su acertijo y si das la respuesta equivocada morirás devorado. Pero si responds correctamente no solamente vivirás y llegarás a tu destino sino que además vencerás a la esfinge y esta se verá obligada a autodestruirse.

El susto inicial y la posibilidad de morir te dejan mudo. Quedas esperando la pregunta, el acertijo. La esfinge sabe que puede preguntar lo que se le antoje y por lo tanto no debes esperar que la pregunta sea la misma que hizo a Edipo, o a Odiseo o a quien haya pasado antes de ti. La esfinge es el arquetipo de tu Inconsciente, no un monstruo previsible que pregunta siempre lo mismo.

La pregunta para ti es:

—Las habilidades y la inteligencia del ser humano son fijas o se expanden con el esfuerzo?

Como suele ocurrir con las preguntas que vienen del Inconsciente, la respuesta que des al acertijo definirá cual será tu destino.

¿Cuál sería tu respuesta a la Esfinge?

Existen aparentemente dos alternativas, pero solo una es la respuesta correcta.

Cualquiera sea tu convicción personal medita antes de responder. Considera también que siendo una respuesta de vida o muerte no debes olvidar que el mito de la Esfinge esconde mensajes más profundos que aquellos que se identifican a simple vista.

Me imagino que ya has elegido tu respuesta desde antes y crees que es obvia. Ya habíamos visto que para aplicar la *Quinta Sabiduría Estratégica* necesitamos adoptar la Mentalidad de Crecimiento, por lo tanto está claro que la respuesta es positiva, que la inteligencia y las habilidades se pueden expandir con el esfuerzo.

Con esa respuesta en mente te diriges tranquilo y confiado hacia la Esfinge y entregas tu respuesta con voz clara y segura:

—¡Las habilidades y la inteligencia del ser humano se expanden con el esfuerzo!

Ahora ya relajado por haber tenido la valentía de intentar pasar y además la sabiduría para responder correctamente, miras con tranquilidad y orgullo a la Esfinge. Una sonrisa de satisfacción se diseña en tus labios debido a la certeza que esa es la respuesta correcta.

Si esta fue tu respuesta, entonces lo último que recordarás será la imagen de la Esfinge mirándote de vuelta con una sonrisa y diciendo claramente las siguientes palabras:

—Tienes razón.

Pero al dar el primer paso para continuar tu camino y entrar a Tebas la Esfinge se lanzará sobre tu pequeño y frágil cuerpo y te destrozará para luego devorarte ¡Has sido devorado, hasta el último hueso!

¿Qué pasó? No sabemos. Son cosas de la Esfinge. Son acertijos y evidentemente la respuesta no era la correcta. Pero supongamos que tengas otra oportunidad, pues a final de cuentas es un encuentro imaginario el tuyo con la Esfinge.

Intentamos nuevamente. Ahora ya sabes que esa no era la respuesta correcta. Como ya estás llegando al final del libro y conoces la *Quinta Sabiduría Estratégica* no te desalientas. Pides una nueva oportunidad y apareces nuevamente delante de la terrible Esfinge.

—¡Descíframe o mueres! — nuevamente el espantoso monstruo te desafía como en un terrible *déjà-vu*.

Ahora tienes una nueva oportunidad. Debes responder el acertijo y si te equivocas una vez más no llegarás a tu destino anhelado. Pero si respondes correctamente vivirás y llegarás a tu descanso.

La pregunta es la misma:

—Las habilidades y la inteligencia del ser humano son fijas o se expanden con el esfuerzo?

Siendo una pregunta binaria y teniendo una segunda oportunidad la respuesta correcta parece estar clara. Ahora sí con total y completa confianza, aplicando la *Quinta Sabiduría Estratégica*, das la respuesta lógica:

—¡Las habilidades y la inteligencia del ser humano son fijas!

Miras a la Esfinge con la certeza que esta sí debe ser la respuesta correcta. Aunque tú mismo podrías estar en desacuerdo si tuvieras una Mentalidad de Crecimiento. Pero no puede haber otra respuesta. Nuevamente una sonrisa de satisfacción se diseña en tus labios. Pero al momento en que ves a la Esfinge también sonreír, te inquietas.

Si esta fue tu respuesta, entonces lo último que recordarás será la imagen de la Esfinge mirándote de vuelta con una sonrisa y diciendo claramente las siguientes palabras:

—Tienes razón.

Y cuando estés listo para partir y entrar a Tebas… ¡la Esfinge se lanzará sobre ti y te destrozará para luego devorarte! Has sido destrozado por las garras del monstruo y devorado una vez más, hasta el último hueso!

Pero ¿cómo puede ser esto? ¿Qué pasó? No sabemos. Son cosas de la Esfinge. Son acertijos y evidentemente no era la respuesta correcta. Pero supongamos que tengas una tercera y última oportunidad.

Siendo ahora un *strategos,* o por lo menos habiendo pensado ser ya uno antes de equivocarte dos veces, insistes y pides una tercera y última oportunidad. Debes aplicar la *Quinta Sabiduría Estratégica* una vez más, pero ahora ya no sabes cuál es la respuesta al acertijo. Repasas todas las *Cinco Sabidurías Estratégicas* y también el *Principio Estratégico Esencial.* Llegas incluso a pensar en *Gran Estrategia* y no encuentras la respuesta al acertijo. Empiezas a caer en cuenta que la esfinge, arquetipo del Inconsciente, no es un animal tan sencillo como podría parecer al inicio.

En Grecia afirmaban que la dieta de las esfinges estaba compuesta de temerarios e incautos que subestimándola caían en sus mortales acertijos. Pero habiendo sido devorado dos veces, ahora ya deberías tener la respuesta correcta.

La pista para responder a este acertijo se encontraba sobre el dintel del Oráculo de Delfos: "Conócete a ti mismo" (γνῶθι σεαυτόν, *gnóthi seautón*). Esta es la síntesis de toda Sabiduría y aquí encuentras la respuesta al acertijo.

La única respuesta que una esfinge aceptaría como siendo la correcta sería la verdadera. Y la única respuesta verdadera para la pregunta ¿Las habilidades y la inteligencia del ser humano son fijas o se expanden con el esfuerzo? es:

—Así como piensas, así es!

Porque si el individuo cree que sus habilidades y su inteligencia son fijas y no puede desarrollarlas y no puede expandirlas con el esfuerzo, entonces cuando este individuo se encuentre con las dificultades del camino y deba enfrentar sus miedos y los inevitables desafíos personales, cuando descubras sus limitaciones y sus debilidades; y cuando su camino se haga más difícil de lo anticipado, entonces recordará que sus habilidades son fijas y limitadas, que es inteligente nada más hasta cierto punto. El individuo pensará así y desistirá. Entonces cuando la esfinge le pregunte si las habilidades y la inteligencia son fijas o se expanden con esfuerzo el viajante responderá que son fijas y la esfinge escuchará su respuesta y le dirá la verdad: "Tienes razón" y el pobre será devorado.

Pero si el individuo cree que sus habilidades y su inteligencia pueden desarrollarse y expandirse por medio al esfuerzo consciente y constante, entonces cuando se encuentre con las dificultades del camino, con sus temores e inseguridades, con las exigencias de la disciplina y del esfuerzo; cuando el camino se haga cuesta arriba, recordará que su inteligencia se ha expandido, que sus habilidades han crecido y que todavía podrá continuar creciendo y que no importan las fallas porque estas no son fracasos sino lecciones. En ese momento, aunque muchos desistan y queden por el camino, este individuo podrá recuperar la fe en sí mismo y continuará intentando una vez más, de manera diferente. Entonces cuando la esfinge le pregunte si las habilidades y la inteligencia son fijas o se expanden con esfuerzo, el viajante responderá que "sí, que se expanden con el esfuerzo" y la esfinge le dirá la verdad: "Tienes razón" y también lo devorará.

Lo devorará porque este individuo creyó que su respuesta es válida para todos. Pero ocurre que esa respuesta es únicamente válida para aquellos que creen que es posible, para aquellos que saben que todo es un proceso y que el camino para alcanzar las virtudes más valiosas y más importantes demandará esfuerzo y constancia.

Por lo tanto, el primer paso para cumplir la *Quinta Sabiduría Estratégica* consiste en tener la valentía de intentar nuevamente y luego ser creativo para hacerlo de una manera diferente. Pero para efectivamente superar a la esfinge, arquetipo de tu propio Inconsciente, no es suficiente la valentía. La respuesta que tengas adentro tuyo será únicamente válida para ti y determinará tu destino. Guarda tu respuesta para ti mismo, pero a la esfinge respóndele siempre con la verdad.

—Las habilidades y la inteligencia… ¿son fijas o se expanden con el esfuerzo?
—Así como piensas, así es. Conócete a ti mismo.

Edipo y la Esfinge, grabado, según Jean Auguste Dominique Ingres, MET.

25. La doma de Bucéfalo

La Doma de Bucéfalo por François Schommer (1850).

¡Aunque murió a los 33, qué nombre ha dejado atrás!
Napoleón Bonaparte

Durante el viaje, Bonaparte conversó sobre los guerreros de la Antigüedad, especialmente Alejandro, César, Escipión y Aníbal[220]. Bourrienne, su secretario privado y biógrafo, preguntó cuál prefería, Alejandro o César.

—Pongo a Alejandro en el primer rango —dijo Napoleón— pero admiro la excelente campaña de César en África. Pero el fundamento de mi preferencia por el rey de Macedonia es el plan, y sobre todo la ejecución[221], de

---

[220] *Memoirs de Napoleon Bonaparte, por Louis Antoine Fauvelet de Bourrienne. Capítulo XXXV.*

[221] *Observa la admiración de Napoleón sobre la capacidad de realmente ejecutar lo que se*

su campaña en Asia… Solo aquellos que son completamente ignorantes del Arte de la Estrategia pueden culpar a Alejandro por haber pasado siete meses en el sitio de Tiro. Por mi parte, me habría quedado allí siete años si hubiera sido necesario —comentó Napoleón.

Su secretario Louis Antoine F. de Bourrienne se confesaba ignorante del Arte de la Estrategia, pero decía admirar los ingeniosos planes concebidos por la mente de Bonaparte y sus inteligentes observaciones sobre los Grandes Comandantes de la Antigüedad y de la época moderna. Una madrugada mientras viajaban juntos en un carruaje el secretario quiso saber más motivos de porqué Napoleón consideraba a Alejandro el mayor estratega de la historia. Bonaparte le dijo que además del asedio de Tiro, consideraba a la conquista de Egipto y el viaje al Oasis de Siwa como pruebas definitivas de la genialidad de Alejandro en el Arte de la Estrategia. Con interés Napoleón daba detalles y explicaciones a Bourrienne sobre la manera de pensar del joven macedonio.

Habían pasado más de dos mil años de la muerte de Alejandro Magno, pero Napoleón lo había elegido para estar en el centro de la Mesa de los Grandes Comandantes. El más grande comandante de la historia ha sido una figura de trasfondo en nuestra búsqueda del *Secreto de la Estrategia* y estuvo presente indirectamente durante varios trechos de nuestro camino.

Al descubrir el significado original de Estrategia y su naturaleza esotérica, hemos hablado de su padre Filipo II, el hombre rudo e inteligente que reformó la Escuela Real de Pajes de Macedonia transformándola en una Escuela de Estrategia. Escuela liderada por el mismo Aristóteles. Hemos leído la carta de Alejandro a su antiguo profesor reclamando el hecho que estaba enseñando abiertamente en Atenas un conocimiento categorizado como esotérico y que anteriormente había sido enseñado únicamente a él y a sus compañeros en la Escuela de Estrategia en Pella y en Mieza.

Hemos conocido también a Heracles, héroe a quien Alejandro consideraba su modelo y ancestro. Exploramos todos los niveles del metafórico iceberg que nos reveló los *Principios de Estrategia* que guiaban su manera de pensar y hemos encontrado a uno de sus más grandes admiradores y emuladores, Aníbal Barca. Sin embargo, a parte de los discursos dados a sus tropas en la

---

piensa y se propone. La Sabiduría no está en conocer, sino en poder ejecutar lo que se conoce o sabe.

India y en Babilonia no hemos compartido ninguna anécdota específica de su vida. Por lo tanto, me gustaría terminar el camino que hemos recorrido juntos con una de las más conocidas historias sobre Alejandro desde que Plutarco la registró casi dos mil años atrás.

Te invito a observar este último relato, la doma de Bucéfalo. Este relato está basado en la pluma de Plutarco[222] e inspirado en las palabras y estilo narrativo de Valerio Massimo Manfredi.[223] Ahora que ya has obtenido el Secreto de la Estrategia y conoces el *Principio Estratégico Esencial,* las *Cinco Sabidurías Estratégicas* y la *Gran Estrategia,* te invito a observar el relato con los ojos y la mente de un *strategos.* Identifica en el niño Alejandro las semillas de la flexibilidad y resiliencia de la *Segunda Sabiduría Estratégica,* la innovación de la *Tercera,* la prudencia de la *Cuarta,* la creatividad de la *Quinta* y el consejo final de su padre Filipo pidiéndole que considere también la *Primera Sabiduría Estratégica.*

Pero observa más allá de lo obvio. Observa también desde el punto de vista metafórico, porque esta historia refleja el gran autoconocimiento y conexión con la Naturaleza que tuvo Alejandro. La doma de Bucéfalo es también una metáfora para todos nosotros sobre la necesidad de domar nuestra "bestia negra". Para que esta no sea un punto ciego en nuestra *Gran Estrategia.*

Si observas bien podrás ver que hay otra manera de domar tus "sombras» e integrar todo el ser. De manera indirecta, aceptando la realidad y el hecho que las sombras nos pueden asustar, pero que si volteamos y miramos hacia la gran luz entonces podremos descansar y confiar.

Esto ocurrió en el año 344 a. C. cuando Alejandro era un niño de doce años. Macedonia era una tierra montañosa de hombres rudos, orgullosos y amantes de los caballos. Un día un hombre llamado Filónico proveniente de Tesalia, tierra de los más afamados caballos griegos, llegó al reino de Filipo con la intención de venderle un portentoso caballo negro azabache, un magnífico ejemplar tésalo.

Esa mañana cuando Alejandro escuchó gritos y alaridos de hombres y relinchos que parecían bufidos de una fiera, de una quimera enfurecida, dejó sus tareas de preparación a la Escuela Real para salir corriendo y ver de qué se trataba. El agudo y asustador sonido de la fiera penetraba el aire y los mozos y hombres a cargo de las caballerizas de Filipo gritaban y daban ordenes

---

222 *Plutarco, Vidas paralelas, "Alejandro".*
223 *Valerio Massimo Manfredi, "Alexandros".*

en medio a golpeteos de cascos que parecían ser hechos de bronce y hacían temblar la tierra.

Cuando Alejandro llegó al descampado, donde su padre y sus amigos observaban la bestia que no se dejaba sujetar ni por cinco hombres, vio a un estupendo semental, negro, brillante de sudor y que se encabritaba y empinaba sobre sus poderosas patas traseras. Los mozos lo enlazaban y tironeaban con cuerdas y riendas intentando sujetarlo, pero el caballo enfurecido lanzaba coces y a cada movimiento de cuello y brinco derrumbaba a los caballerizos que eran arrastrados por varios metros tragando polvo y tierra. El enorme corcel jadeaba, inspiraba profundamente y soltaba relinchos de ira sacudiendo la negra y larga crin en medio a la gran confusión.

Por momentos el caballo se detenía, bajaba la cabeza, respiraba profundamente y golpeaba el suelo con una de las patas delanteras. Una baba sanguinolenta cubría el labio inferior del magnífico caballo que relinchaba sacudiendo la cerviz y tensando los músculos, preparado para cocear al siguiente caballerizo que se atreviera a acercársele.

Filipo y sus amigos admiraban la belleza y la impresionante potencia del animal. El rey ya había intentado domarlo y apenas había logrado salir íntegro del intento. Sin dejar de mirar a la bestia, Filipo se dirigió a Filónico preguntando por el precio del caballo. Trece talentos, respondió el comerciante tesalo. Era lo suficiente para adquirir una docena de trirremes y ciertamente era el animal más caro de toda Grecia. Pero a pesar de su potencia y su formidable porte, el caballo pareció totalmente indomable a Filipo. Los expertos domadores no lograban tranquilizar al caballo y habiendo agotado su paciencia el rey se dirigió a Filónico y lo ordenó que lo llevara de vuelta a Tesalia antes que matara a uno de sus hombres.

Al escuchar eso Alejandro, como si hubiera sido impulsado por el mismo espíritu del caballo, se incorporó y gritó:

—¡No, por Zeus! ¡De qué magnífico caballo se pierden por no tener el conocimiento y el carácter para manejarlo! El rey Filipo ni lo miró y al principio no dijo nada, pero el niño repitió la afirmación una vez más y su padre, creyéndole audaz y atrevido le replicó:

—Criticas a los que tienen más años que tú, como si supieras o pudieras manejar mejor el caballo.

Alejandro volvió a contestar emocionado:

—¡Puedo hacerlo y mejor que nadie!

El rey miró a su hijo y vio a un niño audaz e inteligente. Alejandro entonces le pidió que le diera la oportunidad de domar al caballo.

—¿Cuál será la consecuencia por tu temeridad si no logras domarlo luego de ofender a estos hombres mucho más experimentados que tú? —preguntó Filipo mirando al niño y luego volviendo la vista a sus amigos que escuchaban atentos el dialogo entre el rey y su hijo.

—Por Zeus —dijo Alejandro—, pagaré yo mismo el precio completo del caballo.

Todos se echaron a reír burlándose de la osadía del chico, pero Filipo se volvió hacia los caballerizos y ordenó que se hicieran de lado.

Los mozos obedecieron y soltaron las cuerdas con las cuales intentaban sujetar al animal y lo dejaron ir. El caballo se tensó, coceó una vez más y se alejó hacia el lado opuesto.

Alejandro había observado los repetidos intentos de los caballerizos y del mismo rey, que habían intentado domar al caballo. Todos habían intentado de la manera tradicional, pero mientras que los expertos solo habían visto la naturaleza salvaje del animal, el joven Alejandro había visto aquello que nadie veía. El joven príncipe tenía la certeza de que intentando de manera diferente, sin enfrentar al caballo, sin intentar quebrarlo con la fuerza, sino por medio de elegir un camino no esperado, domaría a la enorme y poderosa bestia negra.

El niño caminó al punto adonde estaba el caballo y apenas sujetó la rienda que los mozos habían dejado en su grueso y poderoso cuello, le habló suavemente. Susurró algo que nadie, a no ser el viento y el caballo, escucharon. El caballo pareció responder con otro relincho y un bufido ardiente. Alejandro volvió a susurrar palabras y tomándole por las riendas con suavidad lo guió y lo volvió hacia el sol, poniéndolo de frente a la luz.

Percibió, según relata Plutarco, que el caballo se volvía incontrolable solo cuando el sol estaba detrás de él. Era, por lo tanto, su propia sombra en el suelo bailando de un lado a otro que asustaba a Bucéfalo. Alejandro ahora podía verlo de cerca, iluminado por la brillante luz solar, y distinguió en su frente grande y negra una mancha blanca, justo en medio del cráneo, en forma de estrella. La cabeza y el cuello del animal eran poderosos como las de un buey.

—Bucéfalo —susurró Alejandro. Bucéfalo... "Cabeza de buey". Ese será tu nombre.

Se le acercó un poco más hasta casi tocarlo. El niño había percibido aquello que nadie había percibido y ahora haría lo que nadie había pensado hacer.

Así dirigido hacia la luz del sol, el caballo no viendo más su sombra, se tranquilizó. Relinchó alzando la cerviz, sacudió la crin e hinchó el pecho. El niño entendió que el animal le estaba dando permiso y lentamente se deshizo de su manto dejándolo caer suavemente en tierra. Luego lo miró fijamente a los ojos llenos de fuego y de un salto montó sobre su grupa sin dificultad. Bucéfalo se tensó inicialmente, pero el niño tiró un poco del freno, y sin castigarle ni aun tocarle le hizo estarse quedo y tranquilo.

El rey Filipo y sus amigos miraban mudos de asombro. Estaban tensos esperando la explosión del caballo y la subsecuente caída del pequeño príncipe.

Pero el "muchacho de Filipo" alargó la mano y acarició el cuello del caballo y una vez más le susurró:

—¿Quieres correr conmigo? ¿Quieres correr?

Bucéfalo emitió un bufido y Alejandro lo giró para luego apretarle levemente el vientre con los talones.

—¡Vamos Bucéfalo! —gritó ahora el niño y el magnífico semental, que hervía por correr, empujó todo su peso con las patas traseras y se lanzó al galope "distendiendo el resplandeciente lomo, alargando la cabeza y las patas y la larga cola" negra como la noche sin luna. El ruido de sus cascos parecía como de truenos que hacen temblar la tierra, así como también años más tarde juntos estremecerían el mundo y enmudecerían a las naciones.[224]

El rey Filipo y sus amigos casi no podían creer lo que veían y al principio permanecieron en un silencio tenso; pero cuando el muchacho dio la vuelta al caballo con facilidad y soltura, y mostrándose contento y con una gran sonrisa galopó de vuelta, todos los presentes prorrumpieron en voces de aclamación.

---

[224] *Et siluit terra in conspectu eius ("y la tierra enmudeció en su presencia").Macabeos, 113.*

Alejandro trajo de vuelta a Bucéfalo y se detuvo delante de su padre, que ya tenía lágrimas en los ojos. Filipo se acercó para ayudar a su muchacho a bajar del caballo, conmocionado lo abrazó fuertemente, le besó la cabeza y con orgullo y muchas lágrimas le dijo a gran voz para que todos escucharan:

—"Hijo mío, búscate un reino según tu grandeza; ¡Macedonia no es lo suficientemente grande para ti!"[225]

[225] *Plutarco, Vidas paralelas, "Alejandro".*

Epílogo

Has de saber que los conocimientos esotéricos, esos cuya publicación lamentas
porque a partir de ahora no van a permanecer escondidos como secretos, ni están
publicados ni dejan de estarlo ya que éstos serán comprensibles únicamente para
aquellos que nos han prestado atención.

ARISTÓTELES A ALEJANDRO

Dos décadas de contacto directo con corporaciones globales, con el mundo de las finanzas y el marketing de consumo ha despertado en mí la clara impresión que muchas personas han quedado atrapadas involuntariamente en un sistema regido por un pensamiento materialista que controla por completo la estructura económica y cuyo objetivo, de última, es envolver a la persona en un juego temporal que promete seguridad económica y reconocimiento a costa de sus almas, mentes y cuerpos.

Es importante que este conocimiento antiguo, oculto por tanto tiempo a causa de la tendencia a ser utilizado para las guerras, esté disponible también para personas de buena voluntad que sabrán cómo utilizarlo para evitar el conflicto, los fracasos, los excesos y generar la paz interior y una verdadera prosperidad; un florecimiento.

Nuestra actual obsesión y orgullo por los avances tecnológicos nos han llevado a olvidar y a despreciar la sabiduría del pasado. La sabiduría que nos recuerda con una voz apenas audible que la ciencia de la vida es la ciencia suprema y el arte de vivir, la mejor de las artes. Esta sabiduría antigua de "nada en exceso" es aquella que podrá salvar al ser humano del siglo XXI, porque es la que puede impedir que caigamos inadvertidamente en el error de cometer *hubris*. Si deseamos realmente ser libres y autónomos no podemos seguir creyendo en un sistema que nos dice que debemos utilizar nuestro tiempo de vida para acumular riquezas pasajeras, buscar notoriedad fugaz y ambicionar los poderes y placeres más superficiales.

La razón para dedicar varios años a la investigación y a la escritura de esta obra ha sido el profundo deseo de contribuir de manera significativa con aquellas personas que se encuentran atrapadas inconscientemente en una manera de pensar que no les produce los resultados que tanto necesitan y desean. En otras palabras, presentarles una alternativa racional capaz de hacerles libres por medio a la introspección.

Así como ha sido desde épocas inmemoriales el conocimiento de Estrategia continuará siendo un "secreto" para muchos y será transmitido como todos los secretos, de boca en boca, de *strategos* a *strategos*. Tal vez ahora nos es más fácil comprender porqué Alejandro expresaba su disconformidad a Aristóteles. Pero es también comprensible el deseo de su profesor de hacer público el "Conocimiento Secreto de Alejandro" para beneficio de unos pocos, es cierto, pero también para intentar asegurar que no se perdiera en el tiempo. A pesar de sus esfuerzos el hecho es que gran parte de los escritos de Aristóteles se han perdido. Pero hoy en día, independientemente a las cartas históricas o romanceadas de Alejandro que nos llegan desde milenios atrás, el "conocimiento secreto" que no deseaba fuera publicado debe estar disponible para aquellas personas que por la honestidad de sus motivos, su buena voluntad, paciencia y esfuerzo por mejorarse a si mismas, han decidido pensar diferente.

Siguiendo la tradición de los conocimientos exclusivos, llamados de "esotéricos" por los griegos, este libro que has finalizado no es para cualquiera y "será comprensible únicamente para aquellos que nos han prestado atención". Existen ciertos niveles de conocimiento y de introspección que, a causa de sus características intrínsecas, no están al alcance de todos. Sin embargo, tú ya eres una de las pocas persona en el mundo que puede afirmar con certeza y confianza comprender los principios y los fundamentos del Arte de la Estrategia. Utilízalos para continuar estudiando, para continuar aumentando tu auto-conocimiento y transmíteselo únicamente a personas de intención pura y buena. Recuerda lo dicho por Ciro el Grande: "mayor conocimiento debe causar una expansión en generosidad, amabilidad y justicia. Únicamente aquellos perdidos en la oscuridad ven el aumento en conocimiento como una oportunidad para aumentar su codicia".

Si *el Conocimiento Secreto de Alejandro Magno* te ha aportado luz y generado una transformación positiva te invito a hacerte un portador de la antorcha y cuando tu intuición te lo indique transmite esta luz a otros. Tienes en manos un camino superior que ofrece balance, liberación y lleva a la paz y a la prosperidad a los hombres y mujeres de buena voluntad. Has recibido los principios y axiomas que se encontraban en el centro del conocimiento de Estrategia que poseía Alejandro Magno, el más grande de los líderes seculares de la historia universal y el único que realmente mereció el titulo de Grande en el Arte de la Estrategia, no solo por haber sido invencible en todas las circunstancias sino también por haber pensado y vivido universalmente, como un verdadero y original habitante del Cosmos.

Espero sinceramente que este libro te siga sirviendo de consulta y estudio pues representa la experiencia, la tradición y el enorme costo que el ser humano ya ha pagado por medio a la experiencia individual y colectiva para saber cómo pensar y cómo caminar hacia el futuro. Esta sabiduría está en nosotros porque somos parte de la Naturaleza y del todo.

Buen viaje y seguro nos encontraremos nuevamente al final de la gran obra que es tu vida y la mía. Mientras tanto, hasta que no hayas llegado al final, no olvides tu ¡*Gran Estrategia!*

Ciertamente yo preferiría destacarme en el conocimiento de lo excelente antes que por la grandeza de mis conquistas y poderes imperiales.

Alejandro Magno (328 A.C.)

Bibliografía

Ansoff, H.Igor (1965) *Corporate Strategy.*

Arriano, Lucio Flavio. *The Anabasis of Alexander,* Martin Hammond *(trans.) Oxford World's Classics.*

Ayrault Dodg, *Theodore. Hannibal: A History of the Art of War among the Carthaginians and Romans down to the Battle of Pydna, 168 B.C., with a detailed account of the Second Punic War.*

Bacon, Francis. *The Complete Works* (Centaur Classics).

Bonaparte, Napoleon, *The Officer's Manual. Napoleon's Maxims of War. Forgotten Books (2018)* (1831 English Edition)

Cassio Dion - *Historia de Roma.*

Diodoro Siculo, *El Reinado de Felipo II: Las narrativas griegas y macedonias,* Libro XVI.

Durant, Will. *The Life of Greece: The Story of Civilization,* Volumen 2.

Dweck,Carol S., Bernadette Dunne, *et al. Mindset: The New Psychology of Success.*

Fauvelet de Bourrienne, Louis Antoine, *Memoirs of Napoleon Bonaparte.* New York, Charles Scribner's Sons, 1891.

Freeman, Philip. *Alexander the Great.* Simon & Schuster.

Gabriel, Richard A. *Philip II of Macedonia: Greater Than Alexander,* 2010.

Hall, Manly P. *Las Enseñanzas Secretas de Todos los Tiempos.* Editorial Planeta.

Lane Fox, Robin. (2005)*The Classical World: An Epic History from Homer to Hadrian* (London: Allen Lane).

Alexander the Great. Penguin Books Ltd.

Liddell Hart, Basil H. (1927) *Great Captains Unveiled* (W. Blackwood and Sons, London; Greenhill, London, 1989 (1954) *Strategy,* second revised edition, London: Faber and Faber, 1967 (1963) Foreword" to Samuel B. Griffith's *Sun Tzu: the Art of War* (Oxford University Press, London.

Plutarco, *Biografía de Craso.*

Porter, M. E. (1980) *Competitive Strategy: Techniques for Analyzing Industries and Competitors.* Free Press, New York, 1980. (1996) *What is Strategy?.* Harvard Business Review, Nov/Dec 1996.

Renault, Mary. *The Nature of Alexander,* Open Road Media.

Rumelt, R (2011) *Good Strategy/Bad Strategy: The Difference and Why it Matters*, Crown Business.

Sun, Wu; Griffith, Samuel B. (trans.) (1963), *Sun Tzu: The Art of War*, Oxford University Press.

Wilcken, Ulrich. Alexander the Great. Hauraki Publishing.

Nota:

Todas las imágenes incluidas en el interior del libro fueron obtenidas gracias a la generosidad de personas que las hicieron de uso público por medio a wikicommons, vía Wikimedia.org. https://commons.wikimedia.org

Sobre el Autor

MANUEL BOGADO
es fundador de *SIWA - El Oráculo de la Estrategia*.

El autor es especialista en Estrategia y Liderazgo con más de 20 años de experiencia en diferentes ámbitos del mundo corporativo, ONGs y gobiernos. Economista, posee una Maestría en Diplomacia y Política Internacional con especialización en el Medio Oriente. Cursó Pensamiento Estratégico y Liderazgo en la Escuela de Negocios de Harvard y ha sido seleccionado por los gobiernos de Japón, Inglaterra e Israel para desarrollar estudios relacionados a Estrategia y Liderazgo. Ocupó posiciones directivas a nivel local, regional y global en algunas de las mayores corporaciones mundiales (i.e. Naciones Unidas, Johnson & Johnson, ABN AMRO, HSBC).

Su multinacionalidad, el haber viajado por más de 50 países y residido en Brasil, Paraguay, Estados Unidos, Inglaterra, Japón, Francia, Egipto y México, hacen de Manuel la personificación del "ciudadano global". Sus fascinantes experiencias de vida alrededor del mundo, conocimiento de historia y culturas, espiritualidad y agudeza intelectual le han dado una rara habilidad para atrapar al lector guiándolo hacia la obtención de profundos descubrimientos que llevan a una transformación en la manera de pensar.

Manuel ha desarrollado innovadoras herramientas conceptuales como Los 4 Reinos del Liderazgo©, Las 5 Dimensiones de Estrategia©, Las 5 Sabidurías Estratégicas©, el Triangulo de SIWA©, la Pirámide de las Eras Estratégicas© y el Principio Estratégico Esencial© para empoderar a cualquier persona dispuesta a desarrollar las habilidades fundamentales de *Estrategia* y *Liderazgo*.

Actualmente Manuel reside con su esposa Alessandra, sus hijas, y sus mascotas en una pequeña comunidad de la costa del Pacífico Mexicano. Si deseas conocer más sobre los cursos digitales, conferencias y programas en Estrategia y Liderazgo visita www.siwastrategyoracle.com o busca mi perfil profesional en LinkedIn, además de mis otras redes sociales, donde podrás hacer un viaje por *Las 5 Dimensiones de Estrategia©*.